高等院校医学实验教学系列教材

医学细胞生物学与遗传学实验教程

主　编　曾永秋　刘　岚
副主编　田　强　余　红
编　者　（以姓氏笔画为序）

马明义　田　强　刘　岚　李　洁　余　红
张　旭　张　俊　张　婷　陈绍坤　周　勇
周　傲　赵　矫　赵松华　胡华婷　郭　凯
黄　燕　曾永秋　蔡延森

科学出版社
北　京

内 容 简 介

医学细胞生物学与遗传学的理论和技术是基础医学知识结构和科学研究的重要组成部分，本教材涵盖了医学细胞生物学和医学遗传学领域常用的适用于高校实验教学的方法和技术及相关科研领域中较为先进且成熟的实验技术。全书包括绪论、基础性实验、综合性实验和研究性实验四章，作者对每个实验的实验目的、实验原理、实验准备、实验内容与方法、注意事项与常见问题等均做了比较详细的介绍，并结合自身的教学与科研体验，对相关内容进行了优化和改进，提高了可操作性和实用性。

本书可供医学本科和研究生实验课教学使用，也可作为相关专业研究人员的参考用书。

图书在版编目 (CIP) 数据

医学细胞生物学与遗传学实验教程 / 曾永秋，刘岚主编 . —北京：科学出版社，2021.4
高等院校医学实验教学系列教材
ISBN 978-7-03-068647-3

Ⅰ. ①医… Ⅱ. ①曾… ②刘… Ⅲ. ①医学－细胞生物学－实验－医学院校－教材 ②医学遗传学－实验－医学院校－教材 Ⅳ. ① R329.2-33 ② R394-33

中国版本图书馆 CIP 数据核字 (2021) 第 071743 号

责任编辑：周 园 / 责任校对：贾娜娜
责任印制：赵 博 / 封面设计：陈 敬

科学出版社 出版
北京东黄城根北街 16 号
邮政编码：100717
http://www.sciencep.com

天津市新科印刷有限公司印刷
科学出版社发行 各地新华书店经销

*

2021 年 4 月第 一 版　开本：787×1092　1/16
2025 年 7 月第七次印刷　印张：10
字数：243 000

定价：39.80 元
（如有印装质量问题，我社负责调换）

前　言

20世纪后半叶生命科学各领域所取得的巨大进展使生命科学在自然科学中的地位发生了革命性变化，很多科学家因此预言21世纪将是生命科学的世纪。细胞生物学与遗传学作为生命科学重要的分支学科，其学科领域的各种突破性进展都将对医学科学产生深远的影响，而突破和更新均来源于科学研究，这是建立在先进实验技术的应用和发展基础上的。

随着医学教育改革的不断深化，面向21世纪的高等医学教育必须注重培养大学生的实践能力和创新能力，实验教学也因此在高等医学院校教学体系中占有了举足轻重的地位。为了适应21世纪医学人才培养和学科发展的需要，更新教育观念，丰富实验教学内容，提高实验教学水平，编写组组织了在医学细胞生物学与医学遗传学教学中具有丰富工作经验的专家、教师和实验技师，经过认真准备和讨论，编写了这本《医学细胞生物学与遗传学实验教程》。

本书主要涉及医学细胞生物学和医学遗传学领域常用的实验方法和技术，并根据教学实践对实验对象及实验方法等进行了优化和改进，提高了可操作性和实用性，使之更加适应现代医学教育的需要，同时增加了科研领域中较为先进且成熟的实验技术，如细胞自噬检测及遗传毒理效应检测等实验，使本书不仅适用于医学本科生和研究生实验教学，也可作为科学研究的实验指南供教师和科研人员参考。

本书在内容编排上分为四章：第一章绪论主要介绍实验室规则、实验注意事项及实验报告要求、常见实验室事故应急处理措施等；第二章基础性实验主要涉及显微镜技术、细胞形态结构检测技术、细胞培养技术、人类遗传性状的观察与分析、遗传病的系谱分析等；第三章综合性实验主要涉及细胞成分的分离与分析、人类染色体标本的制备与分析及细胞工程技术等实验术的综合运用；第四章则涉及遗传毒理效应检测、流式细胞术应用、遗传咨询等研究性实验。

在本书编写的过程中我们得到了编者所在单位及相关学科教师和实验技术人员的大力支持，也得到了科学出版社的支持和帮助，在此，对各位的辛勤劳动表示衷心感谢。

由于编者水平有限，不妥之处在所难免，敬请使用本教材的师生能够提出宝贵意见，以便再版时加以改进。

编　者
2020年1月

目 录

第一章　绪论 ··· 1
　第一节　实验室规则、实验注意事项及实验报告要求 ······························ 1
　　一、实验室规则及实验注意事项 ·· 1
　　二、实验报告要求 ·· 1
　第二节　常见实验室事故应急处理措施 ·· 1
　　一、实验室中毒及应急处理措施 ·· 2
　　二、实验室外伤和试剂腐蚀伤害的防护、应急处理措施 ······················· 2
第二章　基础性实验 ·· 4
　第一节　显微镜技术 ·· 4
　　一、普通光学显微镜的结构及使用 ··· 4
　　二、相差显微镜的结构及使用 ··· 8
　　三、荧光显微镜的结构及使用 ··· 9
　　四、电子显微镜的结构及使用 ··· 11
　　五、激光扫描共聚焦显微镜的结构及使用 ·· 14
　第二节　细胞形态结构检测技术 ··· 17
　　一、动物细胞的显微测量 ··· 17
　　二、细胞形态观察 ·· 18
　　三、细胞器观察 ··· 20
　　四、细胞中微丝的显示与观察 ··· 21
　　五、细胞中液泡系的活体染色 ··· 23
　　六、细胞的超微结构 ··· 25
　第三节　细胞化学 ··· 31
　　一、显示多糖的过碘酸希夫反应 ·· 31
　　二、显示DNA的福尔根（Feulgen）反应 ··· 33
　　三、显示RNA的布拉舍（Brachet）反应 ··· 34
　　四、过氧化氢酶的显示与测定 ··· 36
　　五、脂肪的显示与观察 ·· 37
　　六、酸性磷酸酶的显示 ·· 38
　　七、碱性磷酸酶的显示 ·· 40
　　八、细胞中碱性蛋白质的显示 ··· 41
　第四节　细胞的生理活动 ·· 42
　　一、细胞的运动 ··· 42
　　二、细胞膜通透性测定 ·· 44
　　三、细胞自噬检测实验 ·· 46
　第五节　细胞分裂与动物细胞染色体制备技术 ···································· 48
　　一、有丝分裂 ·· 48
　　二、减数分裂 ·· 52
　　三、动物骨髓细胞染色体标本的制备与观察 ····································· 55
　第六节　细胞培养技术 ··· 58
　　一、细胞计数与细胞活力测定 ··· 58
　　二、细胞培养的基本原理与无菌技术 ·· 60
　　三、动物细胞原代培养技术 ·· 62
　　四、细胞传代培养 ·· 64

　　　　五、细胞的冻存与复苏 66
　　第七节　人类遗传性状的观察与分析 67
　　　　一、人类 ABO 血型等常见遗传性状分析 67
　　　　二、人类苯硫脲尝味能力的遗传分析 69
　　　　三、人类皮纹分析 70
　　第八节　遗传病的系谱分析 73
　　　　常见单基因遗传方式系谱分析 73
第三章　综合性实验 77
　　第一节　细胞成分的分离与分析 77
　　　　一、差速离心法分离细胞器 77
　　　　二、密度梯度离心法分离细胞器 78
　　　　三、十二烷基硫酸钠 - 聚丙烯酰胺凝胶电泳分离蛋白质 79
　　　　四、蛋白质印迹法 81
　　　　五、DNA 的提取及检测 82
　　　　六、RNA 的提取及检测 83
　　第二节　人类染色体标本的制备与分析 85
　　　　一、人类外周血淋巴细胞的培养及染色体标本制备 85
　　　　二、人类绒毛细胞染色体标本的制备 88
　　　　三、人类羊水细胞培养及染色体标本的制备 90
　　　　四、正常人类非显带染色体核型分析 92
　　　　五、人类染色体 G 显带技术及 G 带核型分析 95
　　　　六、人类染色体姐妹染色单体交换标本的制备和观察 101
　　　　七、核仁形成区与随体联合的银染与观察 103
　　　　八、性染色质标本的制备与分析 105
　　第三节　细胞增殖的动力学检测 109
　　　　一、生长曲线的测定 109
　　　　二、有丝分裂指数的测定 110
　　　　三、MTT 法对细胞生长状况的检测 110
　　　　四、克隆（集落）形成实验 111
　　第四节　细胞凋亡的检测 113
　　　　一、凋亡细胞的荧光显微镜观察 113
　　　　二、凋亡细胞的琼脂糖凝胶电泳检测 115
　　　　三、凋亡细胞的电子显微镜观察 116
　　　　四、凋亡细胞的原位末端标记法检测 118
　　　　五、凋亡细胞的流式细胞法检测 119
　　第五节　细胞工程技术 121
　　　　一、细胞融合 121
　　　　二、DNA 转染实验 123
　　　　三、显微注射技术 130
　　　　四、染色体提前凝集标本的制备 131
　　　　五、单克隆抗体的制备 134
第四章　研究性实验 139
　　　　一、遗传毒理效应检测 139
　　　　二、流式细胞术在生物医学研究中的应用 141
　　　　三、肿瘤细胞凋亡诱导剂的筛选 142
　　　　四、SRY 基因检测及其在性别鉴定中的应用 143
　　　　五、苯丙酮尿症的筛查 146
　　　　六、遗传病的产前诊断 148
　　　　七、遗传咨询 151

第一章 绪 论

第一节 实验室规则、实验注意事项及实验报告要求

一、实验室规则及实验注意事项

1. 上实验课时应携带实验教程、实验报告本和绘图文具等。每次实验前，应认真预习实验教程，了解本次实验的目的、内容和操作过程及其注意事项。

2. 按规定编号入座并使用与编号相对应的显微镜，不能随意更换调动。

3. 进入实验室应穿白大褂；不准穿拖鞋进入实验室；进入无菌室时，根据需要穿洁净、袖口紧闭的实验服，戴好乳胶手套和口罩。

4. 实验过程中应保持安静，不允许随意走动或进行与实验无关的活动；善待实验动物，禁止折磨实验动物；注意节约使用实验材料、试剂等，爱护仪器、设备及用品，若有损坏应立即登记报告。

5. 注意安全，使用易燃、易爆、有毒、带菌、腐蚀性物质或放射性物质等材料时，应严格按照操作规程要求进行；将污水及废液倾倒至指定地点，避免污染；实验过程中无论发生任何事故都要立即采取有效的紧急处理措施，并及时报告指导教师。

6. 非本次实验所用仪器设备，未经教师允许不得动用。使用仪器前应先了解其使用方法。实验室所有仪器设备都不得带离实验室。

7. 实验室内不允许饮食、吸烟及随地吐痰，不允许随地乱丢纸屑杂物。实验过程中应保持工作区清洁。实验完毕后，除应清理自己的实验台、实验器具并如数归还外，还应归位试剂及药品，关闭仪器。听从班长安排值日，值日生负责打扫整个实验室，废弃物不能丢入水池内，以免造成堵塞。离开时应注意关闭水、电、气、门窗等；经检查合格方可离开实验室。

二、实验报告要求

实验报告应是针对实验的观察、分析、结果的真实记录，记录形式可根据实验内容不同分为以下三类。

1. 文字描述 将实验结果客观地用文字予以描述，文字应简明扼要、条理清晰、字迹端正、数据准确。

2. 绘图要求 使用HB铅笔绘图；应根据观察如实绘制，图的大小要适当，根据具体情况合理使用报告纸；绘图完毕后，应注明标题和各部位名称，注解引线应与报告纸的上、下边线平行，长短适当，末端对齐，且不能交叉，注解应整洁清晰。

3. 列表记录 表格设计要合理，结果填写要对应。可先打底稿，再抄到报告本上。

（张 旭）

第二节 常见实验室事故应急处理措施

在实验室工作中，经常会接触某些有毒试剂、气体或烟雾，另外实验中还可能会偶发烧伤、烫伤、炸伤及触电等事故，因此每个进入实验室的学生和教师都应具备一定的有毒

物质知识和安全防护知识，以备事故发生时能及时采取有效的紧急处理措施，最大限度地减少损失与伤害，当然尽量避免事故发生是第一要点。

一、实验室中毒及应急处理措施

（一）有毒物质入侵途径

有毒物质一般通过呼吸道、消化道和皮肤黏膜三个途径进入人体。

1. 各种挥发性大的有机溶剂及反应产生的有毒气体、烟雾或粉尘等极易通过呼吸道进入人体引起中毒。

2. 氰化物、砷化物等有毒物质一般是由于手上沾有此类毒物，在吸烟或进食时被咽入消化道引起中毒。

3. 汞剂、苯胺和硝基苯等有毒物质可通过皮肤黏膜吸收而引起中毒。

（二）预防措施

1. 当必须使用有毒物质进行实验时，如用硝酸或高氯酸等消解样品、倾倒浓酸或浓氨水等，必须在通风橱内操作，并保持室内良好通风，这些有毒物质可灼伤皮肤。

2. 使用嗅觉检查样品时，只能拂气入鼻，轻轻嗅闻，绝不能对着瓶口猛吸。

3. 发现室内有大量有毒气体如氯气、一氧化碳和氮氧化物等逸出时，实验室学生及教师应立即有序地离开实验室，转移到较开阔、通风较好的地方，稍滞后的人员最好用毛巾或手掩住口鼻；处理善后的人员佩戴防毒面具后方可进入室内，打开门窗通风换气。

4. 手部有伤口时，应禁止直接接触有毒物质。有些脂溶性有毒物质（有机磷等）可经皮肤进入人体，操作时应戴橡皮手套，穿长袖衣衫。有毒物质侵入皮肤、眼睛时，应用大量清水冲洗，严重时立即送医院治疗。

5. 实验后，必须用肥皂充分洗手，不要用热水洗。用移液管移取有毒及腐蚀性液体时，决不能用口吸。沾染毒物的器皿、物件，必须立即洗涤。

（三）应急处理措施

实验室发生人员中毒时，应迅速查明原因，并针对具体情况采取有效措施避免事故再次发生，以下提供几条应急处理措施供参考。

1. 急性呼吸系统中毒 使中毒者迅速脱离有毒区域，移到通风良好的地方呼吸新鲜空气，如发生休克、虚脱或心肺功能不全，应立即给予抗休克处理，如人工呼吸、吸氧，并及时联系医院急救。

2. 经由口服而中毒 发现中毒者后应立即联系医院急救，如有条件，应一边等待医务人员，一边进行自救，如立即帮助中毒者口服大量3%～5%碳酸氢钠溶液或1∶5000高锰酸钾溶液进行催吐洗胃，反复多次，直到洗出物中基本无毒物为止，然后送医院请专科医生处理。

3. 皮肤、眼、鼻和咽喉受有毒物质侵害时，应立即使用大量自来水冲洗，然后送医院请专科医生处理。

二、实验室外伤和试剂腐蚀伤害的防护、应急处理措施

实验室外伤主要由接触高温物质或腐蚀性化学物质，或由火焰、爆炸、电及放射性物

质引起。

(一) 化学烧伤

化学烧伤由操作者的皮肤触及腐蚀性化学试剂导致。腐蚀性化学试剂包括强酸类、强碱类、氧化剂和某些单质等。

1. 化学烧伤的预防措施 取用危险药品及强酸试剂、强碱试剂或氨水时，必须戴好橡皮手套、围裙和防护眼镜。酸类试剂应保存在阴凉避光处，不得与可燃物存放在一起。强酸试剂必须保存在密闭瓶中。

2. 化学烧伤的一般处理 发生化学烧伤时，应先清除皮肤上的化学样品，如伤处被衣服覆盖，应立即除去衣服，用大量水冲洗伤处。如烧伤皮肤表面出现伤口，应防止化学药品的再次侵袭，同时应尽可能彻底洗涤伤口和周围的皮肤。

(二) 烫伤和烧伤

出现 I 度烫伤和烧伤（皮肤红肿发痛）时可用冷水疗法止痛，在伤处涂甲紫溶液或獾油烫伤膏，也可在伤处涂抹高锰酸钾饱和溶液。

出现 II 度烫伤和烧伤（皮肤红肿起疱）时可用乙醇消毒，或用 3%～5% 的高锰酸钾溶液处理，最后用消毒纱布轻轻包扎。

出现 III 度烫伤和烧伤（皮肤脱落或呈焦痂状）时，衣服常粘连在烧伤的皮肤上，施行急救时，可将衣服剪开，用消毒纱布敷在受伤部位，并立即送往医院治疗。

(三) 一般外伤的预防和处理

1. 当移动装有 0.5L 以上溶液的容器时应用手托住瓶底，不能单手握瓶颈，以防失手打碎，伤及自身或他人。

2. 使用解剖器具时，一定要拿稳，注意刀片、解剖针的移动方向，防止割伤。

3. 使用玻璃、金属器具意外造成割伤时，可用消毒棉球浸 70% 乙醇把伤口清理干净，小心取出异物。用碘酊涂在伤口四周，并在伤口处撒上止血消炎药粉。

(四) 眼部伤害的处理

当眼睛受到灼伤时，应在第一时间进行急救。如意外受到化学药品灼伤，应立即用细水流冲洗，注意避免水流直射眼球，同时不要揉搓眼睛，以免药品侵入角膜使伤势加剧。若是受到碱灼伤，立即用细水流冲洗，然后再用 2% 硼酸溶液淋洗；若是受到酸灼伤，用大量水冲洗后再用 3% 碳酸氢钠溶液淋洗。

（张　旭）

第二章 基础性实验

第一节 显微镜技术

一、普通光学显微镜的结构及使用

【实验目的】

1. 掌握普通光学显微镜的正确使用方法。
2. 熟悉普通光学显微镜的主要结构及其性能。
3. 了解普通光学显微镜的维护方法。

【实验原理】

显微镜的主要部件是物镜和目镜，物镜的焦距较短，目镜的焦距较长。物镜到被观察物的距离稍大于物镜的焦距，通过物镜得到倒立放大的实像。实像对目镜来说是物体，使实像位于目镜的焦点以内，这样通过目镜就得到实像放大的虚像。虚像的视角比眼睛直接看实像时的视角大得多，因此可以用显微镜看清非常微小的物体。

【实验准备】

1. **实验对象** 各种材料固定装片或临时装片。
2. **实验试剂** 二甲苯、香柏油。
3. **实验仪器** 普通光学显微镜、擦镜纸、载玻片、盖玻片等。

【实验内容与方法】

普通光学显微镜（light microscope）简称光镜，是进行细胞形态、结构观察和研究的重要工具，被广泛应用在生物医学研究和临床工作中。熟悉光学显微镜的结构和功能，掌握其使用方法是医科学生必须具备的基本技能。

显微镜的种类繁多，虽然在外形和结构上差异较大，但基本的构造和工作原理是相似的。目前使用最为广泛的是光镜，此外还有倒置相差显微镜、荧光显微镜、暗视野显微镜和激光扫描共聚焦显微镜等。

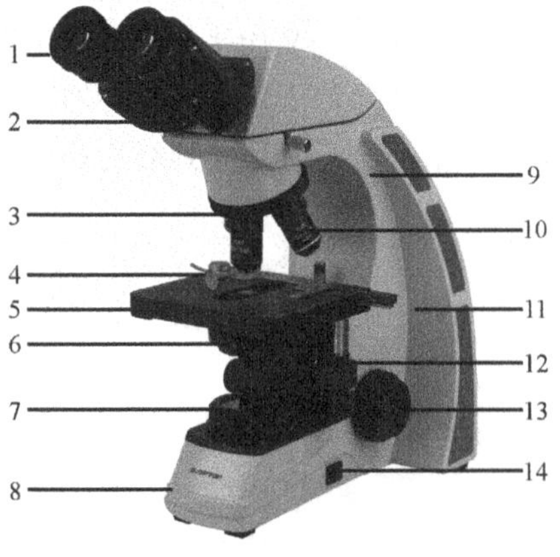

一、光镜的主要构造

光镜的构造主要分为三部分（图 2-1-1）：机械部分、照明部分和光学部分。

1. 机械部分

（1）镜座：是整个光镜的基座，通常呈马蹄形或长方形，它的作用是支持和稳定镜体。很多显微镜在镜座内装有照明光源等构造。

（2）镜柱：是镜座上方的直立短柱，用以连接和支持镜臂。

（3）镜臂：是镜柱上方的弯曲部分，为取用显微镜时的手握部位。

（4）载物台：位于镜臂前方的方形或圆形平台，用以放置玻片标本。平台中央有通光孔，来自

图 2-1-1 光镜构造
1. 目镜；2. 镜筒；3. 物镜转换器；4. 移片器；5. 载物台；6. 集光器；7. 电光源；8. 镜座；9. 镜臂；10. 物镜；11. 镜柱；12. 移片器螺旋；13. 粗、细调焦螺旋；14. 电源开关

下方的光线经此孔照射到标本上。

载物台上通常装有标本移动器（也称移片器），移片器上安装的弹簧夹可用于固定玻片标本，转动移片器的两个螺旋能向前后左右移动玻片标本，方便寻找目标。移片器上一般附有纵横游标尺，可以计算标本移动的距离和确定标本的位置。游标尺一般由主标尺和副标尺组成。副标尺的分度为主标尺的9/10。使用时先看副标尺的0点位置，再看主副标尺刻度线的重合点即可读出准确的数值，图中所示的数值为46.4mm（图2-1-2）。

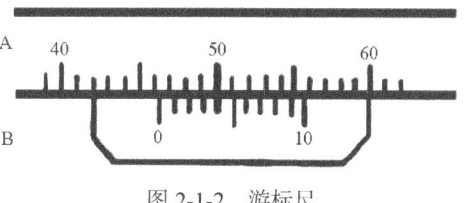

图 2-1-2　游标尺
A. 主标尺；B. 副标尺

（5）镜筒：为连于镜臂前方的金属圆筒，一般长为160mm。上端装有目镜，下端连接物镜转换器。根据镜筒的数目，光镜可分为单筒式和双筒式两类。

（6）物镜转换器：又称旋转盘，是接在镜筒下端可以自由旋转的凹形圆盘，在凸面有3～4个圆孔，物镜即装在这些圆孔里，转动物镜转换器可调换不同放大倍率的物镜。转动物镜转换器，使盘内的"T"形卡与物镜孔的边缘缺刻相吻合，即可使物镜和光轴同心。

（7）调焦螺旋：是装在镜臂或镜柱上的大小两种螺旋，其转动可使载物台上下移动，以调节物镜和标本间的距离。粗调螺旋（大螺旋）转动时上下移动范围较大，适于低倍镜的对焦；细调螺旋（小螺旋）转动时升降幅度小，适于高倍镜和油镜的对焦，也常用于观察标本的不同层次，一般在粗调螺旋调焦的基础上使用。

2. 照明部分　在载物台下方装有一套照明装置，由电光源、集光器和光圈三者组成。

（1）电光源：在电光源显微镜中，光线可通过镜座内装有的反射镜或反射棱镜反射到集光器中，光线强弱可通过光源调节器进行调节。

（2）集光器：位于载物台下方的支架上，由一组透镜（2或3个）组成，其相当于一个凸球镜片（凸透镜），将电光源的光线集中射向标本，以增加亮度。旁边的细调螺旋用来升降集光器，上升集光器时，光线增强，下降集光器时，光线减弱。

（3）光圈：位于集光器下方，由十几张金属薄片组成。拨动外侧的光阑小柄可使光圈孔径扩大或缩小，以调节通光量。有些光镜的光圈下还装有滤光玻片支架框，可放置不同颜色的滤光玻片。

3. 光学部分　是光镜的最重要部分，主要由目镜和物镜构成。

（1）目镜：装在镜筒的上端，通常备有2～3个，上面刻有"5×""10×""15×"等符号以示其放大倍数，可选择使用，一般常用的目镜放大倍数为10。目镜筒内有一小段细钢丝作为指针，用以指明所观察目的物的位置。

（2）物镜：装在物镜转换器上，一般有3～4个。物镜是由数片凸透镜和凹透镜严格组合起来的一组镜片，它是显微镜分辨性能高低的关键部件。根据放大倍数不同，习惯上把10倍以下的物镜称为低倍镜，40倍的物镜称为高倍镜，90或100倍的物镜称为油镜。为便于区分，在不同放大倍数的物镜上常用一圈不同颜色的线作为特殊标志。

通常在物镜上标有主要性能指标——放大倍数、数值孔径、镜筒长度和所要求的盖玻片厚度。例如，40倍的物镜上刻有40/0.65和160/0.17，40表示放大倍数，0.65表示数值孔径，160 表示镜筒长度，0.17 表示所要求的盖玻片厚度（图 2-1-3）。另外，在油镜上还常标有"油"或"oil"字样。

数值孔径（numerical aperture，NA）也称镜口率，是直接决定显微镜分辨率的一个重要参数，数字越大，表示分辨力越高。

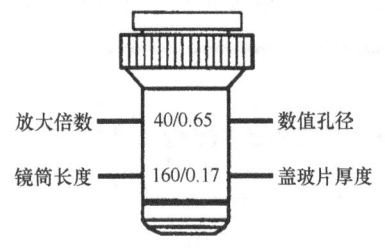

图 2-1-3　物镜的性能参数

不同的物镜有不同的工作距离，所谓工作距离指显微镜处于工作状态（物镜调节清晰）时，物镜最下面透镜的表面与盖玻片上表面之间的距离。物镜放大倍数越大，工作距离越小（图 2-1-4）。当被调节到工作距离后，可将低倍镜直接转换为高倍镜或油镜，只需用细调焦螺旋稍加调节焦距便可见到清晰的物像（同高调焦）。不同放大倍数的物镜也可以从外形上加以区别，一般来说，低倍镜最短，油镜最长。

显微镜的总放大倍数为物镜和目镜放大倍数的乘积。例如，物镜放大倍数为 40，目镜放大倍数为 10，则放大倍数为 400。

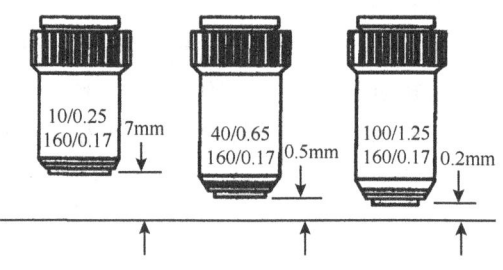

图 2-1-4　不同放大倍数物镜的工作距离

二、光镜的使用方法

1. 低倍镜的使用方法

（1）准备：打开光镜箱，右手握镜臂，左手托镜座，取出光镜。使用前先检查一下它的各个部件是否完整、正常，并进行必要的清洁工作，然后将光镜轻放在自己座位面前实验桌上稍偏左侧，以离桌边缘 3～6cm 为宜。

（2）对光：用左手转动粗调焦螺旋使载物台下降，用右手拇指和食指转动物镜转换器，使低倍镜对准通光孔（转动时应注意使物镜上方的缺刻与基座的固定扣相扣合，可听到轻微的扣碰声）。打开光圈，旋转集光器升降螺旋，使集光器上端透镜平面略低于载物台平面，两眼同时睁开，从目镜中观察，打开电光源并调整光源调节器，使视野内光线均匀明亮。

（3）放置玻片标本：将玻片有标本的一面向上置于载物台上用移片器的弹簧夹固定好，然后用右手转动移片器螺旋，使标本对准通光孔中央。

（4）调节焦距：左手转动粗调焦螺旋，使低倍镜距玻片标本约 5mm（调节时必须从侧面注视物镜与玻片距离，切勿用眼在目镜上观察的同时转动粗调焦螺旋），然后两眼同时在目镜上观察，左手慢慢调节粗调焦螺旋，使载物台下降直到视野中出现物像时，再调节细调焦螺旋，直至视野中物像清晰为止。如果物像不在视野中心，可前后左右移动玻片标本位置（注意：玻片移动方向与观察物像移动的方向相反）。如果在调节焦距时，镜头与玻片的距离已超过工作距离而未见到物像，则应严格按上述步骤重新操作。

2. 高倍镜的使用方法

（1）在低倍镜下找到物像后，将要放大观察的部位移到视野中央。

（2）转动物镜转换器，将高倍镜对准通光孔。操作时从侧面注视玻片，勿使高倍镜与其接触。发生高倍镜头碰到玻片不能转换时，应检查原因（如低倍镜的焦距是否调好、玻片有否放反及物镜是否松动等）。

（3）观察目镜，微微转动细调焦螺旋，使视野中的物像清晰。

3. 油镜的使用方法

（1）在高倍镜中找到标本后，将要观察的部位移动到视野中央。

（2）把集光器上升到最高位置，把光圈开到最大。

（3）转动物镜转换器，移开高倍镜，在要观察的部位滴加一滴香柏油，转换油镜，使油镜与香柏油接触。

（4）观察目镜，同时小心地转动细调焦螺旋，直到出现清晰物像。

（5）油镜使用完毕，先降低载物台，将镜头旋开，然后用擦镜纸蘸少许二甲苯将镜头、玻片上的香柏油擦干净（无盖玻片的标本不能擦，以免损坏标本）。

【注意事项与常见问题】

1. 取用光镜时，要一手紧握镜臂，一手托住镜座，不要单手提拿，防止目镜或其他部件脱落。

2. 光镜不要放置在实验桌边缘，以免碰翻落地。

3. 放置玻片标本时，有标本的一面向上，否则在高倍镜和油镜下找不到物像，并且容易损坏玻片和镜头。

4. 不要随意取下目镜或拆卸光镜的各种部件，以防灰尘落入内部或发生丢失、损坏等意外事故。

5. 使用光镜时，操作要正规，养成两眼同睁、两手并用（左手操纵调焦螺旋，右手操作移片器）的习惯，边观察边记录和绘图。

6. 保持光镜的清洁，发现灰尘或操作过程中不慎使镜头或载物台沾上染料、水时，应及时擦净。光学和照明部分的镜面只能用擦镜纸轻轻擦拭，切勿用手指、手帕等擦抹，以免磨损镜面。机械部分可以用布擦拭。

7. 光镜使用完毕应及时复原。关闭电光源，转动粗调焦螺旋下降载物台，取下玻片标本，转动物镜转换器，使物镜离开通光孔，然后再上升载物台使之接近物镜，下降集光器，关闭光圈，复原倾斜关节和移片器，把光镜放回镜箱中锁好。

8. 光镜在使用前或使用过程中出现问题应及时报告指导教师，并填写使用登记表。

【作业与思考题】

1. 怎样区分低倍镜、高倍镜和油镜？

2. 使用光镜观察标本时，为什么必须按从低倍镜到高倍镜再到油镜的顺序进行？在调节焦距时为什么要先将低倍镜与玻片标本表面的距离调节到5mm左右，而使用油镜时则先使其贴近玻片标本表面？

3. 如果玻片标本放反了，可用高倍镜或油镜找到标本吗？

4. 怎样才能准确而迅速地在高倍镜或油镜下找到标本？

5. 如果细调焦螺旋已转至极限而物像仍不清晰，应该怎么办？

6. 使用光镜时，出现以下问题应如何解决？

（1）视野太亮，需暗些时。

（2）物像部分或全部偏离视野中心或视野之外。

（3）在光镜使用完毕送回镜箱时，应注意些什么？

（4）用油镜观察完标本之后，应如何处置？

（田　强）

二、相差显微镜的结构及使用

【实验目的】

1. 了解相差显微镜的构造及工作原理。

2. 熟悉相差显微镜的正确使用方法。

【实验原理】

光波有波长（颜色）、振幅（亮度）和相位（某一时间光的波动所能达到的位置）的差别。光波在染色标本中波长和振幅发生变化，这就是染色标本能够在光镜下被我们观察到的原理。活细胞或未经染色的生物标本，光波通过时波长和振幅并不发生变化，细胞各部分微细结构的折射率和厚度略有不同，光波通过后，仅相位有变化，这种微小的变化人眼无法分辨，因此在光镜下难以观察到。相差显微镜能够改变直射光或衍射光的相位，并利用光的衍射和干涉现象，把相位差变成振幅差（明暗差），同时还吸收部分直射光线，以增大明暗的反差。相差显微镜主要用于观察活细胞或未经染色的组织切片，有时也可用于观察缺少反差的染色样品。

【实验准备】

1. 实验对象　培养的活细胞。

2. 实验仪器　相差显微镜。

【实验内容与方法】

一、相差显微镜的构造

相差显微镜是荷兰科学家 Zernike 于 1935 年发明的，用于观察未经染色的标本。相差显微镜和光镜的区别是：用环状光阑代替可变光阑，用带相板的物镜代替普通物镜，并带有一个合轴用的望远镜，相差显微镜光路示意见图 2-1-5。

1. 环状光阑　是位于光源与集光器之间的环状孔形成的光阑，其直径和孔宽与不同的物镜相匹配。环状光阑的作用是使透过集光器的光线形成空心光锥，聚焦到标本上。

2. 相板　安装在物镜的后焦面处，上面涂有氟化镁，可推迟直射光线或衍射光线的相位，同时吸收光使亮度发生变化。

3. 合轴调节望远镜　用于调节环状光阑的像与相板共轭面完全吻合。在使用相差显微镜时，集光器下面环状光阑的中心与物镜光轴要完全在一直线上，必须调节光阑的亮环和相板的环状圈重合对齐，否则直射光或衍射光的光路紊乱，应被吸收的光线不能被吸

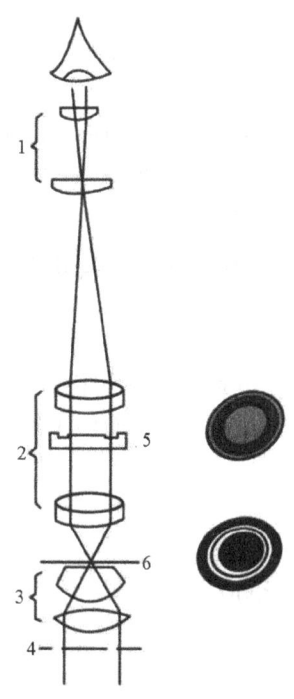

图 2-1-5　相差显微镜光路示意
1. 目镜；2. 物镜；3. 集光器；4. 环状光阑；
5. 相板；6. 标本

收,该推迟相位的光波不能被推迟,就失去了相差显微镜的作用。

倒置相差显微镜(inverted phase contrast microscope)的物镜在载物台的下方,光源及集光器在载物台的上方(图2-1-6),常被用于观察培养瓶或培养板中的活细胞。

二、倒置相差显微镜的使用

1. 打开光源,一般选择绿色滤光片,它可吸收红色光和蓝色光,使波长范围小的单色光线进行照明,并有吸热作用,能使倒置相差显微镜观察获得良好的效果。滤光片放置好后一般不需要每次更换。

2. 将合轴望远镜插入目镜筒内,一边向望远镜内观察,一边用右手转动望远镜内筒使之下降,当对准焦点时就能看到环状光阑的亮环和相板的黑环,此时可将望远镜固定住,再升降集光器并调节螺旋使亮环的大小与黑环一致,然后前后左右调节环状光阑集光器上的调节钮,使亮环完全重合。合轴调节完毕后,

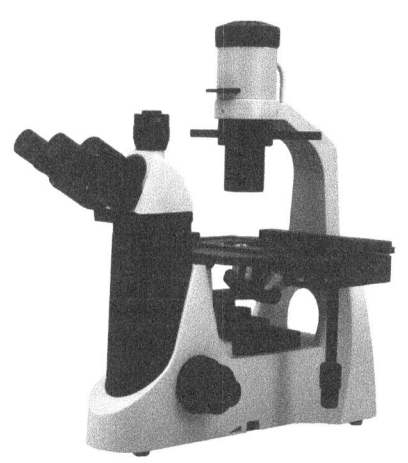

图2-1-6 倒置相差显微镜

抽出望远镜,换回目镜,按常规要领进行观察。更换不同倍率的相差物镜时,每一次都要使用相匹配的环状光阑和重新合轴调整。

3. 旋转物镜转换器,使低倍相差物镜进入光路,按光镜操作方法进行对光和调焦。使用过程中必须使环状光阑的直径和孔宽与所使用的相差物镜相适应。

【注意事项与常见问题】

1. 载玻片或培养瓶必须平整、均匀;标本不能太厚,否则相差显微镜成像效果不好。

2. 标本要在有水的环境中成像效果才明显。

【作业与思考题】

1. 倒置相差显微镜的结构与光镜有什么不同?

2. 倒置相差显微镜的使用要注意哪些问题?

(田 强)

三、荧光显微镜的结构及使用

【实验目的】

1. 了解荧光显微镜的构造及工作原理。

2. 熟悉荧光显微镜的正确使用方法。

【实验原理】

荧光显微镜是利用一个高发光效率的电光源,经过滤色系统发出一定波长的光作为激发光,激发光激发标本内的荧光物质发射出各种不同颜色的荧光后再通过物镜和目镜的放大进行观察。

常用的落射式荧光显微镜的高压汞灯发出的光经激发滤片选择后,激发光经一个与光轴成45°的双色束分离器从物镜向下落射到标本表面,样品被激发产生的荧光及由物镜、盖玻片反射的激发光同时进入物镜,荧光可通过双色束分离器进入目镜,激发光被双色束

分离器阻挡，少量通过双色束分离器的激发光再被阻断滤片吸收（图2-1-7）。

【实验准备】

1. 实验对象 人口腔黏膜上皮细胞。

2. 实验试剂 95%乙醇、0.01%吖啶橙染液、磷酸盐缓冲液（phosphate buffer saline，PBS）。

3. 实验仪器 荧光显微镜、牙签、载玻片、盖玻片、吸水纸。

【实验内容与方法】

一、荧光显微镜的构造

荧光显微镜（图2-1-8）与光镜相比多了荧光光源、激发滤片、双色束分离器、阻断滤片等部件。

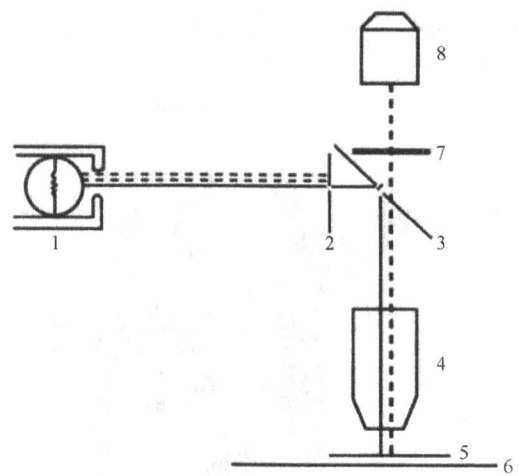

图2-1-7 落射式荧光显微镜光路示意
1. 高压汞灯；2. 激发滤片；3. 双色束分离器；4. 物镜；
5. 标本；6. 载物台；7. 阻断滤片；8. 目镜

1. 光源 多采用200W的超高压汞灯作为光源，它能发射很强的紫外光和蓝紫光，足以激发各类荧光物质。超高压汞灯会散发大量热能，灯室必须有良好的散热条件，工作环境温度不宜太高。一般也同时配备普通光源，方便在标本上寻找观察目标。

2. 滤色系统 是荧光显微镜的重要部件，由激发滤片和阻断滤片组成。

（1）激发滤片：透过能使标本产生荧光的特定波长的光，同时阻挡对激发荧光无用的光。一般有几种不同颜色激发滤片，各自提供一定波长范围的激发光。紫外光激发滤片可使400nm以下的紫外光通过；紫外蓝光激发滤片可使350～450nm范围内的光通过；蓝紫光激发滤片可使350～490nm范围的光通过；蓝绿光激发滤片可使500nm的光通过。

（2）阻断滤片：荧光具有专一性，一般都比激发光弱，为能观察到专一的荧光，在物镜后面

图2-1-8 荧光显微镜

需加阻断滤片。阻断滤片可吸收和阻挡激发光进入目镜，以免干扰荧光和损伤眼睛，同时能选择并让特异的荧光透过，获得专一的荧光色彩。

3. 聚光镜 专为荧光显微镜设计制作的聚光镜是用石英玻璃或其他透紫外光的玻璃制成的，包括明视野聚光镜和暗视野聚光镜两种。明视野聚光镜聚光力强，使用方便，特别适于低、中倍放大的标本观察。暗视野聚光镜产生黑暗的背景，从而增强了荧光图像的亮度和反衬度，提高了图像的质量，能发现亮视野难以分辨的细微荧光颗粒。

4. 双色束分离器 与光轴成45°，可使激发光向下落射到标本表面，样品被激发后产生荧光，荧光能通过双色束分离器到达目镜，而未被标本吸收的激发光返回后被双色束分离器阻挡。

5. 阻光挡板 将此挡板推进光路，可遮挡激发光通过光路进入物镜，便于操作者用光镜通路寻找特定待观察部位，拉出该挡板，荧光光路接通，可用于荧光的观察。

6. 物镜 各种物镜均可应用，但最好用消色差的物镜，因其自体荧光极微且透光性能适合于荧光。

7. 目镜 在荧光显微镜中多用低倍目镜。

二、荧光显微镜的使用

1. 打开灯源，当电压稳定在 220V 或指示灯变亮后按启动键，汞灯点燃。超高压汞灯要预热 15min 才能达到最亮点，此时可以进行标本的观察。

2. 落射式荧光显微镜需在光路的插槽中插入所要求的激发滤片、双色束分离器和阻断滤片的插块。

3. 用低倍镜观察，根据不同型号荧光显微镜的调节装置，调整光源中心，使其位于整个照明光斑的中央。

4. 放置标本片，调焦后即可观察。

5. 观察。例如，在荧光显微镜下用蓝紫光激发滤片，观察到经 0.01% 吖啶橙染液染色的细胞，细胞核和细胞质分别呈暗绿色和橙红色。

【注意事项与常见问题】

1. 点燃汞灯后不可立即关闭，以免汞蒸发不完全损坏电极，一般 15min 后才可关闭。高压汞灯关闭后不能立即重新打开，需经 5min 等汞灯冷却后才能再次启动，否则会不稳定，影响汞灯寿命。

2. 高压汞灯能散发大量热能，房间必须有良好的散热条件，工作环境温度不宜太高。

3. 荧光显微镜光源寿命有限，标本应集中观察，每次使用最多不超过 3h。

4. 未装激发滤片时不要用眼直接观察，以免引起眼的损伤。

5. 标本染色后应立即观察，避免时间久了荧光会逐渐减弱。

6. 在激发光持续照射下标本上的荧光会衰减或淬灭，应避免长时间在荧光下观察同一部位。

7. 用油镜观察标本时，必须使用无荧光的特殊镜油或无荧光甘油。

【作业与思考题】

1. 荧光显微镜为什么要使用高压汞灯作为光源？

2. 比较荧光显微镜与光镜的异同。

（田　强）

四、电子显微镜的结构及使用

【实验目的】

1. 通过参观、示教或观看录像了解电子显微镜的主要结构、功能及基本工作原理。

2. 了解电子显微镜的使用技术。

【实验原理】

电子显微镜（electron microscope，EM）简称电镜，是研究细胞亚显微结构的有力手段，也是细胞生物学学科建立的基础之一。电子显微镜是由德国科学家 Knoll 和 Ruska 在 20 世纪 30 年代初发明的。电子显微镜的出现使细胞生物学的研究由显微水平跃进至亚微水平，极大地推动了细胞生物学的发展。

电子显微镜利用波长很短的电子束作为照明源，用电磁透镜成像，辅以特定的机械装

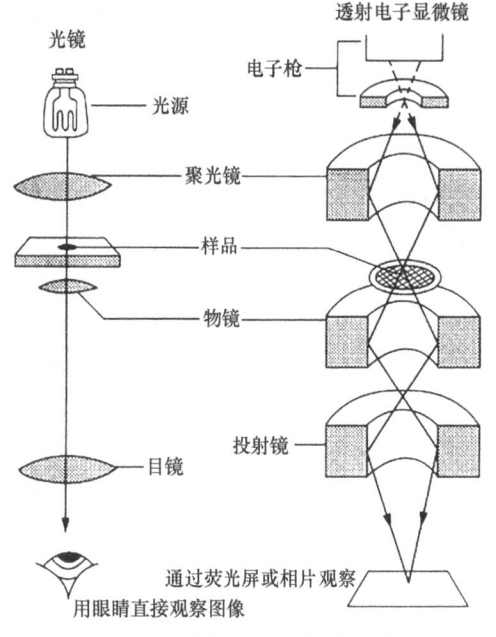

图 2-1-9 光镜与透射电子显微镜的成像原理比较

置和高真空技术,利用多级电磁透镜来控制电子的运动轨迹,使其偏转、聚焦或散射,从而对样品透射或反射形成不同电子密度的高度放大图像,最后显示在荧光屏上或被记录在照相装置上。目前,最好的电子显微镜分辨率可达 0.2nm,能观察到细胞膜、细胞核、线粒体、核糖体等细胞器的微细结构,还可以观察到一些特殊的大分子。电子显微镜的基本光学原理与光镜相似,但成像原理有本质上的差异(图 2-1-9)。

根据工作方式的不同可以将电子显微镜分为两类:透射电子显微镜(transmission electron microscope,TEM)和扫描电子显微镜(scanning electron microscope,SEM)。

【实验准备】

1. 实验对象 动物组织样品铜网、生物样品。

2. 实验仪器 透射电子显微镜、扫描电子显微镜。

【实验内容与方法】

一、透射电子显微镜的结构和使用

1. 结构 透射电子显微镜是以电子枪发射的高速电子束作为照明源,其经高压加速和聚光透镜的聚焦,穿过样品,再经过多级电磁透镜的放大,最后将高度放大的图像显示在荧光屏上或记录在照相装置中。透射电子显微镜的观察标本必须经过特殊地超薄切片,因此仅用于细胞内部结构的观察。

透射电子显微镜主要由电子光学系统、真空系统和供电系统组成(图 2-1-10)。

(1)电子光学系统:包括电子枪、电磁透镜、样品室、观察窗和照相机等,这些部件共同构成镜筒部分,是电子显微镜的主体部分,其作用是对标本实行放大、成像、观察和记录。电子显微镜与光镜的最大区别即在于此部分,它以高速运动的电子束代替光线,以电磁透镜代替玻璃透镜,这样可使分辨力大大提高。

(2)真空系统:包括机械泵、空气过滤器、油扩散泵、排气管道等部件。高速运动的电子束遇到空气分子会发生碰撞和散射,还会使气体电离放电导致电子束不稳定,因此镜筒内需要保持高真空状态,真空度一般要求达到 1.33×10^{-5} kPa,由电子显微镜上的真空计检测和显示。目前使用的电子显微镜均采用自动抽真空系统,阀门由电子程序控制,

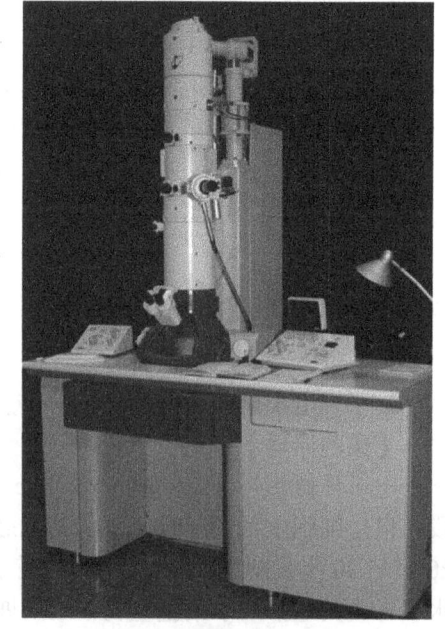

图 2-1-10 透射电子显微镜

自动启闭。

（3）供电系统：包括高压电源、透镜电源和真空泵电源等。高压电源是小电流、高电压电源，可产生 50～100kV 的高电压，以加速电子流。透镜电源正好相反，是大电流、低电压电源，以使电子束聚焦成像。电子显微镜的供电系统要求较高的稳定性，否则会影响成像的质量，通常通过两级稳压装置来提供稳定的电流。

2. 使用　电子显微镜是十分精密的仪器，操作人员必须经过一定的专业训练。电子显微镜的使用要严格按照操作程序进行，通过操作台上的各种电子按钮来控制，基本操作包括：

（1）打开电源，抽真空。

（2）演示样品取放。

（3）演示照明系统合轴。

（4）演示加速电压选择、物镜光阑选择、观察区域选择、放大倍数选择、图像聚焦和拍照记录。

（5）关机操作。

二、扫描电子显微镜的结构和使用

1. 结构　扫描电子显微镜发明于 1965 年，是利用电子束扫描样品表面，产生的二次电子经收集放大，在荧光屏上形成样品表面图像，可直接观察和照相。用于扫描电子显微镜观察的样品无须做成超薄切片，制备较简单。

扫描电子显微镜由电子光学系统、电子信号收集处理系统、信号显示与记录系统等组成（图 2-1-11、图 2-1-12）。真空系统和供电系统基本与透射电子显微镜相同，其他系统有所区别。

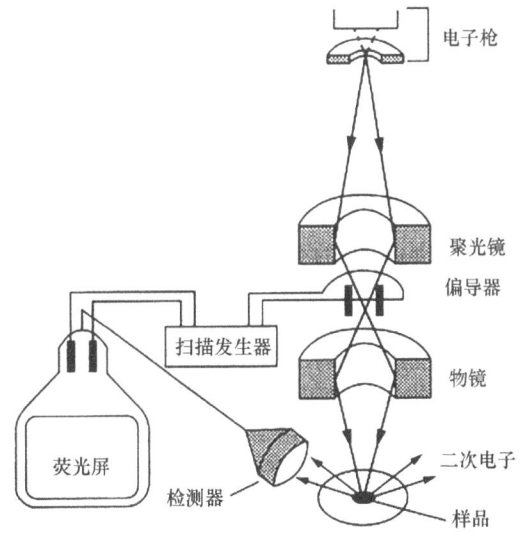

图 2-1-11　扫描电子显微镜工作原理

图 2-1-12　扫描电子显微镜

（1）电子光学系统：包括电子枪、聚光镜。电子枪产生电子，在加速电场的作用下成为高速电子束，通过聚光镜汇聚成扫描电子束（电子探针），并在偏转线圈的作用下在样品表面作栅状扫描。

（2）电子信号的收集处理系统：由检测器、光电倍增管、显像管等组成。检测器收集样品产生的二次电子，通过光电倍增管将电信号放大并输入到显像管的栅极。

（3）信号显示与记录系统：显像管中的电子束在荧光屏上的栅状扫描与电子束在样品表面的扫描是严格同步的，这种图像真实地反映了样品表面的形态特征。

2. 使用 扫描电子显微镜主要用于标本表面结构或断面结构的观察分析，用于观察的标本无须做成超薄切片，也不需进行复杂的处理，一般仅需脱水、干燥和镀膜即可。干燥采用临界点干燥法。镀膜是在标本表面镀上金属离子，使样本具备导电性，并能在扫描电子显微镜中经受电子束的轰击。

扫描电子显微镜的操作由操作台上的一系列旋钮、按钮控制调节。基本操作包括：

（1）打开电源，抽真空。

（2）演示样品的取放。

（3）演示加速电压选择、观察区域选择、放大倍数选择、图像聚焦和拍照记录。

（4）关机操作。

【注意事项与常见问题】

1. 电子显微镜是大型精密仪器，价格昂贵，一定要听从专业技术人员的指挥，切勿随意动手。

2. 排队按顺序进行观察，保持安静，切勿嬉戏打闹。

【作业与思考题】

1. 比较光镜和电子显微镜，说说它们在结构上有何区别？

2. 比较扫描电子显微镜与透射电子显微镜的主要异同点。

3. 用透射电子显微镜观察标本，应注意哪些问题？

（田　强，胡华婷）

五、激光扫描共聚焦显微镜的结构及使用

【实验目的】

1. 了解激光扫描共聚焦显微镜的主要结构、功能及基本工作原理。

2. 熟悉激光扫描共聚焦显微镜的使用技术。

【实验原理】

激光扫描共聚焦显微镜（laser scanning confocal microscope，LSCM）是20世纪80年代中期发展起来并得到广泛应用的新技术，其利用计算机、激光和图像处理技术获得生物样品三维图像数据，已经成为生物医学实验研究的必备工具。激光扫描共聚焦显微镜的优点主要在于其光学分层能力，能够获得特定深度下焦点内的图像。图像通过逐点采集和其后的计算机重构而成，可以重构拓扑结构复杂的物体。激光扫描共聚焦显微镜既可以用于观察细胞形态，也可以用于细胞内生化成分定量分析、光密度统计及细胞形态的测量，配合焦点稳定系统可以实现长时间活细胞动态观察。

在普通宽视野光镜中，整个标本全部被汞弧光灯或氙灯的光线照亮，图像可以用肉眼直接观察。同时，来自焦点以外其他区域的荧光对结构的干扰较大，尤其是标本的厚度在 $2\mu m$ 以上时，其影响更为明显。

激光扫描共聚焦显微镜脱离了传统光镜的场光源和局部平面成像模式，采用激光束作

光源，激光束经照明针孔，经由分光镜反射至物镜，并聚焦于样品上，对标本焦平面上每一点进行扫描。组织样品中如果有可被激发的荧光物质，受到激发后发出的荧光经原来入射光路直接反向回到分光镜，通过探测针孔时先聚焦，聚焦后的光被光电倍增管探测收集，并将信号输送到计算机，处理后在计算机显示器上显示图像。在这个光路中，只有在焦平面的光才能穿过探测针孔，焦平面以外区域射来的光线在探测针孔平面是离焦的，不能通过小孔，因此，非观察点的背景呈黑色，反差增加，成像清晰。由于照明针孔与探测针孔相对于物镜焦平面是共轭的，焦平面上的点同时聚焦于照明针孔与探测针孔，焦平面以外的点不会在探测针孔处成像，即共聚焦。以激光作光源并对样品进行扫描，在此过程中两次聚焦，故称为激光扫描共聚焦显微镜。

激光扫描共聚焦显微镜的工作原理简单表达就是，其采用激光为光源，在传统荧光显微镜成像的基础上，附加了激光扫描装置和共轭聚焦装置，通过计算机控制来进行数字化图像采集和处理（图 2-1-13）。

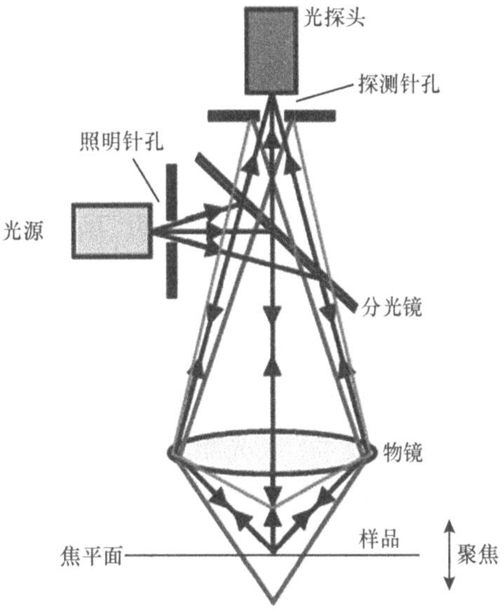

图 2-1-13　激光扫描共聚焦显微镜光路示意

【实验内容与方法】

一、激光扫描共聚焦显微镜的结构

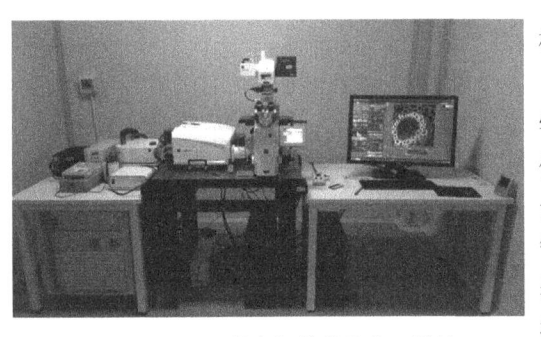

图 2-1-14　激光扫描共聚焦显微镜

激光扫描共聚焦显微镜系统主要包括扫描模块、荧光显微镜、激光光源等（图 2-1-14）。

1. 扫描模块　主要由针孔光栏（控制光学切片的厚度）、分光镜（按波长改变光线传播方向）、发射荧光分色器（选择一定波长范围的光进行检测）、检测器（光电倍增管）组成。荧光样品中的混合荧光进入扫描器，经过检测针孔光栏、分光镜和分色器选择后，被分成各单色荧光，分别在不同的荧光通道进行检测并形成相应的共焦图像，同时在计算机屏幕上可以显示几个并列的单色荧光图像及其合成图像。

2. 荧光显微镜　是激光扫描共聚焦显微镜的主要组件，它关系到系统的成像质量。荧光显微镜光路以无限远光学系统为佳，可方便地在其中插入光学选件而不影响成像质量和测量精度。物镜应选取大数值孔径平场复消色差物镜，有利于荧光的采集和成像的清晰。物镜组的转换、滤色片组的选取、载物台的移动调节和焦平面的记忆锁定都应由计算机自动控制。

激光扫描共聚焦显微镜所用的荧光显微镜大体与常规荧光显微镜相同，但又有其特点：需与扫描器连接，使激光能进入显微镜物镜照射样品，并使样品发射的荧光到达检测器；需有光路转换装置，即汞灯与激光转换，同时汞灯光线强度可调。

3. 激光光源 激光扫描共聚焦显微镜使用的激光光源有单激光和多激光系统，常用的激光器包括以下三种类型：半导体激光器，405nm（近紫外谱线）；氩离子激光器，457nm、477nm、488nm、514nm（蓝绿光）；氦氖激光器，543nm（绿光，氦氖绿激光器）、633nm（红光，氦氖红激光器）；紫外激光器，351～364nm（紫外光）。

4. 辅助设备 风冷、水冷冷却系统及稳压电源。

激光扫描共聚焦显微镜相对普通荧光显微镜的优点：①激光扫描共聚焦显微镜的图像是以电信号的形式记录下来的，所以可以采用各种模拟的和数字的电子技术进行图像处理；②激光扫描共聚焦显微镜利用共聚焦系统有效地排除了焦点以外的光信号干扰，提高了分辨率，显著改善了视野的广度和深度，使无损伤的光学切片成为可能，达到了三维空间定位；③由于激光扫描共聚焦显微镜能随时采集和记录检测信号，为生命科学开拓了一条观察活细胞结构及特定分子、离子生物学变化的新途径；④激光扫描共聚焦显微镜除具有成像功能外，还有图像处理功能，可用于光学切片、三维图像重建、细胞物理学和生物学测定、荧光定量和定位分析、离子的实时定量测定、黏附细胞的分选、激光细胞显微外科及光陷阱技术、荧光漂白后恢复技术等。

二、激光扫描共聚焦显微镜的操作步骤

1. 根据荧光探针的激发波长和发射波长，选择合适的激光器、激光功率、分光镜滤片和发射滤片。

2. 确定扫描方式 点、线、面，三维扫描。

3. 确定分辨率（扫描密度） 256×256、512×512、1024×1024、2048×2048，分辨率越高，扫描速度越慢，图像信噪比越好，但也越容易发生光漂白。

4. 选取激光扫描共聚焦显微镜物镜的倍数及电子放大倍数，这个条件被确定后，扫描范围即被确定，物镜的光透射率与数值孔径的4次方成正比，与物镜的放大倍数的平方成反比，因此，应尽量选择高数值孔径的物镜。

5. 根据样品的制备质量选择合适的针孔大小，调整激光管电压、光电倍增管功率、降噪等参数至最佳状态，这些参数选择或设置有非常密切的关系，选择时应综合考虑。

6. 确定光切范围，即扫描样品的厚度，锁定起始位置和结束位置。

7. 给出光切的层数及取图时累计的平均次数。

8. 获取图像并保存。

【注意事项与常见问题】

1. 严格按照使用规程操作，不得任意改变操作程序，激光扫描共聚焦显微镜中的激光发射管使用寿命有限且价格昂贵，所以，在操作使用过程中切记开关的启动顺序，并在扫描过程中按要求保护好激光发射管。

2. 操作时，注意不要使自己暴露在中等功率和高功率的激光辐射中，特别要注意不得注视激光束，甚至不要观看样品；不得在激光扫描共聚焦显微镜附近储存或使用易燃易爆物的固体、液体或气体；可以引燃的材料如布或纸张不得放入光路中。

3. 开机或改变激光功率后，约需等待20分钟，激光光源才能够达到稳定，关闭激光扫描共聚焦显微镜系统时，应先关闭计算机，等氩离子激光器风扇关闭时，方可关闭系统开关。

4. 扫描后的图像储存在计算机内，可作进一步处理。由于计算机的硬盘有限，应及时储存到用户存储盘上，但要警惕任何病毒侵染激光共聚焦显微系统，使用前要严格把关，

检查存储盘是否携带病毒。

【作业与思考题】

1. 简述激光扫描共聚焦显微镜的主要功能和用途。

2. 激光扫描共聚焦显微镜有哪些特有的装置，使用时需要注意哪些方面？

（田　强，胡华婷）

第二节　细胞形态结构检测技术

一、动物细胞的显微测量

【实验目的】

1. 掌握显微测微尺的基本原理及使用方法。

2. 学会通过显微测量对红细胞进行分析。

【实验原理】

显微测微尺是用来测定显微镜下标本大小的工具，由目镜测微尺和镜台测微尺组成（图2-2-1），两尺须配合使用。镜台测微尺为一块特制的载玻片，其中央封有全长为1或2mm长度的标尺，被分为100或200格，每格长度为0.01mm（10μm）。目镜测微尺为一圆形玻璃片，可装在目镜内，其上有50或100等分的刻度，每一刻度代表的长度随不同物镜的放大倍数而异。在测量标本大小时，要先在一定放大倍数下对镜台测微尺进行标定，计算出目镜测微尺每格代表的实际长度，然后以此来测量细胞的大小。

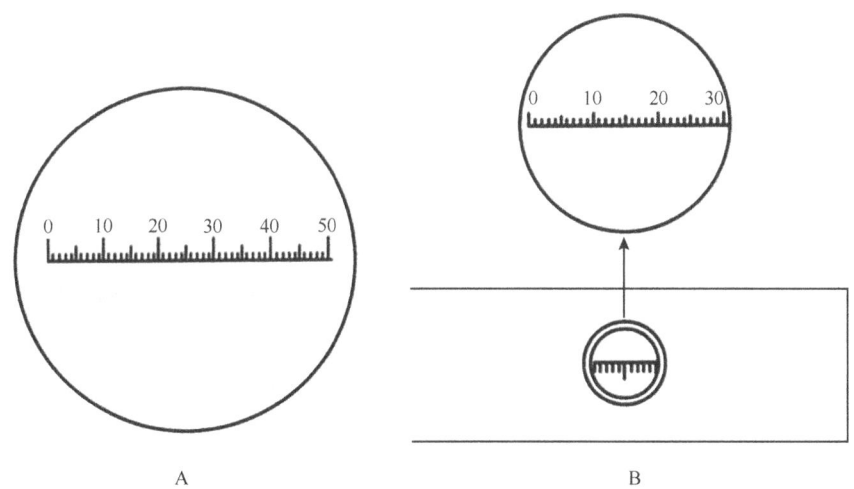

图 2-2-1　目镜测微尺和镜台测微尺
A. 目镜测微尺；B. 镜台测微尺

【实验准备】

1. 实验对象　蛙血涂片。

2. 实验仪器　光镜、目镜测微尺、镜台测微尺。

【实验内容与方法】

1. 将镜台测微尺置于载物台中央（注意刻度面朝上），用低倍镜调节，使刻度清晰。每大格为0.1mm，每小格为0.01mm。

2. 取下目镜的上透镜，将目镜测微尺放在目镜内光阑上（注意刻度面朝下），再旋上目镜的上透镜。

3. 从目镜中观察目镜测微尺和镜台测微尺的刻度，小心转动目镜筒或移动镜台测微尺，使两尺平行。

4. 转换高倍镜，移动镜台测微尺，同时转动目镜，使目镜测微尺直线与镜台测微尺直线尽量靠近平行，并将两尺的"0"刻度线或某刻度线对齐，然后从左向右找到两尺刻度线的另一重合处，记录下两重合线这一区段标尺各自的格数，即可计算出目镜测微尺每个小格表示的实际长度，公式如下：

$$L = 10 \times B/A \ (\mu m)$$

A：目镜测微尺格数；B：镜台测微尺格数；L：目镜测微尺每小格的实际长度。

5. 取下镜台测微尺，换上需测量玻片标本，记录目镜测微尺所测量的标本刻度，乘以 L，即为标本的尺度。

6. 蛙红细胞的测量，调节被测量的细胞使其进入视野正中央，测量 5 个蛙红细胞的长径和短径，列表记录并计算出平均值。

7. 根据细胞的长度测量结果，可计算出细胞的体积、细胞核体积及核质比。

椭圆形细胞体积：$V = 4/3\pi a b^2$（a 为长半径；b 为短半径）。

圆球形细胞体积：$V = 4/3\pi r^3$（r 为半径）。

核质比：$NP = V_n / (V_c - V_n)$（V_n 为核的体积；V_c 为细胞的体积）。

【注意事项与常见问题】

1. 更换物镜（包括油镜）或目镜时，需要重新标定刻度。

2. 在测量时，应将被测物体放在视野中央，因为这个位置镜像最清晰，相差最小。

3. 若使用油镜测量，当使用完毕清除香柏油时，不宜使用过多的二甲苯，以避免溶解镜台测微尺的封口树胶。

4. 目镜测微尺使用完毕后，应从目镜筒中取出，用擦镜纸擦净其上的油渍和手印。

【作业与思考题】

对蛙红细胞进行显微测量，并计算其体积及核质比。

（蔡延森）

二、细胞形态观察

【实验目的】

1. 熟悉人体及动物细胞的基本形态、结构。

2. 进一步掌握光镜的使用方法。

【实验原理】

细胞的形态结构常与其功能相适应，这是生物漫长进化过程的产物。例如，巨噬细胞为不规则形，能伸出伪足吞噬和消灭病原微生物；红细胞为双凹圆盘状，能运输 O_2 和 CO_2；肌细胞为条形或长梭形，具有收缩功能。

虽然细胞的形态各异，但它们都有共同的基本结构特点。在光镜下可见细胞的基本结构分为细胞膜、细胞质和细胞核三个部分，但也有例外，如哺乳动物成熟的红细胞没有细胞核。

【实验准备】
1. **实验对象** 血细胞、家兔脊髓横切片。
2. **实验试剂** 瑞特染液。
3. **实验仪器** 光镜、载玻片、医用一次性采血针、酒精棉球等。

【实验内容与方法】

血液涂片是临床检验中最常规的技术，也是血液学研究中的最基本技术，它在检测血细胞形态和研究血细胞功能上有十分重要的作用。

一、血液涂片的制备、染色和观察

1. 血液涂片的制备 采血前用酒精棉球消毒指腹或耳垂，用采血针刺破指腹或耳垂的皮肤，弃去第一滴血（含较多单核白细胞）；将挤出的第二滴血置于一张载玻片的右端，右手再取另一张边缘光滑的载玻片，将载玻片一端边缘置于血滴的前缘，先向后稍移动轻轻触及血滴，使血液沿载玻片端展开成线状，然后以30°～45°（角度过大血膜较厚，角度小则血膜薄）迅速推动载玻片，使其在第一张载玻片上留下薄而均匀的血膜（图2-2-2）。推进时速度要一致，否则血膜呈波浪形，厚薄不匀。

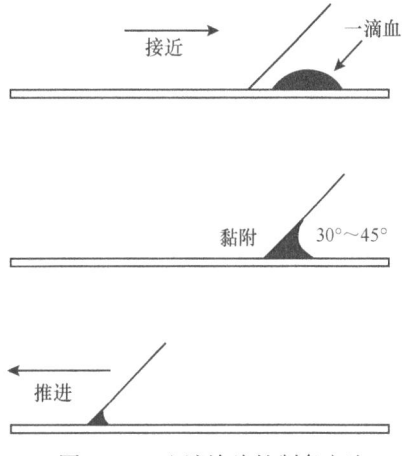

图 2-2-2 血液涂片的制备方法

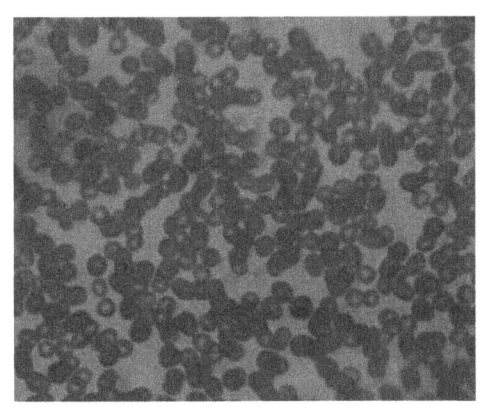

图 2-2-3 人血细胞

2. 染色 将血液涂片放置在空气中自然晾干，然后在载玻片上血膜薄而均匀的区域滴加数滴瑞特染液。染色1～3min后滴加等量的蒸馏水，使其与染液均匀混合，静置2～5min后用自来水冲去染液，晾干。

3. 观察 先用低倍镜检查整个血液涂片，选择细胞分散均匀、重叠较少和细胞较多的区域，然后换高倍镜观察，可见红细胞为双凹圆盘状，无细胞核，被染成粉红色或橘红色；白细胞较少，形态多样，呈蓝紫色，胞体较大，细胞核明显（图2-2-3）。

二、动物脊髓切片标本的观察

在家兔脊髓横切片中呈"H"形的灰质部分，有许多星芒状突起的细胞为神经细胞，其胞体为不规则的三角形或菱形，周围有长短不等的突起，细胞核呈圆形，染色较深（图2-2-4）。

【作业与思考题】

制作血液涂片并分析实验结果。

（赵松华，李　洁）

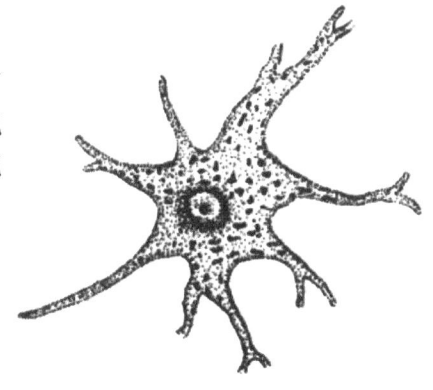

图 2-2-4 神经细胞

三、细胞器观察

【实验目的】

1. 掌握临时制片方法和镜下绘图方法。
2. 熟悉粗面内质网、高尔基复合体、线粒体、中心体等几种细胞器在光镜下的形态和分布。

【实验原理】

细胞中分布有多种具有一定结构和功能的细胞器,它们的形态、大小、结构均有较大差异,可通过不同的染色方法将其在光镜下分别显示出来,这些在光镜下所见结构通常称为细胞的显微结构。

神经细胞因合成、运输大量的蛋白质而含有发达的内质网和高尔基复合体,将家兔脊神经节用硝酸钴固定,再经硝酸银染液浸染制成永久装片,组成高尔基复合体的物质具有还原银盐的能力,使硝酸银呈现黑色沉淀,从而能显示出高尔基复合体的形态和位置。

超活染色(体外活体染色)是指从活的生物体分离部分细胞和组织,使之保持其生活状态,然后用活体染色剂进行染色的一种方法。詹纳斯绿B(Janus green B)染液可专一性地对线粒体进行超活染色,因为线粒体内的细胞色素氧化酶系能使詹纳斯绿B染料始终保持氧化状态(有色状态),使之呈蓝绿色;而在线粒体周围的细胞质中詹纳斯绿B染液被还原成无色化合物。詹纳斯绿B同中性红结合使用进行双重超活染色后,能使线粒体显示得更清楚。

中心体是微管组成的细胞器,在细胞分裂时易于观察。

【实验准备】

1. **实验对象** 牛脊髓切片、家兔肝脏组织、家兔脊神经节切片、马蛔虫子宫横切片。
2. **实验试剂** 中性红-詹纳斯绿B染液;林格液。
3. **实验仪器** 光镜、载玻片、盖玻片、吸水纸、镊子、吸管、平皿、解剖盘、烧杯等。

【实验内容与方法】

1. **尼氏体的观察** 取经甲苯胺蓝染色的牛脊髓切片,在低倍镜下可见被染成蓝色的大三角形、星形的细胞为脊髓前角神经细胞,染色较深的小细胞为神经胶质细胞。换高倍镜观察,可见脊髓前角神经细胞的细胞质中有许多被染成蓝色的颗粒或网状结构即为尼氏体(图2-2-5)。

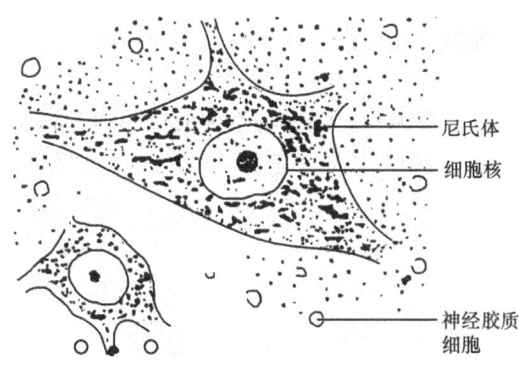

图2-2-5 脊髓前角神经细胞的尼氏体

2. **高尔基复合体的观察** 取家兔脊神经节切片,置于低倍镜下观察,可见到神经节内有许多淡黄色的圆形或椭圆形神经细胞体,先将神经细胞体集中的区域移至视野中央,转换高倍镜观察,可见有些神经细胞体的中央有一个不着色的圆形细胞核,核内有时可见一个橙黄色的核仁,在核周围的细胞质中,有许多被染成深褐色,呈弯曲的线条状、粒状和网状结构,即为高尔基复合体(图2-2-6)。

3. **线粒体的观察**

(1)用空气栓塞法处死家兔,置于解剖盘内,迅速打开腹腔,取家兔肝边缘较薄的肝组织一小块（2～3mm³），放入盛有林格液的平皿内洗去血液（用镊子轻压），用吸管吸去林格液。

（2）在平皿内滴1～2滴中性红-詹纳斯绿B染液，让组织块上表面露在染液外面，使细胞内线粒体的酶系可进行充分氧化，这样才有利于保持染料的氧化状态，使染色体着色。组织块边缘染成蓝色即可，染色时间约为30min。

（3）染色后，将组织块移到载玻片上，用镊子将组织块拉碎，会有一些细胞或细胞群从组织块上脱落下来，去掉稍大的组织块，使游离的细胞或细胞群留在载玻片上，加1滴林格液，盖上盖玻片，用吸水纸吸干盖玻片四周染液后用显微镜观察。在高倍镜下可见在细胞质（特别是核周围）分布有许多被染成亮绿色的颗粒状、棒状或线条状结构，即为线粒体。

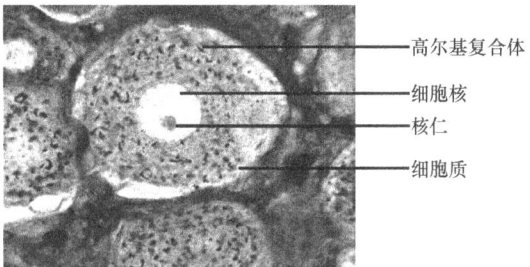

图 2-2-6　家兔脊神经节细胞（400×）
（示高尔基复合体）

4. 中心体的观察　取铁苏木精染色的马蛔虫子宫横切片，在低倍镜下找到受精卵分裂中期的细胞。转换高倍镜可见分裂中期的马蛔虫受精卵细胞的两极各有一深蓝色的圆形小粒，即中心粒，在中心粒周围有一团比较致密的物质为中心球。中心粒和中心球合称为中心体，在其外周有许多放射状分布的细丝——星射线，星射线与中心体合称为星体。在细胞中央可以见到有深蓝色呈分岔线状排列的结构，这就是染色体（图2-2-7）。

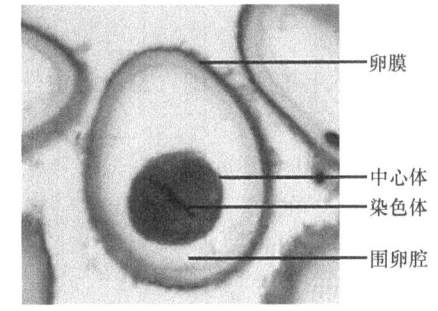

图 2-2-7　马蛔虫受精卵分裂中期（400×）
（示中心体）

【作业与思考题】
1. 绘图示家兔脊神经节细胞中的高尔基复合体。
2. 绘图示马蛔虫受精卵细胞中的中心体。
3. 对比分析染色时间对线粒体标本观察结果的影响。

（赵松华）

四、细胞中微丝的显示与观察

【实验目的】
1. 掌握用考马斯亮蓝R250染液染细胞骨架微丝的方法。
2. 了解动、植物细胞骨架微丝的基本形态及其在细胞内的分布特点。

【实验原理】
细胞骨架（cytoskeleton）是普遍存在于真核细胞中由蛋白质纤维组成的复杂网状结构，对维持细胞形态、细胞运动、细胞内物质运输、分裂及信息传递、基因表达等方面都起着重要作用。根据纤维直径大小和骨架成分差异可分为微管（microtubule，MT）、微丝（microfilament，MF）和中间纤维（intermediate filament，IF）。目前观察细胞骨架的手段主要有电子显微镜、间接免疫荧光技术、组织化学方法等。

本实验采用组织化学方法显示以微丝为主的张力纤维（在该实验条件下，微管结构不稳定，有些类型的纤维太细，光镜下无法分辨）。用适当浓度 Triton X-100 溶液（一种非离子去垢剂）处理细胞后，可将细胞质膜中和细胞质中的可溶性蛋白质和全部脂质抽提，而骨架系统的蛋白质不易被破坏，经戊二醛固定和考马斯亮蓝 R250 染液（一种非特异性蛋白质染料，可使骨架蛋白质着色）染色后，即可在光镜下观察到着色的由微丝组成的微丝束网状结构。实验中使用磷酸盐缓冲液（PBS）可使细胞保持原有状态下的结构而不被破坏；M- 缓冲液可稳定骨架蛋白，使骨架纤维保持聚合状态并且较为舒张，利于观察；戊二醛则具有固定作用，从而较好地保存细胞骨架成分。

【实验准备】

1. 实验对象 洋葱鳞茎内表皮细胞、人皮肤成纤维细胞。

2. 实验试剂 6mmol/L PBS、1% Triton X-100 溶液、M- 缓冲液、0.2% 考马斯亮蓝 R250 染液、3% 戊二醛溶液等。

3. 实验仪器 光镜、载玻片、盖玻片、吸管、培养皿、青霉素瓶、恒温水浴箱、滤纸等。

【实验内容与方法】

一、洋葱鳞茎内表皮细胞骨架的显示与观察

1. 取材 撕取修剪成 1cm^2 大小的洋葱鳞茎内表皮，浸入装有 PBS 的青霉素瓶中处理 5～10min。

2. 抽提 弃去 PBS，加入 1% Triton X-100 溶液室温处理 20～30min。

3. 洗涤 弃去 Triton X-100 溶液，用 M- 缓冲液洗涤 3 次，每次 5～10min。

4. 固定 弃去 M- 缓冲液，加入 3% 戊二醛溶液固定 15～30min。

5. 洗涤 弃去固定液，用 PBS 洗涤 3 次，每次 5～10min。

6. 染色 弃去 PBS，用 0.2% 考马斯亮蓝 R250 染液染色 20～30min。

7. 漂洗 取出洋葱鳞茎内表皮，在培养皿中用蒸馏水快速漂洗 1～2 次。

8. 制片 取载玻片一张，将标本平展开，盖上盖玻片，用滤纸吸干多余水分，在光镜下观察。

9. 观察结果 光镜下，洋葱鳞茎内表皮细胞轮廓清晰可见，高倍镜下可观察到其明显被染成蓝色、粗细不等的网状结构，即微丝组成的张力纤维为主的细胞骨架。

二、人皮肤成纤维细胞微丝束的显示与观察

1. 取材 用培养的人皮肤成纤维细胞进行传代培养时，将消毒的盖片条放入培养瓶中，当生长在盖片条上的细胞分布尚未致密时，将其取出放在小培养皿中，用 PBS 洗涤 3 次。

2. 抽提 将盖片条浸在 1% Triton X-100 溶液中，置于 37℃恒温水浴箱处理 15～20min。

3. 洗涤 弃去 Triton X-100 溶液，用 M- 缓冲液轻轻洗涤 3 次，每次 3min。

4. 固定 弃去 M- 缓冲液，在 3% 戊二醛溶液中固定 10min。

5. 洗涤 弃去固定液，再用 PBS 洗涤数次，用镊子取出盖片条，垂直于吸水纸上吸去多余液体。

6. 染色制片 将盖片条细胞面向上平放于载玻片上，滴加 0.2% 考马斯亮蓝 R250 染液，染色 30～60min，用自来水冲洗，空气干燥。需长时间保存可用二甲苯透明，用树脂封固。

7. 观察结果 在光镜下可见一些充分伸展的成纤维细胞中分布着许多被染成深蓝色

的纤维网状结构，这是由许多微丝聚集形成的微丝束，也称张力纤维。大多沿细胞长轴方向和细胞突起部分分布。

【注意事项与常见问题】

1. 撕取洋葱鳞茎内表皮时不可带茎肉，进行各环节处理时要确保样本展开铺平。

2. Triton X-100 溶液的处理时间对结果有较大影响，处理过久，会破坏细胞结构；处理时间不足，则背景较深而干扰观察。

3. 使用 PBS 时若室温较低有沉淀析出，需考虑加温或迅速搅拌使之溶解。

【作业与思考题】

观察微丝时用 Triton X-100 溶液处理细胞的作用是什么？

【附】试剂配制

1. 6mmol/L PBS

A 液：$NaH_2PO_4·2H_2O$	0.936g
B 液：$Na_2HPO_4·12H_2O$	2.148g

各用蒸馏水加至 1000ml。6mmol/L PBS（100ml）：A 液 68.5ml + B 液 31.5ml，用 $NaHCO_3$ 调 pH 至 6.5。

2. M- 缓冲液（pH7.2）

咪唑	3.40g
KCl	3.70g
$MgCl_2·6H_2O$	101.65mg
乙二醇双 2- 氨基乙醚四乙酸（EGTA）	380.35mg
乙二胺四乙酸（EDTA）	29.22mg
巯基乙醇溶液（1mol/L）	0.07ml
甘油（4mol/L）	292ml

用蒸馏水加至 1000ml，用 1mol/L HCl 溶液调 pH 至 7.2。

3. 1% Triton X-100 溶液

Triton X-100	1ml
M- 缓冲液	99ml

4. 0.2% 考马斯亮蓝 R250 染液

考马斯亮蓝 R250	0.2g
甲醇	46.5ml
冰醋酸	7ml
蒸馏水	46.5ml

5. 3% 戊二醛溶液（固定液）

25% 戊二醛溶液	12ml
6mmol/L PBS（pH6.8）	88ml

（赵　矫）

五、细胞中液泡系的活体染色

【实验目的】

1. 熟悉液泡系的活体染色原理。

2. 了解液泡系的活体染色方法。

【实验原理】

活体染色是指对活体的细胞或组织着色，但又无毒害的一种染色方法，目的在于显示活体细胞内的某些天然结构，而不影响细胞的生命活动，不产生任何物理、化学变化引起细胞死亡。活体染色技术可用来研究生活状态下的细胞结构和生理、病理状态。

动物细胞内由单层膜包裹的小泡都属于液泡系，包括高尔基复合体、溶酶体、内质网、转运囊泡、吞噬泡等。软骨细胞内含有较多的粗面内质网和发达的高尔基复合体，能合成与分泌软骨黏蛋白及胶原纤维等，因而液泡系发达。中性红（neutral red）是液泡系的专一性活体染色剂，在细胞处于生活状态时，只将液泡系染成红色，细胞质和细胞核不被染色。

【实验准备】

1. 实验对象 洋葱鳞茎内表皮细胞、蟾蜍血细胞。

2. 实验试剂 1∶3000中性红染液、0.65%林格液。

3. 实验仪器 光镜、吸管、吸水滤纸、载玻片、盖玻片、镊子、手术剪刀、培养皿等。

【实验内容与方法】

一、洋葱鳞茎内表皮细胞液泡系的显示与观察

1. 取材 撕取修剪成 $1cm^2$ 大小的洋葱鳞茎内表皮。

2. 染色 放在加有一滴1∶3000中性红染液的载玻片上，染色5min；吸去中性红染液，滴一滴林格液。

3. 观察结果 盖上盖玻片，用光镜观察，可见被染成砖红色的中央大液泡。

二、蟾蜍血细胞液泡系的显示与观察

1. 取材 取蟾蜍一只，以捣毁脊髓法处死，将其腹面朝上，剪开腹腔，取胸骨剑突软骨最薄部分的一小片，置于载玻片上。

2. 染色 滴加1∶3000中性红染液，染色15min，用吸水滤纸吸去染液。

3. 滴加0.65%林格液，盖上盖玻片，用吸水滤纸从盖玻片侧面吸取多余液体。

4. 观察结果 镜下可见软骨细胞为椭圆形，细胞核周围有许多被染成玫瑰红色、大小不一的小泡，即为细胞液泡系。

【注意事项与常见问题】

1. 为便于观察，在取胸骨剑突时，尽量取较薄部位。

2. 本实验是活体染色，在实验的整个过程中，应注意保持标本的活体状态，特别在取材时应做到准确、快速。

【作业与思考题】

液泡系的活体染色原理是什么？

【附】试剂配制

1. 0.65%林格液（两栖动物用）

氯化钠	0.65g
氯化钾	0.042g
氯化钙	0.025g
蒸馏水	100ml

2. 1 : 3000 中性红染液

中性红 0.1g
蒸馏水 300ml

装入棕色瓶，室温保存。

（赵 矫）

六、细胞的超微结构

【实验目的】
1. 通过电子显微镜图片、幻灯片和录像片的观看，掌握细胞的超微结构。
2. 进一步熟悉各种细胞结构的功能。

【实验准备】
1. 实验对象 动物和人体各种细胞亚微结构电子显微镜图片、各种细胞亚微结构幻灯片、各种细胞亚微结构录像片。
2. 实验仪器 投影仪、多媒体教学系统。

【实验内容与方法】
光镜由于受到光波特性的限制，一般只能观察到 0.2μm 以上的物体结构，细胞内许多微细结构无法看到。电子显微镜用电子束作为光源，分辨力可达 0.20～0.25nm，可观察到细胞内各种细胞器的微细结构，电子显微镜的出现对研究细胞内部结构及细胞的各种活动规律起到重要作用。通常把电子显微镜下观察到的细胞结构称为超微结构（ultrastructure）。

对细胞超微结构的观察是通过幻灯片和照片来完成的，主要内容如下。

一、细胞膜

细胞膜（cell membrane）：电子显微镜下细胞膜由内外两层致密的深色带和中间一层疏松的浅色带构成，一般把细胞膜的这三层结构作为一个单位，称为单位膜（unit membrane）。细胞内所有膜性结构的膜都具有这样的结构（图 2-2-8）。

在细胞膜外面有一层细胞外被（cell coat），是膜内糖脂和糖蛋白伸展到细胞外面的糖链部分。细胞外被具有黏着、支持、细胞识别等功能（图 2-2-9）。

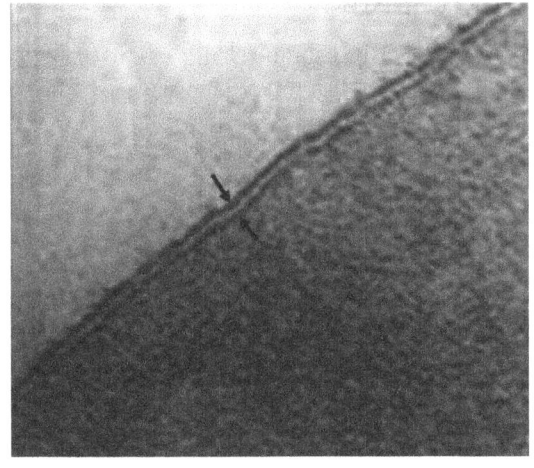

图 2-2-8 人红细胞膜
（单位膜，箭头示细胞膜的三层结构）

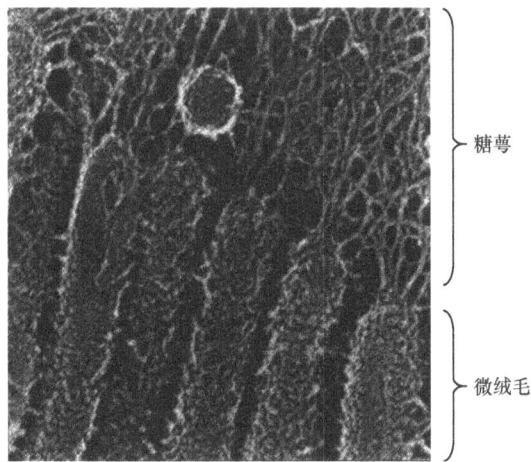

图 2-2-9 小肠上皮细胞微绒毛表面
（示细胞外被）

二、内质网

内质网（endoplasmic reticulum，ER）是广泛分布于细胞质内的膜性管状或囊状结构，根据膜的外表面有无核糖体附着分为两种类型：粗面内质网和滑面内质网。

粗面内质网（rough endoplasmic reticulum）（图 2-2-10）多呈扁平囊，平行排列连成网，其囊腔在立体结构上是相通的，膜的外表面附有核糖体，主要合成各种酶原、抗体、肽类激素等外输性蛋白质，并对新合成的蛋白质进行储存、运输、分隔。

滑面内质网（smooth endoplasmic reticulum）（图 2-2-11）通常为分支小管或小泡的网状结构，膜表面无核糖体附着。滑面内质网是一个多功能的细胞器，不同组织内的滑面内质网具有不同的功能，其主要功能与脂类的合成、糖原分解和解毒功能有关。

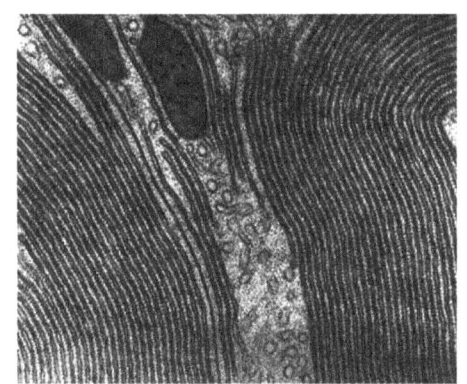

图 2-2-10 粗面内质网

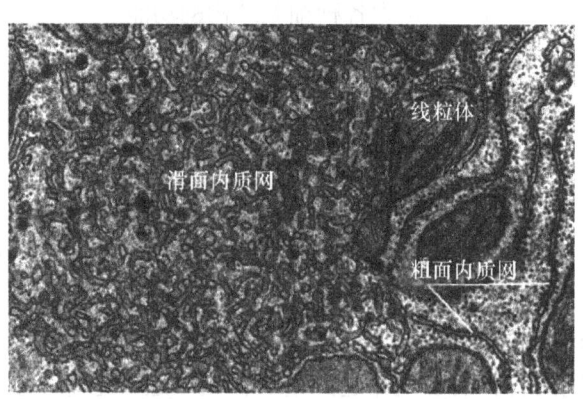

图 2-2-11 滑面内质网

三、高尔基复合体

高尔基复合体（Golgi complex，Gc）有明显的极性，电子显微镜下观察到的典型高尔基复合体由扁平膜囊（saccule）、大泡（vacuole）、小泡（vesicle）三部分组成（图 2-2-12）。高尔基复合体的功能与细胞的分泌活动，蛋白质的加工、分选，膜的转化等功能相关。

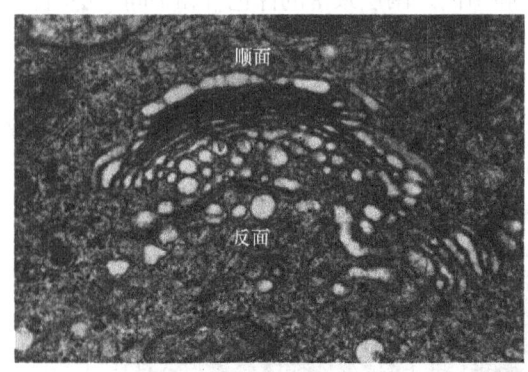

图 2-2-12 高尔基复合体

四、溶酶体

溶酶体（lysosome）是由一层单位膜包围的圆形或椭圆形小体（图 2-2-13），其内含有多种水解酶，其特征酶为酸性磷酸酶。初级溶酶体（primary lysosome）略呈圆形，不含明显的颗粒或膜的碎片。次级溶酶体（secondary lysosome）含有正在消化的颗粒或膜的碎片等。若溶酶体消化的物质是内源性的称为自噬溶酶体（autophagolysosome）（图 2-2-14）；若溶酶体消化的物质是外源性的则称为异噬溶酶体（heterophagic lysosome）。

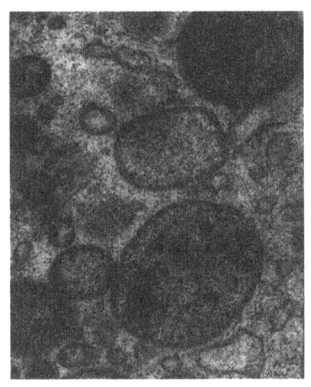 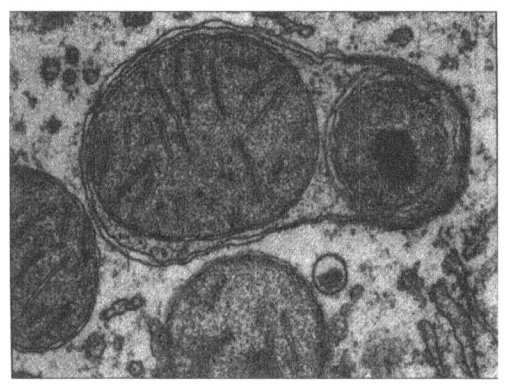

图 2-2-13　肝脏巨噬细胞局部区域中的溶酶体　　图 2-2-14　小鼠肾脏近曲小管上皮细胞中自噬溶酶体

五、过氧化物酶体

过氧化物酶体（peroxisome）又称微体（microbody）是由一层单位膜围成的圆形或椭圆形小体（图 2-2-15），电子显微镜下观察，其中含有极细的颗粒状物质，中央常有一电子密度较高的核心，此核心是尿酸氧化酶有规则的结晶，称为类核（nucleoid）。人类、鸟类及四膜虫等的过氧化物酶不含有尿酸氧化酶，因此过氧化物酶体内无类核。过氧化物酶体的特征酶是过氧化氢酶，其能分解多余的过氧化氢，调节和控制过氧化氢的含量，防止细胞中毒。

六、线粒体

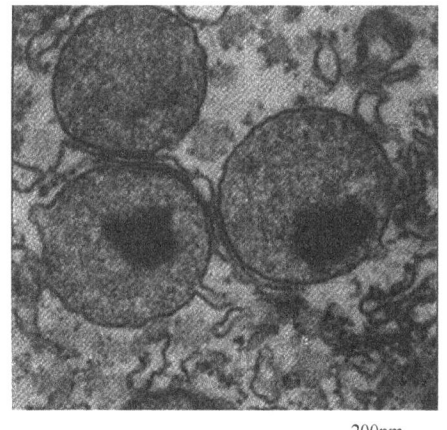

图 2-2-15　大鼠肝脏细胞中的过氧化物酶体

线粒体（mitochondria）的大小在活细胞中常表现出可动性和外形大小的可塑性，是细胞内极为重要的细胞器。在电子显微镜下，线粒体是由两层单位膜包围而成的封闭囊状细胞器，外膜平坦，内膜向内折叠形成嵴（cristae），外膜与内膜之间的腔称为膜间腔，嵴与嵴之间的空腔称为嵴间腔。不同类型的细胞，嵴的形状和排列方式有很大的变化，基本形态为板状和管状。内膜和嵴上附有许多基粒，每个基粒由头部、柄部和基片三部分组成。线粒体是细胞生物氧化的主要场所，细胞生命活动中所需能量约有 95% 来自线粒体（图 2-2-16）。

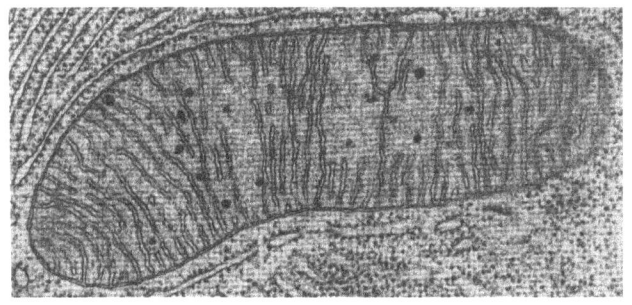

图 2-2-16　线粒体电子显微镜图

七、核糖体

核糖体（ribosome）是蛋白质合成的装配机，存在于几乎所有细胞中。在电子显微镜下，核糖体是无被膜的电子致密颗粒，呈圆形或椭圆形，由大、小两个亚单位构成；核糖体常成群存在，与 mRNA 结合构成多聚核糖体（polyribosome）（图 2-2-17、图 2-2-18）。

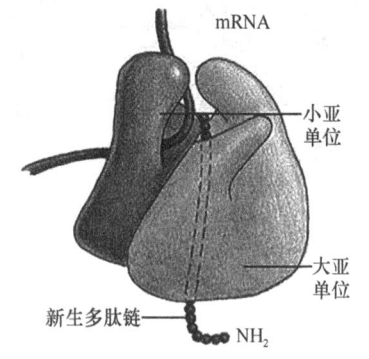

图 2-2-17　核糖体的形态结构图

图 2-2-18　多聚核糖体

八、微管、微丝、中间纤维

微管（microtubule）是中空、不分支的细管，外径为 25nm，内腔直径为 15nm，管壁厚度平均为 5nm，其主要成分是微管蛋白。细胞中微管的存在方式有三种，即单管、二联管和三联管，单管由 13 根原纤维呈螺旋状排列而成，主要参与细胞运动、细胞形态维持等功能；二联管是并合在一起的 A、B 两根单管，二联管是纤毛和鞭毛的结构基础，与细胞的运动有关；三联管是由 33 或 35 根原纤维构成的 A、B、C 三根单管，三联管是中心粒的结构基础（图 2-2-19、图 2-2-20）。

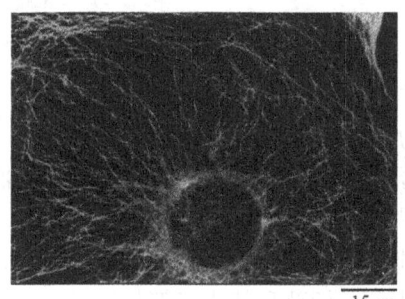

图 2-2-19　微管在细胞内的分布

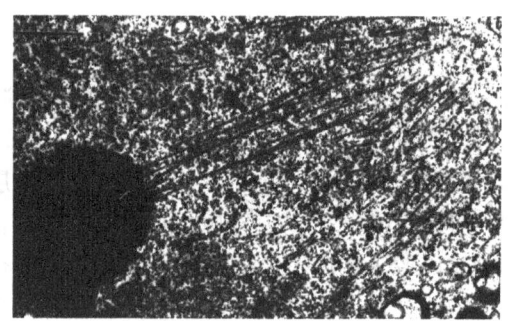

图 2-2-20　细胞分裂时的纺锤丝
（示微管）

微丝（microfilament）是细胞质中比微管细的实心纤维，直径为 5～7nm，经常成束、平行排列在细胞膜下。微丝的基本成分是肌动蛋白，肌动蛋白的单体呈球形，微丝的存在形式是由多个肌动蛋白单体首尾相连组成的细丝。微丝在细胞质中散在分布，也可紧密排列成束或交织成网，主要在维持细胞的结构和运动方面起作用（图 2-2-21）。

中间纤维（intermediate filament）是细胞质中直径为 9～10nm 的纤维，其成分复杂，可分为角质纤维蛋白、神经纤维蛋白、胶质纤维酸性蛋白、结蛋白、波形蛋白五种，分别分布于不同类型的细胞中，常用来鉴别细胞的来源（图 2-2-22）。

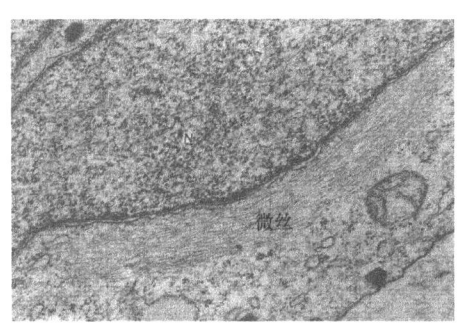 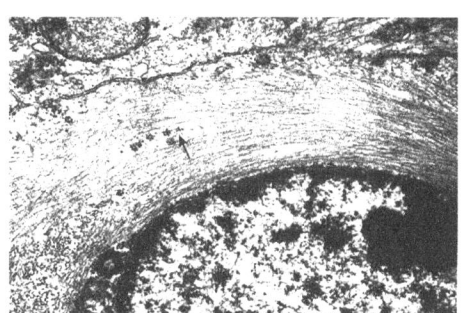

图 2-2-21 人骨髓早幼粒细胞微丝　　图 2-2-22 胶质瘤细胞内的中间纤维
（箭头示中间纤维）

九、中心粒

中心粒（centriole）为短筒状的细胞器，每个中心粒由9束三联管呈风轮状排列而成。各组微管间及其周围有较致密的细粒状物质，这些物质呈放射状向细胞质延伸，形成中心粒周围的卫星小体（图 2-2-23）。

十、核膜

核膜（nuclear membrane）由两层单位膜围成，两层单位膜之间的腔称为核周隙（图 2-2-24）。

核膜的内膜和外膜在某些地方融合形成核孔。核孔是细胞核与细胞质之间物质交换的通道。有人估计，全部核孔的面积约为核膜总面积的 1/8（图 2-2-25）。

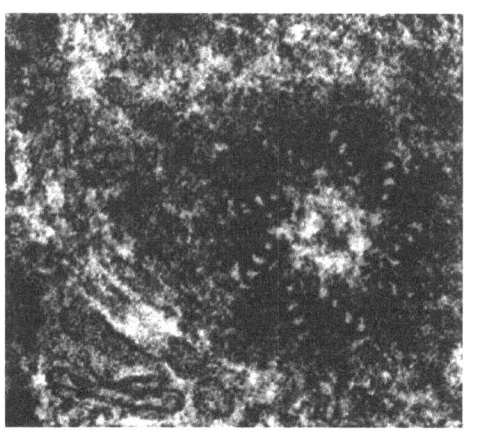

图 2-2-23 中心粒

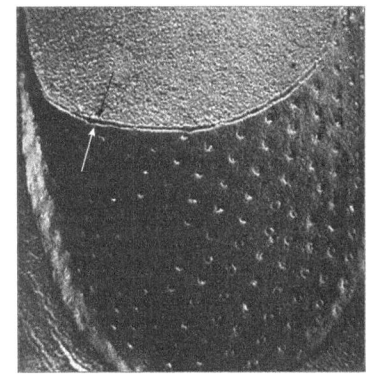 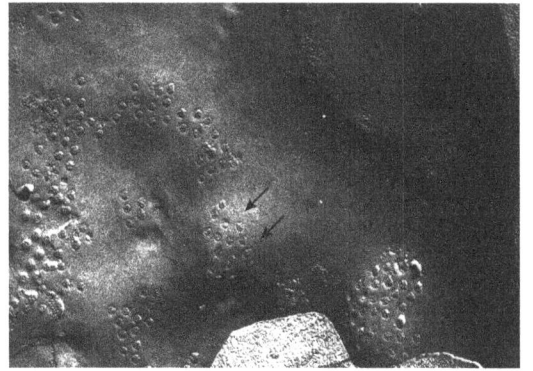

图 2-2-24 核膜结构　　　　图 2-2-25 核孔
（两箭头处为核膜）　　　　（箭头示核孔）

十一、染色质

染色质（chromatin）是间期细胞核中能被碱性染料着色的物质（图 2-2-26）。细胞核中的染色质可分为两类：常染色质和异染色质。异染色质（heterochromatin）螺旋折叠程度高，染色深，无转录活性，一般紧贴核膜内缘，呈斑块状或以颗粒状飘散在核基质中。常染色质（euchromatin）螺旋折叠程度低，染色浅，转录活性较高，常染色质多分布于细胞核的中央，少量分布于核仁内。

十二、核仁

核仁（nucleolus）为一团无膜包围、疏松的海绵网状结构。核仁的中心为纤维区，主要由直径为 5～10nm 的纤维组成，构成核仁的海绵网架，它是核仁组织者的活性转录产物 rRNA。在纤维区的外周为颗粒区，其中含有直径为 15nm 的颗粒，这些小颗粒是核糖体大小亚基的前体物（图 2-2-27）。

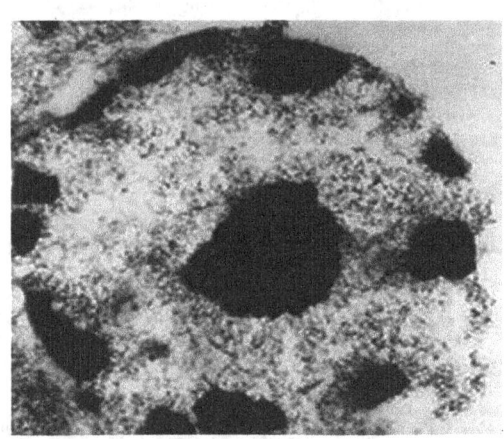

图 2-2-26 细胞核
（示染色质）

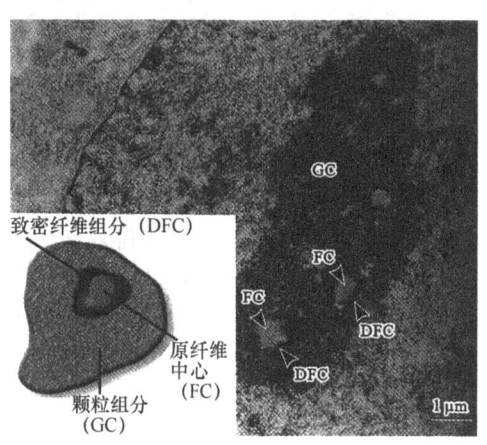

图 2-2-27 人皮肤成纤维细胞中的核仁
（示三个不同的特征性结构区）

十三、细胞连接

在上皮组织中可见常见的几种细胞连接（cell junction）方式（图 2-2-28）。

1. 桥粒连接（desmosome junction） 呈不连续的纽扣状结构。相邻的细胞膜互相平行，细胞间隙为 25～30nm。一般认为桥粒是细胞间最坚固的连接点。

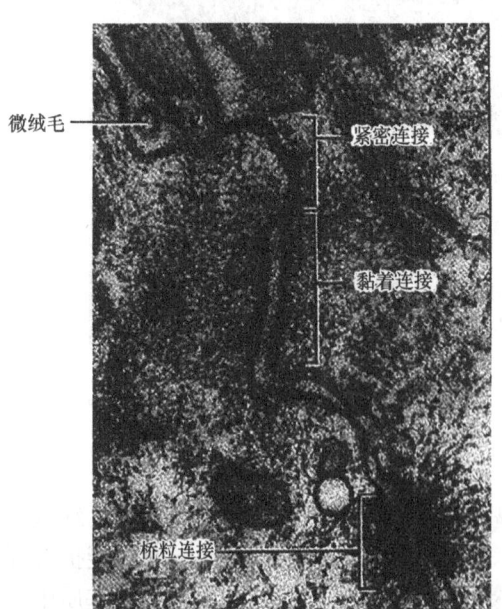

图 2-2-28 上皮组织的三种细胞连接

2. 紧密连接（tight junction） 常位于上皮细胞表面的相邻面。紧密连接时两个相邻细胞膜并未完全黏合在一起，而是一系列点的融合，点与点之间有间隙，融合点处细胞膜完全黏合在一起。紧密连接的主要功能是封闭细胞间隙，阻止物质自由通过。

3. 间隙连接（gap junction） 是一种比较大的平板状连接，多见于细胞深部侧表面，此处相邻的细胞膜之间相隔仅 2nm。间隙连接的功能除使细胞结合连接外，还是细胞间进行电交联的主要部位。

4. 黏着连接（adherens junction） 常位于上皮细胞的紧密连接和桥粒连接之间，连接处的细胞膜间有 15～25nm 的间隙。黏着连接除了可以增强组织的机械性能外，还能够协调细胞间的运动。

【作业与思考题】
分析几张电子显微镜图片，说出其名称及特点。

（田　强）

第三节　细胞化学

细胞化学（cytochemistry）是在保持细胞原有形态结构的基础上，利用特殊的化学试剂与细胞的特定成分反应从而原位显示细胞内化学成分，通过显微镜进行定性、定位、定量检测的方法，是细胞生物学重要的研究与实验技术。

细胞化学技术要求制作的标本必须做到最大限度地保持样本的形态、结构和细胞内化学成分及酶活性不发生改变，显示成分的化学反应必须对将被显示的化学物质有高度特异性和高度灵敏性，反应所生成的产物要在原位沉淀、显色明显、不溶、不扩散并具有可重复性。

一、显示多糖的过碘酸希夫反应

【实验目的】
1. 熟悉过碘酸希夫反应的基本原理。
2. 了解常用的原位显示细胞内糖原的方法。

【实验原理】
过碘酸希夫反应（periodic acid Schiff reaction，PAS反应）是显示糖原最经典也最直接的细胞化学方法，该反应适用于细胞和组织中的多糖、黏多糖、黏蛋白等的显示，其化学原理是利用过碘酸的氧化作用将 $CH_2OH—CH_2OH$ 氧化成 $CHO—CHO$，释放出醛基。新生的醛基同希夫（Schiff）试剂中的无色品红作用产生紫红色的化合物沉淀于糖原分布处，而过碘酸不会继续氧化新生醛基，故能使新生醛基同无色品红充分作用（图2-3-1）。

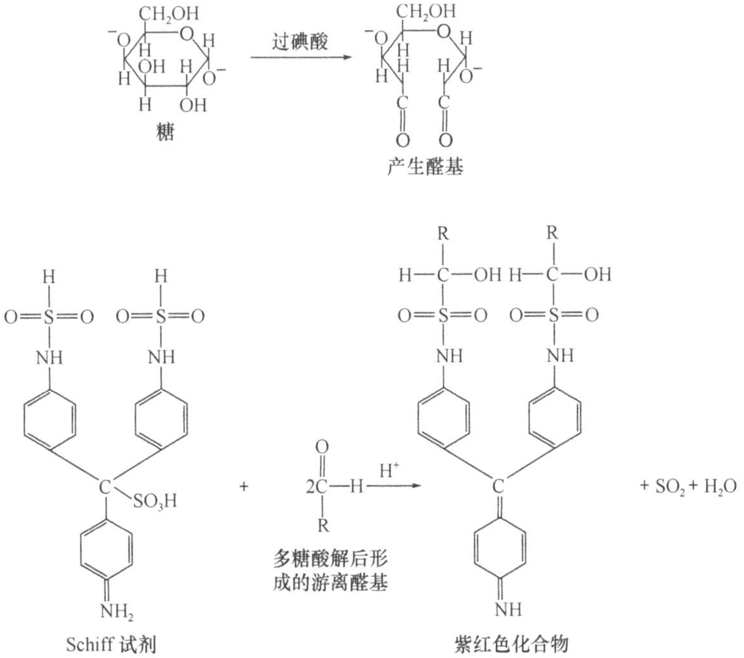

图 2-3-1　过碘酸希夫反应

【实验准备】

1. 实验对象 马铃薯块茎薄壁细胞。

2. 实验试剂 过碘酸乙醇溶液、Schiff 试剂、亚硫酸水溶液、70% 乙醇、以 pH4.2 的 PBS 配制的淀粉酶等。

3. 实验仪器 显微镜、载玻片、盖玻片、镊子、培养皿、染色缸、吸管等。

【实验内容与方法】

1. 切下马铃薯块茎薄片,浸入过碘酸乙醇溶液 15～20min。

2. 浸入 70% 乙醇洗涤片刻。

3. 用 Schiff 试剂染色 15～30min。

4. 用亚硫酸水溶液洗涤 3 次,每次 1min。

5. 标本置于载玻片上,吸 70% 乙醇滴片冲洗,盖上盖玻片,镜检观察。

6. 对照薄片可于切下后用以 pH4.2 的 PBS 配制的淀粉酶消化 40min,再放入染液。

7. 观察结果,在马铃薯块茎组织细胞内可见紫红色或深红色颗粒,即为淀粉。对照切片由于淀粉已被酶消化,故而无色或色淡。

【注意事项与常见问题】

1. Schiff 试剂的质量是影响实验结果的重要因素,试剂暴露于空气中易被氧化而变成红色,使试剂失效。操作及保存中不宜使试剂过多暴露于空气,注意避光。

2. 亚硫酸可与碱性品红反应生成品红亚硫酸,从而将 Schiff 试剂染色时所残留的碱性品红反应掉,以洗去多余的非特异性色素及扩散的染料。亚硫酸水溶液分色是关键步骤之一,使用时注意把握好时间和次数,处理不够或太过均会影响实验效果,可分组按照不同时间和次数进行分色,以利于对比。

【作业与思考题】

过碘酸希夫反应的化学原理是什么?

【附】试剂配制

1. 过碘酸乙醇溶液(4℃,避光保存)

过碘酸(HIO_4)	0.4g
95% 乙醇	35ml
0.2mol/L 醋酸钠溶液	5ml
蒸馏水	10ml

2. Schiff 试剂 取 0.5g 碱性品红加到 100ml 煮沸的蒸馏水中,不停摇动并继续煮 5min(勿使沸腾)使其充分溶解,然后冷却至 50℃,用滤纸过滤。滤液中加入 10ml 1mol/L HCl 溶液,冷却至 25℃时加入 0.5g 偏重亚硫酸钠或偏重亚硫酸钾,摇荡后塞紧瓶塞在室温暗处静置至少 24h,使其颜色退至淡黄色,然后加入 0.5g 活性炭用力摇荡 1min,用粗滤纸过滤于棕色瓶中塞紧,4℃保存,即为原液。Schiff 试剂由原液 11.5ml、1mol/L HCl 溶液 0.5ml、纯乙醇 23ml、蒸馏水 200ml、10% 偏重亚硫酸钠溶液 10ml 配制,其中 1mol/L HCl 溶液用前加入。

3. 亚硫酸水溶液

10% 偏重亚硫酸钾或偏重亚硫酸钠溶液	5ml
蒸馏水	100ml
1mol/L HCl 溶液	5ml

(赵 矫)

二、显示DNA的福尔根（Feulgen）反应

【实验目的】
1. 熟悉 Feulgen 反应的基本原理及 DNA 在细胞内的分布。
2. 了解 Feulgen 反应的染色方法。

【实验原理】
Feulgen 反应由 Feulgen 和 Rossenbeck 于 1924 年发明，是特异性显示 DNA 的最经典方法，主要包括 DNA 水解和显色反应两个环节。稀 HCl 溶液（浓度为 1mol/L，60℃）水解 DNA 后，核 DNA 多核苷酸链上嘌呤碱基脱落，之后 DNA 的一端形成游离醛基而 DNA 仍不脱离多核苷酸链。游离醛基在原位同 Schiff 试剂中的无色品红反应生成紫红色化合物使 DNA 呈现紫红色。在一定范围内，染色程度与 DNA 含量成正比关系，符合化学计量学关系，因此可用作 DNA 的定位和定量分析。Feulgen 反应对 DNA 检测的特异性在于酸水解时 RNA 被降解导致 RNA 被除去，而多糖在此反应条件下不产生裸露的醛基，组织中其余的自由醛基则可以被 HCl 溶液酸解消除。

【实验准备】
1. **实验对象**　洋葱鳞茎内表皮细胞、蟾蜍血细胞。
2. **实验试剂**　Schiff 试剂、亚硫酸液、1mol/L HCl 溶液、乙醚、蒸馏水等。
3. **实验仪器**　显微镜、恒温水浴箱、吸管、吸水滤纸、载玻片、盖玻片、镊子、手术剪刀、培养皿等。

【实验内容与方法】

一、洋葱鳞茎内表皮细胞

1. **取材**　撕取剪成 1cm² 大小的洋葱鳞茎内表皮，置于常温浓度为 1mol/L 的 HCl 溶液中处理 1min。
2. **水解**　浸入预热 60℃的 1mol/L HCl 溶液中水解 8min。
3. **染色**　转入 Schiff 试剂避光染色 30min。
4. **分色**　用新配亚硫酸液水洗 2 次，每次数秒。
5. **漂洗**　用蒸馏水轻微漂洗。
6. **制片**　取清洁载玻片一张，将标本平展开，盖上盖玻片，吸干多余水分，镜检观察。
7. **观察结果**　含有 DNA 的洋葱鳞茎内表皮细胞的细胞核呈紫红色，其余部分结构无明显颜色。

二、蟾蜍血细胞

1. **取材**　用乙醚麻醉蟾蜍，置于解剖盘中，腹部向上，剪开胸腔，暴露心脏。在心室部位剪开一裂口，用载玻片边缘光滑的一端蘸取少量血液进行涂片。
2. **涂片制作**　将蘸血载玻片以 30°～45°置于另一干净载玻片上，轻轻向前推进，使载玻片上形成薄而均匀的舌状血膜。血膜面积应占载玻片的 1/2 以上，在酒精灯上干燥。
3. **水解**　置于常温浓度为 1mol/L 的 HCl 溶液水解 2min，换入预热至 60℃，浓度为 1mol/L 的 HCl 溶液中水解 8min，取出后用细小流水冲洗以去掉载玻片表面的 HCl 溶液，同时另制作一张血液涂片不进行水解，作为对照。
4. **染色**　转入 Schiff 试剂中避光染色 30min。
5. **分色**　用新配制的亚硫酸液冲洗 2 次，每次数秒。用蒸馏水轻微冲洗。晾干。

6. 观察结果 含有 DNA 的血细胞核呈紫红色，其余部分结构无明显颜色。

【注意事项与常见问题】

1. 在实际酸水解时，必须掌握合适的酸浓度、水解温度和水解时间。水解不足会使游离醛基的暴露不完全，反应变弱；水解过度会导致 DNA 异常降解，同样使反应变弱，染色深度下降，严重时出现阴性反应，同时应考虑不同标本材料的影响。

2. Schiff 试剂的质量是影响实验结果的重要因素，试剂暴露于空气中易被氧化而变成红色，使试剂失效。操作及保存中不宜使试剂过多暴露于空气，注意避光。

3. 亚硫酸可与碱性品红反应生成品红亚硫酸，从而将 Schiff 试剂染色时所残留的碱性品红反应掉，以洗去多余的非特异性色素及扩散的染料。亚硫酸液分色是关键步骤之一，使用时注意把握好时间和次数，处理不够或太过均会影响实验效果，可分组按照不同时间和次数进行分色，以利于对比。

4. 制作血液涂片应注意载玻片的正反面，用流水冲洗时，应避免水流直接冲洗正面，防止破坏细胞。

【作业与思考题】

1. Feulgen 反应的基本原理是什么？

2. 实验中应注意哪些事项？

【附】试剂配制

1. 1mol/L HCl 溶液

相对密度为 1.19 的浓 HCl 溶液　　　　　　　　82.5ml

加蒸馏水至 1000ml。

2. Schiff 试剂 取 0.5g 碱性品红加到 100ml 煮沸的蒸馏水中，不停摇动并继续煮 5min（勿使沸腾）使其充分溶解，然后冷却至 50℃，用滤纸过滤。滤液中加入 10ml 1mol/L HCl 溶液，冷却至 25℃时加入 0.5g 偏重亚硫酸钠或偏重亚硫酸钾，摇荡后塞紧瓶塞在室温暗处静置至少 24h，使其颜色退至淡黄色，然后加入 0.5g 活性炭用力摇荡 1min，用粗滤纸过滤于棕色瓶中塞紧，4℃保存，即为原液。Schiff 试剂为原液 11.5ml、1 mol/L HCl 溶液 0.5ml、纯乙醇 23ml、蒸馏水 200ml、10% 偏重亚硫酸钠溶液 10ml 配制，其中 1mol/L HCl 溶液用前加入。

3. 亚硫酸液

10% 偏重亚硫酸钾或偏重亚硫酸钠溶液　　　　　5ml
蒸馏水　　　　　　　　　　　　　　　　　　　100ml
1mol/L HCl 溶液　　　　　　　　　　　　　　　5ml

（赵　娇）

三、显示 RNA 的布拉舍（Brachet）反应

【实验目的】

1. 熟悉 Brachet 反应的基本原理及 RNA 在细胞内的分布。

2. 了解 Brachet 反应的染色方法。

【实验原理】

Brachet 反应又称甲基绿-派洛宁（methyl green-pyronin）染色法，其利用核酸分子上带有负电荷的磷酸根和带有正电荷的碱性染料（主要用 Unna 染色剂）反应形成盐键而在原

位沉淀显色。Unna 染色剂含有甲基绿和派洛宁两种染料（图 2-3-2），其中甲基绿带有两个正电荷，甲基绿分子的两个含 N 基团使得甲基绿与 DNA 双螺旋外侧的磷酸根基团有较强亲和力，可使分布在细胞核（除核仁外）中的 DNA 被染成蓝色或绿色。派洛宁带有一个负电荷，派洛宁分子的一个含 N 基团使其与 RNA 分子亲和力高，可阻止甲基绿染色，使分布于核仁和细胞质中的 RNA 被染成红色，因此该反应可以同时显示 RNA 和 DNA，这一反应对酸碱值敏感，脱水程度、染料纯度和染料的结合力都可影响染色效果。

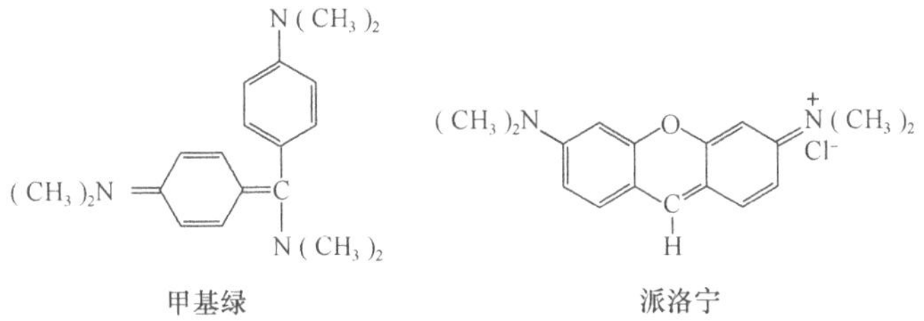

图 2-3-2　甲基绿和派洛宁分子结构式

【实验准备】

1. 实验对象　洋葱鳞茎内表皮细胞、蟾蜍血细胞。

2. 实验试剂　Unna 染色剂（甲基绿 - 派洛宁染液）、乙醚、蒸馏水、70% 乙醇、95% 乙醇等。

3. 实验仪器　光镜、吸管、吸水滤纸、载玻片、盖玻片、镊子、手术剪刀、培养皿等。

【实验内容与方法】

一、洋葱鳞茎内表皮细胞

1. 取材　撕取剪成 1cm² 大小的洋葱鳞茎内表皮。

2. 染色　用 Unna 染色剂染色 30～40min。

3. 漂洗　用蒸馏水适度漂洗。

4. 制片　取载玻片一张，将标本平展开，盖上盖玻片，吸干多余水分，镜检观察。

5. 观察结果　DNA 所在的细胞核呈绿色，含有大量 RNA 的核仁呈鲜红色，含有 RNA 的细胞质呈淡红色。

二、蟾蜍血细胞

1. 取材　同 Feulgen 反应。制作蟾蜍血液涂片，干燥后放入 70% 乙醇固定 10min，取出晾干。

2. 染色　滴 Unna 染色剂于血膜上，染色 15min。

3. 漂洗　用蒸馏水冲洗。

4. 分色　用 95% 乙醇分色，晾干，封片。

5. 观察结果　DNA 所在的细胞核呈绿色，含有大量 RNA 的核仁呈鲜红色，含有 RNA 的细胞质呈淡红色。

【注意事项与常见问题】

1. 商品甲基绿批号不同，质量不同，染色效果常差别较大。甲基绿常混有甲基紫，影响染色效果，应先把药品放在分液漏斗中，加入足量氯仿，用力振荡后静置，直到甲基紫洗脱完全为止。

2. 派洛宁易溶于水，在用蒸馏水漂洗时要严格控制时间，并注意观察颜色变化，防止过度脱色，此外分色效果还受染色剂的批次、细胞种类和生理状态的影响，需要的分色时间通常会有差别。在实际操作时，可先以短时间进行预试，或预设不同时间进行实验，把握好这一环节，通常可以得到较好的结果。

3. 本反应结果易与 Feulgen 反应结果混淆，应注意加以区分。

【作业与思考题】

Brachet 反应的基本原理是什么？

【附】试剂配制

Unna 染色剂

甲液：5% 派洛宁溶液　　　　　　6ml
　　　2% 甲基绿溶液　　　　　　6ml
　　　蒸馏水　　　　　　　　　　16ml

乙液：1mol/L 醋酸盐缓冲液（pH4.8）
　A 液：冰醋酸　　　　　　　　　6ml
　　　　加蒸馏水至 100ml。
　B 液：醋酸钠　　　　　　　　　13.5g
　　　　加蒸馏水至 100ml。

A 液和 B 液混合即为乙液。

用时 40ml 甲液、60ml 乙液混合即成。

（赵　矫）

四、过氧化氢酶的显示与测定

【实验目的】

1. 熟悉过氧化氢酶显示反应的原理。

2. 了解过氧化氢酶显示方法。

【实验原理】

在生物体内，细胞代谢过程中会产生对机体有害的过氧化氢。存在于肝、肾、中性粒细胞及小肠黏膜上皮细胞内的过氧化氢酶可将过氧化氢分解，生成水并释放氧气，对机体起保护作用。本实验利用过氧化氢酶的上述性质，通过观察植物细胞气泡的有无，或通过动物细胞产生的氧气使无色联苯胺氧化成蓝色联苯胺蓝，进而变成棕色产物，可根据颜色反应来判定过氧化氢酶的有无或多少。

【实验准备】

1. 实验对象　马铃薯块茎薄壁细胞、小白鼠骨髓细胞。

2. 实验试剂　2% 和 3% 过氧化氢溶液、0.5% 硫酸铜溶液、联苯胺混合液、1% 番红溶液、蒸馏水等。

3. 实验仪器　显微镜、吸管、吸水滤纸、载玻片、盖玻片、镊子、手术剪刀、培养皿、注射器、酒精灯、烧杯等。

【实验内容与方法】

一、马铃薯块茎薄壁细胞

分别切取新鲜马铃薯和熟马铃薯各一块，置于载玻片两端，同时滴加新配制的 2% 过氧化氢溶液 2～3 滴，先肉眼观察再在低倍镜下观察生、熟马铃薯产生气泡的有无。

二、小白鼠骨髓细胞

1. 取材　取小白鼠一只，以颈椎脱位法将其处死，迅速剖开后肢暴露股骨，将股骨从一端剪断，用注射器吸出骨髓滴到载玻片一端（必要时可滴加 1 滴 PBS 进行稀释）。

2. 制片　推片，室温晾干，制成涂片。

3. 将涂片浸入 0.5% 硫酸铜溶液中 30s。

4. 浸入联苯胺混合液中反应 6min。

5. 复染　用流水冲洗，浸入 1% 番红溶液中复染 2min。

6. 漂洗　用流水冲洗，室温晾干。

7. 观察结果　盖盖玻片进行观察。涂片中可见一些细胞中存在蓝色颗粒，即为过氧化物酶存在的部位。

【注意事项与常见问题】

1. 显微镜下观察马铃薯块茎薄壁细胞时由于未使用盖玻片，仅供在低倍镜下观察，不使用高倍镜。

2. 本实验中联苯胺混合液在空气中极易被氧化而呈现棕色，降低染色效果，因此，该溶液应用时现配，在操作过程中也应注意减少与空气接触。

【作业与思考题】

1. 过氧化氢酶显示反应的原理是什么？
2. 使用联苯胺的目的是什么？

【附】试剂配制

1. 0.5% 硫酸铜溶液

硫酸铜	0.5g

蒸馏水加至 100ml。

2. 联苯胺混合液

联苯胺（benzidine）	0.2g
95% 乙醇	100ml
3% 过氧化氢溶液	2 滴

此液临用时配制。

3. 1% 番红溶液

番红（safranine）	1.0g

蒸馏水加至 100ml。

（赵　矫，黄　燕）

五、脂肪的显示与观察

【实验目的】

1. 掌握检测和观察生物组织中脂肪的实验操作。
2. 了解利用化学试剂显示生物组织中脂肪的原理。

【实验原理】

一些化学试剂能够与生物组织中相关的有机化合物产生特殊显色反应。生物体内的脂肪可以被苏丹Ⅲ染料染成橘黄色，被苏丹Ⅳ染料染成红色。苏丹Ⅲ（苏丹Ⅳ）染料易溶于脂肪，因此在生物组织中相对于其他类型液相，更容易被脂肪萃取吸收，进而产生颜色使得脂肪能被检测和观察。

【实验准备】

1. 实验对象 花生种子。

2. 实验试剂 苏丹Ⅲ或苏丹Ⅳ染料、50% 乙醇、蒸馏水。

3. 实验仪器 双面刀片、玻璃培养皿、吸水纸、镊子、滴管、盖玻片、载玻片、光镜等。

【实验内容与方法】

1. 切片 在玻璃培养皿中加入清水，用刀片沿着花生子叶横断面平行切下若干薄片，放入加水的玻璃培养皿中待用。

2. 制片 用镊子从培养皿中夹取最薄的一个切片，放入载玻片中央。在花生子叶薄片上滴加 2～3 滴苏丹Ⅲ染料，染色 3min（若为苏丹Ⅳ染料，染色 1min），多余染料用吸水纸吸去，再滴加 1～2 滴 50% 乙醇，洗去余色。用吸水纸吸取花生子叶切片周围多余的乙醇，滴一滴蒸馏水，盖上盖玻片，制成临时装片。

3. 观察 在光镜低倍镜下找到花生子叶切片最薄处，调整移到视野中央，调节影像至清晰。换高倍镜观察，调节视野，直到能观察到清晰的、染成橘黄色（红色）的脂肪颗粒。

【注意事项与常见问题】

1. 进行花生子叶切片时，切片次数可以多一些，尽量获得较薄切片，获得理想观察效果。

2. 用苏丹Ⅲ或苏丹Ⅳ染料染色时，多余的浮色要尽量洗去，否则会使脂肪周围背景有颜色，干扰脂肪的观察。

【作业与思考题】

1. 研究对象为何要选择花生，可否选择小麦？

2. 苏丹Ⅲ或苏丹Ⅳ染料与脂肪显色的原理是什么？

（郭 凯）

六、酸性磷酸酶的显示

【实验目的】

1. 掌握以小鼠腹腔细胞为材料，显示酸性磷酸酶的方法。

2. 了解细胞化学法显示溶酶体标志性酶——酸性磷酸酶的一般原理。

【实验原理】

溶酶体中所含的酸性磷酸酶能分解磷酸酯（常用 β-甘油磷酸钠）而释放出磷酸基。在 pH 为 5.0 的酸性环境中，磷酸基能与硝酸铅（捕捉剂）反应形成无色的磷酸铅（微细沉淀，可在电子显微镜下观察），磷酸铅再与硫化铵作用，形成棕黑色的硫化铅沉淀（可在光镜下观察），以此显示酸性磷酸酶在细胞内的存在和分布。

【实验准备】

1. 实验对象 两组 6～8 周龄小鼠，实验前两天，一组经腹腔注射 6% 淀粉肉汤 1ml 诱导及活化巨噬细胞，另一组不做处理。

2. 实验试剂　6% 淀粉肉汤、10% 中性甲醛溶液（pH6.8～7.1）、酸性磷酸酶作用液（现配）、1% 硫化铵溶液等。

3. 实验仪器　普通冰箱、眼科剪、光镜、水浴箱（50℃、37℃）、5ml 一次性注射器、10ml 离心管、试管架、载玻片等。

【实验内容与方法】

1. 收集巨噬细胞　分别将前述经腹腔注射 6% 淀粉肉汤 1ml 的小鼠和不注射的小鼠处死，分别在腹腔注入 2ml 生理盐水，按摩腹部，使得细胞脱壁，3min 后剪开腹部，暴露腹腔，用带针头注射器抽取腹腔液。

2. 制片　用注射淀粉肉汤的小鼠腹腔液制作观察玻片，分为两部分，一部分放入 4℃ 冰箱中静置 30min，另一部分放入湿盒内，50℃ 水浴 30min，制作灭活酸性磷酸酶样品。用没有注射淀粉肉汤的小鼠腹腔液制作的玻片于 4℃ 冰箱中静置 30min 即可。

3. 固定　将所有载玻片放置于预冷的 10% 中性甲醛溶液内，于 4℃ 冰箱中固定 30min。

4. 用自来水漂洗并浸没于自来水 5min。

5. 将水甩干，每个玻片上加足量的酸性磷酸酶作用液，放入 37℃ 的水浴锅中反应 30min。

6. 用自来水漂洗片刻。

7. 在通风橱中，加入 1% 硫化铵溶液后反应 10min。

8. 在通风橱中用自来水轻轻冲洗。

9. 加盖玻片在光镜下观察。阳性标本细胞质中出现许多棕色或棕黑色的颗粒和斑块。

【注意事项与常见问题】

1. 小鼠巨噬细胞要用淀粉肉汤注射激活酸性磷酸酶，否则染色效果不好。

2. 酸性磷酸酶作用时间不宜太长，否则会发生酶扩散。

3. 作用液要现配，存储一段时间后会发生絮状沉淀，影响反应效果。

4. 整个作用液要防止干燥，否则铅离子和后续加入的硫化铵作用易产生沉淀影响观察效果。

【作业与思考题】

1. 预先注射和不注射淀粉肉汤的小鼠巨噬细胞酸性磷酸酶的分布和活性有何区别？

2. 注射淀粉肉汤组的小鼠样本在 4℃ 处理和 50℃ 处理后的观察结果有何不同，如何解释？

【附】试剂配制

1. 6% 淀粉肉汤　牛肉膏 0.3g、蛋白胨 1.0g、NaCl 0.5g、可溶性淀粉 6g、蒸馏水 100ml，高压蒸汽灭菌 20min，保存于 4℃ 冰箱。

2. 10% 中性甲醛溶液（pH6.8～7.1）　甲醛溶液 10ml、蒸馏水 90ml、醋酸钠溶液 2g。

3. 酸性磷酸酶作用液（现配）　蒸馏水 90ml、0.2mol/L 醋酸盐缓冲液（pH4.6）12ml、5% 硝酸铅溶液 2ml、3.2% β-甘油磷酸钠溶液 4ml。配法：先将蒸馏水和醋酸盐缓冲液混合，随后分成大致相等的两份，向其中一份加硝酸铅溶液混匀，向另一份加 β-甘油磷酸钠溶液混匀，然后将其中一份溶液缓缓加入另一份溶液中，且边加边用玻璃棒搅拌。用醋酸溶液调 pH 为 4.8～5.0。注意：配好后的作用液应透明无絮状悬浮物和沉淀，最好在临用前配制，不宜储存。

（郭　凯）

七、碱性磷酸酶的显示

【实验目的】

1. 掌握实验显示碱性磷酸酶的原理和方法。

2. 了解碱性磷酸酶的去磷酸化反应。

【实验原理】

碱性磷酸酶来源于人体的骨、肾、肝、肠、血清、胆汁等部位，在肾脏、肝脏中含量较高，可从来源于肝脏的血清中获得，它是一组能在碱性环境下水解磷酸酯的酶类，能将核酸、蛋白质等底物去磷酸化，生成磷酸根离子和自由羟基，在碱性环境中有最大的活力。化学试剂磷酸萘酚盐在碱性条件下，被碱性磷酸酶水解释放出萘酚，后者立即与重氮盐偶联生成不溶性偶氮色素，从而显示碱性磷酸酶的存在。

【实验准备】

1. **实验对象**　新鲜冷冻组织切片。

2. **实验试剂**　孵育液、4%甲醛溶液、甘油明胶封片剂、双蒸水等。

3. **实验仪器**　冷冻切片机、光镜、水浴箱（37℃）、玻璃培养皿、载玻片、盖玻片、镊子、吸水纸、载玻片染色缸等。

【实验内容与方法】

1. 选取新鲜组织（如动物肝脏），冷冻切片机制作冷冻切片。

2. 加入预先配制好的孵育液，在37℃水浴箱中孵育40～60min，直到有色沉淀形成，取出停止孵育。

3. 在玻璃培养皿中用双蒸水冲洗切片3～5min。

4. 室温下，在载玻片染色缸中用4%甲醛溶液固定30～50min。

5. 用蒸馏水冲洗3～5min。

6. 用自来水漂洗片刻。

7. 用甘油明胶封固。

8. 在光镜下镜检观察。

【注意事项与常见问题】

1. 使用不同的重氮盐时，酶显色不同，用坚牢蓝B（或BB、RR），酶呈现蓝色-紫色；用坚牢红（或坚牢紫B），酶呈现红色。

2. 萘酚化合物水溶性好，能较快缩短孵育时间。

【作业与思考题】

1. 本实验碱性磷酸酶显示反应的原理是什么？

2. 本实验中有哪些改进方式可以缩短孵育时间？

【附】试剂配制

孵育液：萘酚AS（或萘酚AS-MX）10～20mg作为底物，溶解于促溶剂N,N-二甲基甲酰胺液0.5ml中，加入0.2mol/L Tris-HCl缓冲液（pH 9.2）50ml中，加入50mg捕获剂坚牢蓝B（或BB、RR，或坚牢红TR，或坚牢蓝VRT），所有配制过程要尽量混合和过滤，用 NaOH 溶液调整 pH 为 9.0～9.2。

（郭 凯）

八、细胞中碱性蛋白质的显示

【实验目的】

1. 熟悉细胞内显示碱性蛋白质化学染色的一般原理及方法。
2. 了解鱼类红细胞内碱性蛋白质的分布。

【实验原理】

在细胞中由于不同蛋白质所带的碱性和酸性基团不同，在 pH 不同的溶液中，蛋白质分子所带的净电荷数量不同。在生理条件下，整个蛋白质所带的负电荷多为酸性蛋白质，所带正电荷多则为碱性蛋白质，因此，可将标本用三氯乙酸处理提出核酸后，用碱性固绿染液进行染色，细胞内的碱性蛋白质可以显示出来。

【实验准备】

1. **实验材料** 从鲫鱼尾静脉中取血制成的血液涂片。
2. **实验试剂** 固定液（无水乙醇、氯仿、冰醋酸按比例为 6:3:1 配制）、0.1% 碱性固绿染液（可加少量 0.1mol/L NaOH 溶液调节 pH 为 8.0～8.1）、5% 三氯乙酸、70% 乙醇、香柏油等。
3. **实验仪器** 解剖盘、注射器、载玻片、盖玻片、光镜、水浴锅、剪刀、吸水纸、滴管、载玻片染色缸等。

【实验内容与方法】

1. 鲫鱼放入解剖盘中，尾静脉取血，取血有以下三种方法。

（1）在鱼臀鳍位置的侧线偏下进针插入尾静脉取血。

（2）在鱼臀鳍基部进针，碰到脊椎后微偏可插入尾静脉取血。

（3）断尾取血：剪断尾柄，用注射器或毛细管取血。

2. 取一滴鲫鱼新鲜的血液，滴在干净载玻片的一端，以另一玻片的一端紧贴在滴血载玻片的滴血端，均匀用力成 45°轻轻向前推，使血液在玻片上涂成一均匀薄层。按同样方法制作两张血液涂片，在室温下晾干。

3. 将涂片做好标记，放在现配制的固定液中固定 10min，在室温下晾干。

4. 将涂片放入现配制的 5% 三氯乙酸中，保持 90℃ 10～15min，抽提出核酸。

5. 将涂片取出，放在 70% 乙醇中 5～10min，用清水冲洗多次（冲洗时间为 3min 以上），冲去残留的三氯乙酸。

6. 用滤纸吸干玻片上的水分。将玻片放入 0.1% 碱性固绿染液（pH8.0～8.1）中染色 15～20min。

7. 用清水冲洗（3min），盖上盖玻片镜检。

【注意事项与常见问题】

1. 用 5% 三氯乙酸提取 DNA 是本实验的关键步骤。DNA 提取后，固绿染液在碱性条件下，可使碱性蛋白质被选择性染色，否则染色效果差，无法检测碱性蛋白质。

2. 固绿染色必须在碱性条件下（pH8.0～8.1）进行，便于区分出碱性蛋白质。

【作业与思考题】

1. 细胞中碱性蛋白质显色的原理是什么？

2. 实验中用 5% 三氯乙酸提取样品 DNA 为何要在 90℃下进行？

3. 固绿染液染色为何要在碱性条件下进行？

（郭　凯）

第四节　细胞的生理活动
一、细胞的运动

【实验目的】

1. 掌握细胞运动的原理。

2. 了解细胞运动的两种检测方法。

【实验原理】

细胞运动分为细胞迁移（cell migration）和细胞侵袭（cell invasion）。细胞迁移是指细胞在受到迁移信号或某些物质梯度刺激后产生的移动。细胞侵袭不同于细胞迁移，细胞侵袭是指细胞在运动的同时会分泌出消化细胞外基质胶（ECM Gel）的蛋白，清除运动障碍，细胞侵袭实验更能模拟人体内环境的真实情况。

目前常用的检测方法有细胞划痕实验（检测细胞迁移）和 Transwell 侵袭实验（检测细胞侵袭，如果去掉 ECM Gel，Transwell 侵袭实验也可以检测细胞迁移）。

细胞划痕实验是在体外培养细胞，待铺满整个平板后，按照一定方向划线，破坏划线处细胞的生长，然后观察 0～24h 后划线处细胞的生长情况。该实验也可以通过药物处理后，观察其对细胞运动的影响。上皮细胞、成纤维细胞和癌细胞等都可以作为检测细胞迁移的模型。

Transwell 小室是一种携带特殊孔径大小生物膜的过滤器，将培养孔分为上室和下室两个空间。上室含一种细胞培养液，下室含另一种细胞培养液，先在上室内培养细胞，因为小室内生物膜的存在，上室和下室细胞培养液不一致，从而方便观察下室细胞培养液成分对上室内细胞生长情况的影响。

一、划线法检测细胞迁移

【实验准备】

1. 实验对象　小鼠成纤维细胞。

2. 实验试剂　无血清细胞培养基、PBS、0.25% 胰蛋白酶等。

3. 实验仪器　倒置相差显微镜、CO_2 培养箱、6 孔细胞培养板（简称 6 孔板）、血细胞计数器、移液器、直尺、记号笔、枪头等。

【实验内容与方法】

1. 6 孔板画线　在细胞室取出 1 个 6 孔板，倒扣放置，用记号笔比着直尺在 6 孔板上画出 3～6 条直线，每条线间隔 0.5～1cm。每个孔至少穿过 3 条直线，每条线均匀且平行。

2. 细胞铺板　在每个孔内加入（2～5）×10^5 个细胞，常规培养，直至细胞铺满 6 孔板的底面（一般需过夜），不同细胞数量和种类会有偏差，需自行调整。

3. 细胞划线　用移液器的枪头（10μl、200μl 的枪头均可）比着直尺，垂直于背后的横线，依次划线。

4. 清洗　用无菌的 PBS 洗涤 3 次，去掉划落的细胞，加入无血清细胞培养基。

5. 观察记录　将 6 孔板放入 37℃细胞培养箱，用倒置相差显微镜观察并拍照记录结果

（一般 3～6h 取样拍照 1 次）。

6. 结果统计　每个时间点的距离长度 – 零点距离 = 每个时间长度细胞整体的迁移距离，计算平均数和标准差。以横轴为时间，纵轴为迁移距离作图，比较不同时间点的细胞迁移情况。

【注意事项与常见问题】

1. 划痕实验一般用无血清或低血清（血清占比＜2%）的培养基，否则细胞增殖不能忽略。

2. 用 PBS 洗涤和加入培养基时，要尽量缓慢轻柔地加入，以免冲散贴壁细胞，从而影响实验结果。

3. 用移液器在 6 孔板内划线需垂直于平板背面的横线，目的是为了形成交叉点，从而方便从固定位置检测，且划痕时枪头要垂直，不能倾斜。

二、Transwell 侵袭实验

【实验准备】

1. 实验对象　肿瘤细胞。

2. 实验试剂　无血清细胞培养基、胎牛血清、PBS、ECM Gel、结晶紫、甲醇固定液等。

3. 实验仪器　显微镜、CO_2 培养箱、24 孔细胞培养板、血细胞计数器、移液器、Transwell 小室、记号笔等。

【实验内容与方法】

1. 从 –20℃冰箱取出 ECM Gel，放入 4℃环境中解冻 1h，实验前放到实验台的冰盒上。

2. 1.5ml EP 管、枪头盒及 Transwell 小室放入 24 孔培养板，全部在冰盒上预冷。

3. 按照 ECM Gel：无血清细胞培养基为 1：7.5 的比例，在冰上稀释混匀。

4. 剪去枪头前端后吸取 40μl ECM Gel/ 培养基混合液，轻轻加入 Transwell 小室内，边加边移动枪头，确保液体平铺在底部。

5. 在 37℃培养箱放置 15min，使胶凝固。

6. 消化，离心，细胞计数后，用无血清细胞培养基稀释细胞至 2.5×10^4/ml，制成细胞悬液。

7. 将细胞悬液加入 Transwell 上室，每孔加 200μl，同时在 Transwell 下室加入含有 10% 胎牛血清的完全培养基 500μl，在 37℃环境中培养。

8. 48h 后取出，吸去 Transwell 上室多余液体，用 PBS 洗涤 2 次，用棉签在上室中轻轻转动，吸干水分并擦去膜内侧的细胞和 ECM Gel。

9. 将下室的细胞用甲醇固定 15min，用 PBS 清洗 2 次，用结晶紫染色 30min，回收染液。

10. 在显微镜上放置一块载玻片，将 Transwell 小室倒置放在上面，拍照。

11. 在 100 倍视野下，对膜的上下左右及中间部位计数，取平均数。

【注意事项与常见问题】

1. ECM Gel 在 –20℃环境中保存，由于在室温中会快速凝固且不可逆，因此需要在冰上操作，同时与 ECM Gel 接触的耗材也需要预冷，避免两者接触时温差较大引起 ECM Gel 凝固黏附，造成浪费。

2. Transwell 小室每次使用后用 0.25% 胰蛋白酶浸泡膜底 1min 去除贴底细胞，清洗，用棉签轻柔擦拭，用 75% 乙醇浸泡 24h，晾干，使膜上黏附的细胞和染液完全洗脱，下次使用前用紫外线照射正反两面，各30min，通常可以反复用3～5次。

3. 制作ECM Gel使用液时，先加入培养基，再加入ECM Gel，且两者比例可根据实际情况在1∶5～1∶10调节。

4. 加胶时，胶的量以刚好把膜浸湿为最好，过厚会使细胞侵袭变慢，过少则失去侵袭实验的意义；完成后可轻轻地、均匀地拍打培养板四个侧面，让液体完全平铺，这样可以避免因为胶的厚薄不均而引起误差。

5. 凝固时间可以适当延长，但最好不要超过30min，防止液体挥发使ECM Gel凝固得过硬。

6. 通常先根据细胞的侵袭能力估计每孔小室加入的细胞数量。侵袭能力强的细胞每孔加入5000个，细胞悬液最终浓度为2.5×10^4/ml，而侵袭能力弱的细胞可以提高细胞数量，达到10 000个，细胞悬液最终浓度为5×10^4/ml。上室加入细胞悬液后可轻轻地、均匀地拍打培养板4个侧面，让液体完全平铺，避免细胞分布不均而引起细胞计数时中间多两边少。

7. 小室在放入时要倾斜、缓慢放入（注意小室中的液体不要流出），这样可以避免下层培养液和小室间的气泡产生（气泡处的趋化作用会减弱，甚至消失）。

8. 培养时间点的选择除了要考虑到细胞侵袭力外，细胞数及处理因素对细胞数目的影响也不可忽视，穿过的细胞数量为100～200个最好。

9. 结晶紫是细胞核染液，细胞大小不同，染色时间也有改变，染液放置的时间和浓度也会对染色时间有影响，最优的染色状态是细胞核颜色深、细胞质颜色浅。

【作业与思考题】

1. 绘制细胞迁移简图。

2. 比较两种细胞运动检测方法的异同。

（赵松华）

二、细胞膜通透性测定

【实验目的】

1. 掌握细胞膜通透性测定原理。

2. 了解兔红细胞通透性的实验方法。

3. 了解溶血现象。

【实验原理】

细胞膜是一种有选择性的半透膜，只允许离子和小分子物质通过，而生物大分子物质不能自由通过。当将细胞放到低渗溶液中时，细胞内外渗透压的差异导致水分子大量进入细胞，细胞吸水膨胀，甚至胀破细胞膜。当将细胞置于高渗溶液中时细胞内水分子大量外流，细胞会因失水过多发生皱褶。

以红细胞为例，正常情况下，红细胞悬液是不透明的，当红细胞破裂后，血红蛋白释放到介质中，细胞溶液由不透明变成红色透明的血红蛋白溶液，引起溶血现象。溶血现象可以作为检测物质进入红细胞的指标。

在不同相对分子质量、脂溶性大小及电解质、非电解质等各种溶液中，红细胞细胞膜对各种溶质的渗透性不同。溶质的渗入速度不同，溶血的时间也不一样。因此可以通过观察红细胞溶血时间的差异来记录渗入速度，从而测定不同物质通透性的差异。

【实验准备】

1. 实验对象　含适量肝素的兔血。

2. 实验试剂　0.17mol/L NaCl 溶液、0.32mol/L 葡萄糖溶液、0.17mol/L 氯化铵溶液、0.17mol/L 醋酸铵溶液、0.17mol/L 硝酸钠溶液、0.12mol/L 草酸铵溶液、0.12mol/L 硫酸钠溶液、0.32mol/L 甘油、0.32mol/L 乙醇、0.32mol/L 丙酮溶液等。

3. 实验仪器　试管、试管架、50ml 烧杯、刻度吸管、计时器等。

【实验内容与方法】

1. 兔红细胞悬液的制备　取一只 50ml 烧杯,加 1 份兔血和 10 份 0.17mol/L NaCl 溶液,形成不透明的红色液体,此即兔红细胞悬液。

2. 溶血现象的观察　取 1 支试管,加入 10ml 蒸馏水,再加入 1ml 制备好的兔红细胞悬液,注意观察溶液颜色的变化,由不透明的红色悬液变成透明的血红蛋白溶液(红细胞发生破裂,造成 100% 红细胞溶血,使光线比较容易透过溶液)。

3. 红细胞的渗透性　取 1 支试管,加入 0.17mol/L NaCl 溶液 10ml,再加入 1ml 制备好的兔红细胞悬液,轻轻摇动,混匀后静置于温室中,观察试管中发生溶血的时间及其变化。注意是否有颜色变化、是否有溶血现象。

4. 将 0.17mol/L NaCl 溶液、0.17mol/L 氯化铵溶液、0.17mol/L 醋酸铵溶液、0.17mol/L 硝酸钠溶液、0.12mol/L 草酸铵溶液、0.12mol/L 硫酸钠溶液、0.32mol/L 葡萄糖溶液、0.32mol/L 甘油、0.32mol/L 乙醇、0.32mol/L 丙酮溶液 10 种溶液进行同样实验,步骤同上。

5. 观察并记录实验现象以完成下面的表格(表 2-4-1)。

表 2-4-1　细胞渗透性实验结果记录

试管编号	是否溶血	时间	结果分析
1(10ml NaCl 溶液+ 1ml 兔红细胞悬液)			
2(10ml 氯化铵溶液+ 1ml 兔红细胞悬液)			
3(10ml 醋酸铵溶液+ 1ml 兔红细胞悬液)			
4(10ml 硝酸钠溶液+ 1ml 兔红细胞悬液)			
5(10ml 草酸铵溶液+ 1ml 兔红细胞悬液)			
6(10ml 硫酸钠溶液+ 1ml 兔红细胞悬液)			
7(10ml 葡萄糖溶液+ 1ml 兔红细胞悬液)			
8(10ml 甘油+ 1ml 兔红细胞悬液)			
9(10ml 乙醇+ 1ml 兔红细胞悬液)			
10(10ml 丙酮溶液+ 1ml 兔红细胞悬液)			

注:括号内为试管内容物。

【注意事项与常见问题】

1. 溶血现象可以通过一张有字的白纸帮助识别,能够清楚透过溶液看到溶液后面白纸上清晰的字,即为完全溶血。

2. 试管中有红细胞和测试溶液时,应轻微上下颠倒数次,不应强力摇晃,以免造成人为的红细胞破裂。

3. 由于相对分子质量对通透性的影响,应该将观察溶血时间延长至 15min,如果仍然不能溶血，即可判定为不溶血。

【作业与思考题】

1. 细胞膜物质转运的各种方式的机制、异同点分别是什么？
2. 如何理解细胞膜是选择性半透膜？

【附】试剂配制

1. 0.17mol/L NaCl 溶液

NaCl 溶液	4.967g
蒸馏水	500ml

2. 0.12mol/L 硫酸钠溶液

硫酸钠（$Na_2SO_4 \cdot 10H_2O$）	19.333g
蒸馏水	500ml

3. 0.17mol/L 硝酸钠溶液

硝酸钠	7.224g
蒸馏水	500ml

4. 0.17mol/L 氯化铵溶液

氯化铵	4.574g
蒸馏水	500ml

5. 0.12mol/L 草酸铵溶液

草酸铵 [$(NH_4)2C_2O \cdot H_2O$]	8.527g
蒸馏水	500ml

6. 0.17mol/L 醋酸铵溶液

醋酸铵	6.552g
蒸馏水	500ml

7. 0.32mol/L 葡萄糖溶液

葡萄糖	28.83g
蒸馏水	500ml

8. 0.32mol/L 乙醇

无水乙醇	9.33ml
蒸馏水	500ml

9. 0.32mol/L 丙酮溶液

丙酮（比重为 0.7899）	11.764ml
蒸馏水	500ml

10. 0.32mol/L 甘油

甘油 [$C_3H_5(OH)_3 \cdot 1.26g/ml$]	11.7ml
蒸馏水	500ml

（赵松华）

三、细胞自噬检测实验

【实验目的】

1. 掌握细胞自噬发生过程。

2. 熟悉细胞自噬的形态学特征。
3. 熟悉检测细胞自噬的基本方法。

【实验原理】

自噬（autophagy）是细胞受到刺激后吞噬自身的细胞质或细胞器，最终将吞噬物在溶酶体内降解的过程。按吞噬物进入溶酶体的途径，自噬可分为巨自噬、微自噬和分子伴侣介导的自噬三类。巨自噬（macroautophagy）是细胞在自噬相关基因的调控下利用溶酶体降解自身受损的细胞器和大分子物质的过程，该过程包括：

1. 细胞接受自噬诱导信号后，在细胞质的某处形成一个小的类似脂质体的膜结构，然后不断扩张，被称为吞噬泡（phagophore）。

2. 吞噬泡不断延伸，将细胞质中的成分揽入，然后"收口"，成为密闭的球状自噬体（autophagosome）。

3. 自噬体形成后，可与细胞内吞的吞饮泡和内体融合（这种情况不是必然发生的）。

4. 在微管的运输作用下，自噬体与溶酶体融合形成自噬溶酶体（autophagolysosome）。自噬体的内膜被溶酶体酶降解，两者的内容物合为一体，自噬体中的"货物"也被降解，产物（氨基酸、脂肪酸等）被输送到细胞质中，供细胞重新利用，而残渣或被排出细胞外或滞留在细胞质中。

【实验准备】

1. 实验对象　HeLa 细胞。

2. 实验试剂　0.5% Triton X-100、4′,6-二脒基-2-苯基吲哚、甘油 PBS 封片剂、胎牛血清、0.125% 胰蛋白酶、细胞自噬诱导剂、固定液（4% 多聚甲醛）、抗体、PBS、2.5% 戊二醛溶液、乙醇、丙酮、3% 乙酸双氧铀、枸橼酸铅、1% 锇酸、0.1mol/L 磷酸漂洗液等。

3. 实验仪器　透射电子显微镜、荧光倒置相差显微镜、激光扫描共聚焦显微镜、化学发光成像系统等。

【实验内容与方法】

一、用透射电子显微镜观察自噬体的形成

1. 用 PBS 浸洗细胞 2 次，然后经 0.125% 胰蛋白酶消化，1000r/min，离心 10min 收集细胞。

2. 吸弃上清液，加入 2.5% 戊二醛溶液，在 4℃条件下预固定细胞 2h，如为组织样本，将组织切成 1mm³ 小块，用同样方法预固定。

3. 用 0.1mol/L 磷酸漂洗液浸洗细胞团或组织块 3 次，每次 15min，然后在 50%、70%、90% 乙醇中逐级脱水，各 15min。

4. 在 4℃条件下用 90% 乙醇和 90% 丙酮混合液（两者比例为 1:1）置换乙醇，再用 90% 丙酮溶液置换，各 15min，然后在室温下用丙酮置换 3 次，每次 20min。

5. 用 0.1mol/L 磷酸漂洗液浸洗 3 次，每次 15min，然后用 1% 锇酸固定 2～3h。

6. 用 0.1mol/L 磷酸漂洗液漂洗 3 次，每次 15min。将标本放入纯丙酮和 J purr 树脂（两者比例为 2:1）混合液中浸透，室温条件下放置 3h，然后在纯丙酮和 J purr 树脂混合液中过夜。

7. 在 37℃条件下，在 J purr 树脂中放置 2h。37℃烘箱中过夜，45℃烘箱中放置 12h，最后在 60℃烘箱中放置 24h。

8. 用超薄切片机作超薄切片，然后用 3% 乙酸双氧铀和枸橼酸铅双重染色。

9. 在透射电子显微镜下观察细胞内的自噬结构。吞噬泡的特征为：新月状或杯状，双层或多层膜，有包绕细胞质成分的趋势。自噬体的特征为：双层或多层膜的液泡状结构，内含细胞质成分，如线粒体、内质网、核糖体等。自噬溶酶体的特征为：单层膜，内部成分已降解。

二、通过 LC3 蛋白免疫染色来示踪自噬形成

由于电子显微镜观察耗时长，不利于监测自噬形成，人们利用 LC3 蛋白在自噬形成过程中发生聚集的现象开发出了此技术。

1. 将细胞接种在盖玻片上，培养 2～4h。
2. 用 PBS 浸洗，然后用 4% 多聚甲醛固定 20min。
3. 用 PBS 浸洗 2 次，再用 0.5% Triton X-100 处理细胞 5min。
4. PBS 浸洗后用 3% 胎牛血清孵育 30min。
5. 加入 LC3 抗体（1∶100），在 4℃条件下过夜。
6. 用 PBS 清洗 3 次，然后加入 FITC 标记的 IgG（1∶100），在 37℃条件下孵育 30min。
7. 用 PBS 清洗后，用 4',6- 二脒基 -2- 苯基吲哚或碘化丙啶（1∶1000）染细胞核。
8. 用甘油 PBS 封片剂封片，在荧光倒置相差显微镜或激光扫描共聚焦显微镜下观察 LC3 蛋白阳性结构：无自噬时，LC3 蛋白弥散在细胞质中；自噬形成时，LC3 蛋白转位至自噬体膜，形成多个明亮的绿色荧光斑点，一个斑点相当于一个自噬体，可以通过计数来评价自噬活性的高低。

三、利用蛋白质印迹法检测 LC3-Ⅱ/LC3-Ⅰ值的变化以评价自噬形成

自噬形成时，胞质型 LC3 蛋白（即 LC3-Ⅰ）会被酶解掉一小段多肽，转变为（自噬体）膜型 LC3 蛋白（即 LC3-Ⅱ），因此，LC3-Ⅱ/LC3-Ⅰ值的大小可用来评价自噬水平的高低。

【注意事项与常见问题】

1. 超薄切片上反映的细胞自噬水平和自噬结构分布较局限，不能从细胞整体上反映自噬结构变化。
2. 在细胞铺展充分时染色可减少 LC3 蛋白阳性结构重叠的发生。
3. LC3 蛋白抗体对 LC3-Ⅱ有更高的亲和力，会造成假阳性。方法二和三需结合使用，同时需考虑溶酶体活性的影响。

【作业与思考题】

1. 简述自噬溶酶体的形成过程。
2. 绘制吞噬泡、自噬体和自噬溶酶体的电子显微镜下结构。

（周　傲，黄　燕）

第五节　细胞分裂与动物细胞染色体制备技术

一、有 丝 分 裂

【实验目的】

1. 掌握动物、植物细胞有丝分裂的基本过程及分裂各期细胞的形态特征。
2. 了解有丝分裂标本的制作方法。

【实验原理】

有丝分裂（mitosis）是高等生物体细胞增殖的主要方式。有丝分裂是一个连续的动态过程，根据染色体的形态与动态变化过程，有丝分裂期分为前、中、后、末四个时期。有丝分裂期在细胞周期中历时最短，选择分裂活动旺盛的细胞有利于观察到有丝分裂各期细胞。

植物根尖的生长点是根的生长中心，此处细胞分裂、增殖旺盛；动物的受精卵细胞在生长发育的过程中也进行着旺盛的细胞分裂活动。洋葱体细胞中染色体有16条，马蛔虫受精卵细胞中只有6条染色体，染色体数目少便于观察与分析，所以，本实验以洋葱根尖和马蛔虫受精卵细胞为材料，分别观察植物和动物细胞有丝分裂的过程。

【实验准备】

1. 实验对象 洋葱根尖、马蛔虫子宫横切片标本。

2. 实验试剂 HCl溶液、0.01g/ml甲紫溶液、Bouin固定液、0.5%苏木精溶液、乙醇、二甲苯、石蜡、铁明矾、加拿大胶等。

3. 实验仪器 显微镜、解剖镊、解剖剪、解剖针、培养皿、盖玻片、载玻片、酒精灯、吸水纸、拭镜纸等。

【实验内容与方法】

一、洋葱根尖有丝分裂的观察

1. 洋葱根尖有丝分裂标本的制作

（1）临时装片的制作

1）标本采集与解离：切取培养于水杯中的洋葱根尖3～4mm，立即放入10% HCl溶液中，室温下解离10～15min。

2）漂洗：用镊子取出根尖，放入清水中漂洗约10min。

3）染色：将根尖放入0.01g/ml的甲紫溶液中染色3～5min。

4）制片：取出根尖，放在载玻片上，加一滴清水，用镊子尖分割根尖，盖上盖玻片，轻扣加压，使细胞分散。临时装片制成，镜下观察。

（2）永久装片的制作

1）标本采集与固定：切取培养于水杯中的洋葱根尖3～4mm，置Bouin固定液中4～16h，再用5%乙醇洗至脱去苦味酸的颜色。

2）脱水：分别置于70%、80%、90%、95%、100%（Ⅰ）、100%（Ⅱ）乙醇中各脱水1h。

3）透明：依次置于100%乙醇+二甲苯（1∶1）溶液30min，二甲苯Ⅰ、二甲苯Ⅱ各透明1h。

4）浸蜡、包埋与贴片：依次于二甲苯+石蜡（1∶1）、石蜡Ⅰ、石蜡Ⅱ、石蜡Ⅲ中浸蜡各1h后，用石蜡包埋，将包埋块切成5μm薄片后贴片。

5）溶蜡、复水：依次用二甲苯Ⅰ、二甲苯Ⅱ各溶蜡10min，100%（Ⅰ）、100%（Ⅱ）、95%、80%、70%乙醇各复水5min，然后用蒸馏水漂洗4～5次。

6）染色：先置于5%的铁明矾溶液中媒染2～4h后，用流水冲洗5min，蒸馏水漂洗，然后置于0.5%苏木精溶液（苏木精原液5ml+蒸馏水95ml）中染色1～24h，再用流水冲洗5min，蒸馏水漂洗。

7）分色：用2%铁明矾溶液分色，用显微镜观察标本颜色是否合适，然后用流水冲洗

30～60min。

8）脱水：分别置于70%、80%、90%、95%、100%（Ⅰ）、100%（Ⅱ）乙醇中各脱水2～5min。

9）透明：用二甲苯Ⅰ、二甲苯Ⅱ各透明10min。

10）加拿大胶封片。

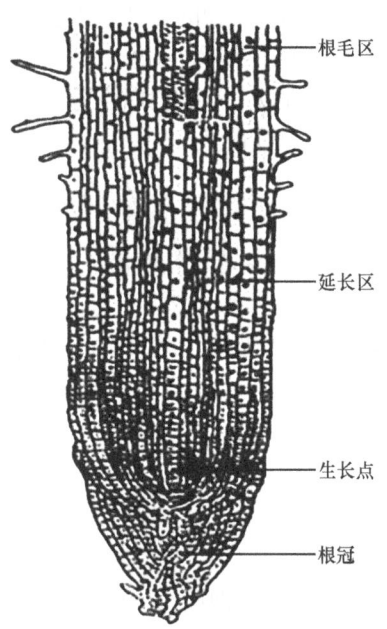

图2-5-1　洋葱根尖纵切面

2. 洋葱根尖细胞有丝分裂的观察　洋葱根尖最前端的细胞排列不规则，呈帽状，为根冠；紧挨根冠部位的细胞体积较小，排列紧密，近似正方形，具有旺盛的分裂能力，是根的生长中心，称生长点；紧挨生长点的细胞体积增大，细胞核相对较小，称延长区；延长区后的细胞，表面有向外伸出的纤细根毛，称根毛区（图2-5-1）。

取洋葱根尖标本，在光镜的低倍镜下找到生长点，将分裂细胞较多的区域移到视野中央，转换至高倍镜，观察处于有丝分裂不同时期的细胞（图2-5-2）。

间期（interphase）：细胞的细胞壁、细胞质和细胞核清晰易辨。细胞核呈圆球形、染色质分布均匀，可见1～3个染色较深的核仁。

前期（prophase）：细胞核膨大、核内染色质浓缩，形成纤细的染色线（chromonema），然后染色线逐渐缩短变粗，形成一定形态和一定数目的染色体，核仁逐渐消失、核膜破裂解体。

中期（metaphase）：细胞内的全部染色体移向细胞中央，并排列在赤道面上，形成赤道板（equatorial plate）。在赤道板的两极方向有许多丝状结构，这些丝状结构形成纺锤体（spindle）。此时的染色体由两条姐妹染色单体（sister chromatid）借着丝粒相连。

后期（anaphase）：姐妹染色单体相互分离，染色体分成数目相等的两组，在纺锤丝牵引下，分别向细胞两极移动。

末期（telophase）：到达两极的染色体逐渐解旋，伸长变细成为染色线，逐渐恢复成染色质；同时，核膜形成，核仁也开始出现，纺锤体消失；细胞中央的微管形成成膜体，再由它融合成细胞板，进而形成细胞壁，最后形成两个子细胞。

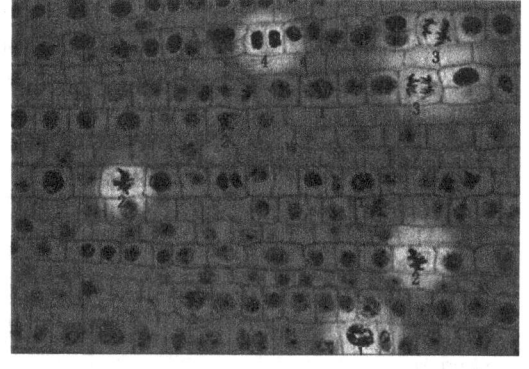

图2-5-2　洋葱根尖细胞有丝分裂（×400）
1. 前期；2. 中期；3. 后期；4. 末期

二、马蛔虫受精卵细胞有丝分裂的观察

动物细胞、植物细胞有丝分裂的过程基本相似。取马蛔虫子宫横切片标本，置低倍镜下观察，可见子宫腔内有许多圆形的、处于不同分裂时期的受精卵细胞。每一个受精卵细胞外围有一层较厚的卵壳，它与受精卵细胞之间的腔隙称为围卵腔。制片过程中固定、脱水等，使细胞质收缩，因此围卵腔较空旷。在有些受精卵细胞外表面和卵壳内表面可见极

体附着。换用高倍镜,观察有丝分裂各期的细胞(图2-5-3),找出动物细胞、植物细胞有丝分裂的共同点和两者的区别。

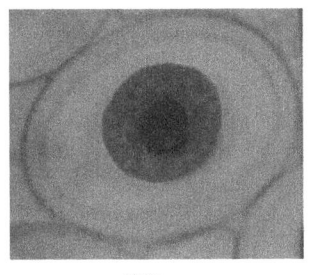
前期

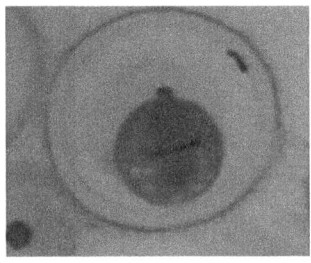
中期(侧面观)

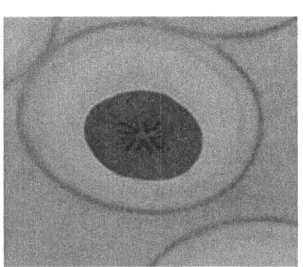
中期(极面观)

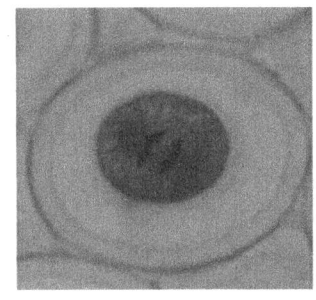
后期

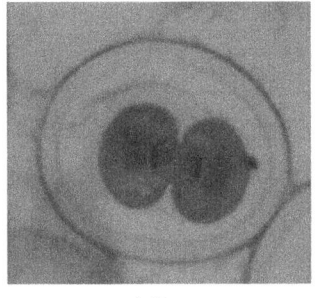
末期

图 2-5-3　马蛔虫受精卵细胞有丝分裂(×400)

前期:两个中心体彼此分开,各自向细胞两极移动,每一个中心体周围出现放射状排列的细丝,为星体纤维(aster fiber)。细胞核膨大,染色质逐渐浓集成染色线,进而缩短变粗形成染色体,核仁、核膜消失。

中期:染色体排列在细胞赤道面上,形成赤道板,由于切面不同,可以看到不同的图像。从极面观,可见染色体排列如菊花状,在有的细胞中可以清楚地观察到马蛔虫受精卵细胞的6条染色体;从侧面观,染色体呈分岔横线状排列在细胞中央,两极各有一个中心体,其周围有星射线,中心体之间有纺锤丝与染色体着丝粒相连。

后期:姐妹染色单体彼此分开,分别向细胞两极移动;细胞拉长,细胞中部的细胞膜开始内陷,出现横缢。

末期:两极的染色体逐渐解旋,伸长形成染色线,进一步变成染色质,核仁、核膜重新出现,纺锤丝、星射线消失。细胞膜的内陷逐渐加深,最后细胞完全分裂,形成两个子细胞。

【注意事项与常见问题】

1. 培养洋葱根尖时注意选择底盘大的洋葱做生根材料;培养时注意每天换水1~2次,防止烂根。

2. 解离洋葱根尖时,应注意时间的把握,不能太长也不能太短。解离时间太长使细胞的结构破坏,影响制片的效果,太短则不易使细胞分离,容易出现细胞重叠现象。

3. 压洋葱根尖时要垂直下压,不要来回搓动,要尽可能地压薄一些,这样才能使细胞尽可能分散开,便于观察。

【作业与思考题】

1. 绘制洋葱根尖细胞有丝分裂各期镜下形态。

2. 比较动物、植物细胞有丝分裂过程的异同。

【附】试剂配制

1. Bouin 固定液

苦味酸（饱和水溶液）	75ml
福尔马林	25ml
冰醋酸	5ml

2. 苏木精原液

苏木精 10g，研细后加纯乙醇 100ml，制备成 10% 苏木精原液。

（陈绍坤）

二、减 数 分 裂

【实验目的】

1. 掌握动物生殖细胞减数分裂的基本过程及分裂各期细胞的形态特征。

2. 了解蝗虫精巢、小鼠睾丸生殖细胞减数分裂标本的制作方法。

【实验原理】

减数分裂（meiosis）是有性生殖生物生殖细胞形成过程中的一种特殊分裂方式，发生于配子成熟的过程中，又称成熟分裂。在减数分裂过程中，DNA 复制一次，细胞连续分裂两次，最后形成 DNA 数目减半的子细胞。减数分裂过程在稳定物种的遗传性状、个体繁殖及保证个体多样性等方面起着重要作用。

制备动物细胞减数分裂标本的材料有多种。用蝗虫精巢和小鼠睾丸制备减数分裂标本具有取材简易，制备程序简单，染色体数目少便于观察等优点，故被广泛采用。本实验对蝗虫精巢或小鼠睾丸进行固定制片，在显微镜下直接观察减数分裂各期细胞的形态特点。

【实验准备】

1. 实验对象 成熟雄性蝗虫、雄性小鼠。

2. 实验试剂 HCl 溶液、乙醇、甘油、二甲苯、加拿大胶、改良苯酚品红染液、Carnoy 固定液、秋水仙碱、蛋白甘油、0.5% KCl 溶液、60% 醋酸溶液、Giemsa 染液等。

3. 实验仪器 显微镜、解剖镊、解剖剪、手术刀、解剖针、注射器、培养皿、离心机、盖玻片、载玻片、酒精灯、吸水纸、拭镜纸等。

【实验内容与方法】

一、蝗虫精巢精母细胞减数分裂标本的制作与观察（压片法）

1. 标本采集与固定 取夏末秋初成熟雄性蝗虫，剪去翅膀、后肢，剪开腹部背中线取出精巢（黄色，圆块状，由精巢管组成），放入 Carnoy 固定液中，固定 24h 后取出精巢，经 95%、85% 乙醇各洗 2～3 次，换入 70% 乙醇中分离精巢管，存放于 4℃冰箱中备用。若需保存较长时间，可放在 70% 乙醇和甘油各一份的混合溶液中。

2. 临时制片

（1）取精巢管，分别用 50% 乙醇和蒸馏水各洗 2～3 次。

（2）放入 1mol/L HCl 中软化 10min。

（3）用蒸馏水清洗 2～3 次。

（4）取 1～2 根精巢管置于载玻片上，用解剖针拨开精巢管，滴 1～2 滴改良苯酚品红染液，染色 5～10min。

（5）盖上盖玻片，覆盖吸水纸，轻扣加压，使细胞和染色体分散。临时装片制成，即可在镜下进行观察。

3. 永久性制片

（1）用玻棒沾 1 滴蛋白甘油在载玻片上涂匀，将载玻片在酒精灯外焰上烘 1～3s。

（2）以临时制片方法制片，压片后在酒精灯上快速掠过 5～6 次。

（3）观察、选择分裂象多且清晰的玻片标本。

（4）在一大培养皿内，置一玻棒，倒入约 2/3 的固定液或 70% 乙醇。将选好的玻片标本盖玻片面朝下，一端搭在玻棒上浸入固定液内，待盖玻片自然脱落后，与载玻片一起依次移入下列各液：乙醇Ⅰ→乙醇Ⅱ→100% 乙醇 + 二甲苯（1∶1）→二甲苯Ⅰ→二甲苯Ⅱ，每步 1min，最后用加拿大胶将盖玻片在原位置封好。

4. 蝗虫精巢精母细胞减数分裂的观察　雌性蝗虫体细胞有 24 条染色体，性染色体为 XX。雄性蝗虫体细胞有 23 条染色体，性染色体为 XO，即只有一条 X 染色体，减数分裂后可形成染色体数为 11 与 12 两种不同的精子。取蝗虫精巢压片标本，在低倍镜下观察，找到分裂象，移至视野中央，换用高倍镜，观察减数分裂各期细胞（图 2-5-4），总结动物细胞减数分裂的特点，比较有丝分裂与减数分裂的区别。

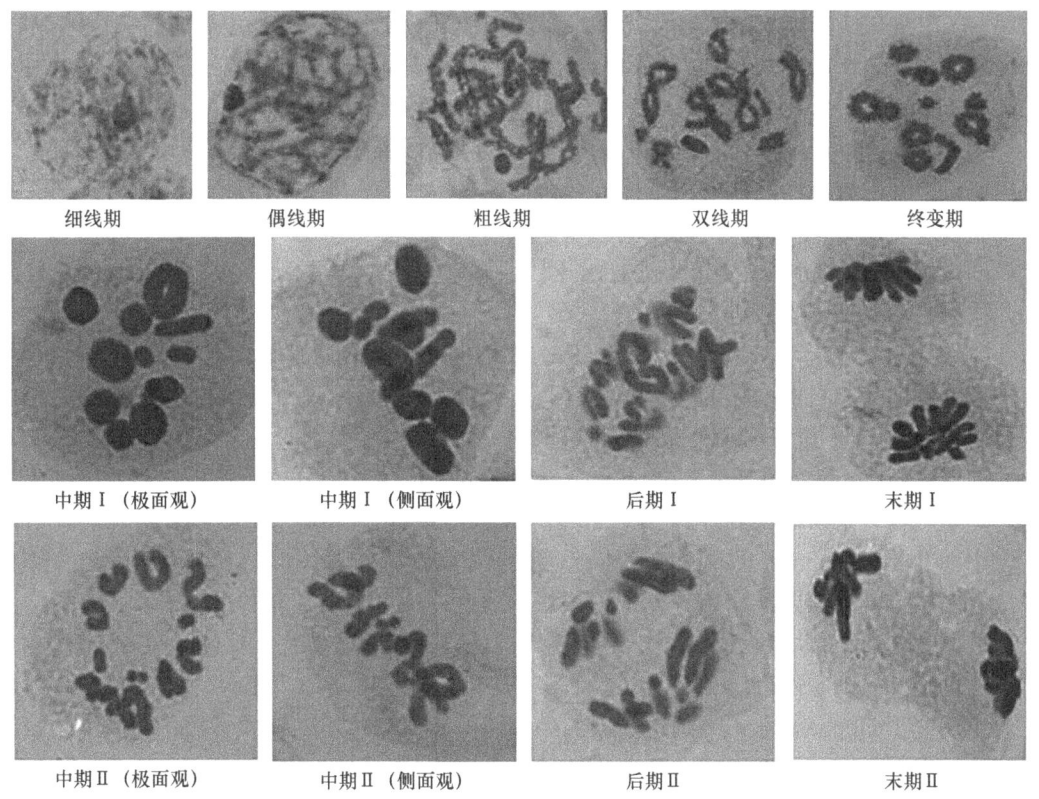

图 2-5-4　蝗虫精巢精母细胞减数分裂（×400）

减数第一次分裂（减数分裂Ⅰ）：从初级精母细胞形成次级精母细胞，细胞的染色体数目减少一半，包括前期Ⅰ、中期Ⅰ、后期Ⅰ、末期Ⅰ。

前期Ⅰ（prophase Ⅰ）：时间长且染色体变化复杂，呈现许多减数分裂的特征性形态变化，又可分为以下五个时期。

（1）细线期（leptotene）：减数分裂开始，细胞核体积增大，染色质凝聚为细丝状的染色体，绕成一团，首尾难分。

（2）偶线期（zygotene）：染色体形态与细线期相比变化不大，仍然细而长，相互缠绕，但同源染色体开始两两配对（联会，synapsis），形成二价体。雄性蝗虫形成11个二价体和1条没有同源染色体配对的X染色体。X染色体在第一次减数分裂时固缩深染，形状粗短。

（3）粗线期（pachytene）：同源染色体配对完成；染色体缩短变粗，仍相互交织；四分体形成，非姐妹染色单体间的遗传物质发生交换，但在光镜下不易分辨。

（4）双线期（diplotene）：染色体明显缩短变粗，表面不光滑似绒毛状，出现灯刷现象；同源染色体开始排斥分离，在交换点处仍相互粘连，形成各种交叉图形，如"X""8"形等。

（5）终变期（diakinesis）：染色体最粗短，表面较双线期光滑，灯刷现象仍存在；交叉端化，呈现"O""V""Y"等特殊图形；X染色体呈棒状；核仁、核膜消失。此时是检查染色体数目的最好时期，细胞内有多少个二价体，说明有多少对同源染色体。

中期Ⅰ（metaphase Ⅰ）：染色体高度浓缩，边缘光滑，界线清晰，灯刷现象消失；二价体排列在赤道面上，纺锤体形成。侧面观，一个个二价体就像一列横队排列在细胞中；极面观，一个个二价体分散在细胞质中和X染色体排成一个平面，此期也可进行染色体计数。

后期Ⅰ（anaphase Ⅰ）：同源染色体受纺锤丝牵引分离，各二分体分别移向细胞两极，一极含11个二分体，另一极含11个二分体和X染色体。

末期Ⅰ（telophase Ⅰ）：到达两极的染色体解旋成染色质，核仁、核膜重新出现，细胞拉长，中部内缢，逐渐形成两个体积只有初级精母细胞一半的次级精母细胞。这时，每个细胞核所含的染色体数只有原来的一半。

经过一个没有DNA复制的、短暂的间期后，立即进入减数第二次分裂。有的生物则无此间期，由末期Ⅰ直接进入减数第二次分裂。

减数第二次分裂（减数分裂Ⅱ）：从次级精母细胞形成精细胞，此期有DNA含量的变化而无染色体数目的变化，类似一般的有丝分裂。从形态上看，胞体明显缩小，染色体数目少。包括前期Ⅱ、中期Ⅱ、后期Ⅱ、末期Ⅱ。

前期Ⅱ（prophase Ⅱ）：染色质重新凝集形成染色体（二分体）；核仁、核膜消失。这一时期短暂，不易观察到。

中期Ⅱ（metaphase Ⅱ）：二分体排列在赤道面上，纺锤体形成。侧面观，二分体呈分岔横线状排列；极面观，二分体呈菊花状排列。

后期Ⅱ（anaphase Ⅱ）：每个二分体着丝粒纵裂，各形成两个单分体，在纺锤丝的牵引下，分别移向细胞两极。

末期Ⅱ（telophase Ⅱ）：到达两极的染色体解旋成染色质，核膜、核仁重新出现，细胞拉长，中部内缢，逐渐形成两个单倍体精细胞。

精细胞的体积比次级精母细胞小，经过变形，由圆形逐渐变为椭圆形、长梭形，最后形成具有细长纺锤形头部和丝状尾部的精子。

二、小鼠睾丸精母细胞减数分裂标本的制作与观察

1. 小鼠睾丸精母细胞减数分裂标本的制作

（1）取材：选取健康雄性小鼠，处死前4～6h，腹腔内注射秋水仙碱（4mg/kg），

处死后取出睾丸，以 0.85% NaCl 溶液洗净血污，剥去被膜。

（2）低渗：用 0.5% KCl 溶液 10ml 低渗处理睾丸组织 30min。

（3）固定：吸去低渗液，加固定液（甲醇：冰醋酸为 3：1）10ml，固定 20min。

（4）软化：吸去固定液，加 60% 醋酸溶液 1ml，软化 1～2min，见大部分精曲小管呈浑浊状即可再固定。

（5）再固定：加固定液 5ml，混匀，1000r/min 离心 5min，吸去上清液，再加入 0.5ml 固定液，制成细胞悬液。

（6）滴片：取洁净预冷后载玻片，滴 2～3 滴细胞悬液于其上，空气干燥或火焰干燥。

（7）染色：用 Giemsa 染液（Giemsa 原液：pH6.8 PBS = 1：9）染色 5～10min，用自来水冲洗，空气干燥。

本制片一般不用封片，若要封片，待干燥后，经 100% 乙醇、二甲苯脱水后，再用加拿大胶封片。

2. 小鼠睾丸精母细胞减数分裂的观察 取小鼠睾丸精母细胞减数分裂标本，先用低倍镜找到细胞分裂象较多的视野，可见处于不同时期的细胞，然后转换到高倍镜（或油镜）仔细观察，着重观察细胞在减数第一次分裂的形态变化。

【注意事项与常见问题】

1. 蝗虫标本的采集以夏末秋初为宜，此时蝗虫精母细胞正处于减数分裂旺盛期。

2. 采集的蝗虫要正确辨认雌雄，一般雄性个体较小，其腹部末端为交配器，形似船尾；而雌性蝗虫个体较大，其腹部末端分叉。

【作业与思考题】

1. 绘制光镜下蝗虫精巢精母细胞减数分裂各期细胞形态结构图。

2. 比较有丝分裂和减数分裂的异同。

【附】试剂配制

1. Giemsa 染液 Giemsa 粉 1g，甘油 66ml，甲醇 66ml，先将 Giemsa 粉溶于少量甘油中，用研钵研磨匀浆，再将全部甘油倒入混匀，然后放入 56℃恒温箱中 24h，取出加入甲醇并混匀，配成原液，密封保存于棕色瓶内备用。临用时以 pH6.8 的 PBS 稀释 10 倍。

2. 改良苯酚品红染液

（1）A 液：碱性品红 3g，溶于 70% 乙醇 100ml 中（可长期保存）。

（2）B 液：取 A 液 10ml 加入 5% 苯酚水溶液 90ml 中混匀。

（3）C 液：取 B 液 45ml 加入冰醋酸 6ml、37% 福尔马林 6ml 中混匀。

（4）改良苯酚品红染液：取 C 液 10ml，加入 45% 醋酸溶液 9ml，山梨醇 1g，混匀。染液配好后放 2 周即可使用。

3. Carnoy 固定液 由无水乙醇 3 份，冰醋酸 1 份混合而成。

（陈绍坤，黄　燕）

三、动物骨髓细胞染色体标本的制备与观察

【实验目的】

1. 熟悉牛蛙骨髓细胞染色体标本制作方法与原理。

2. 了解牛蛙染色体的形态特征、数目。

【实验原理】

动物细胞染色体标本制备常用的材料有外周血淋巴细胞、骨髓细胞、皮肤、胸腺等，其中骨髓细胞是制备染色体的最佳材料。骨髓（bone marrow）是高等动物的重要造血器官，细胞分裂旺盛、有丝分裂指数（mitotic index, MI）高。将适量的秋水仙碱注入动物体内，可抑制分裂细胞纺锤丝的形成获得较多分裂中期的骨髓细胞。通过骨髓细胞制备染色体标本具有取材方便、操作简单、无须无菌操作等优点。取骨髓细胞经低渗处理、固定、滴片等步骤，用Giemsa染液进行染色便可观察到骨髓细胞的染色体。

【实验准备】

1. 实验对象 牛蛙。

2. 实验试剂 0.1%秋水仙碱溶液、0.85% NaCl溶液、低渗液（0.075mol/L KCl溶液）、Carnoy固定液（甲醇：冰醋酸为3：1）、Giemsa染液、pH6.8 PBS等。

3. 实验仪器 显微镜、托盘天平、解剖盘、解剖镊、10ml注射器、6号注射器针头、刻度离心管、吸管、纱布、离心机、恒温水浴箱、试管架、冰冻载玻片、电吹风、酒精灯、香柏油、二甲苯、拭镜纸、废液缸等。

【实验内容与方法】

一、牛蛙骨髓细胞染色体标本的制备（图2-5-5）

1. 秋水仙碱处理 取材前3~4h，向牛蛙腹腔内注射0.1%秋水仙碱溶液（按每克体重10μg给药）。

2. 取材 用双毁髓法处死牛蛙，置于解剖盘中，迅速剪开皮肤，剥离肌肉，取出后肢股骨、胫腓骨。

3. 收集细胞 剪去股骨和胫腓骨两端（注意不能剪掉太多，以防骨髓细胞过多丢失），用6号注射器针头吸入0.85% NaCl溶液，插入股骨内，冲洗骨髓于刻度离心管中，直至骨骼发白为止。换用吸管反复吸打骨髓细胞，使其分散，以1000r/min离心6min，弃上清液于废液缸，得细胞沉淀。

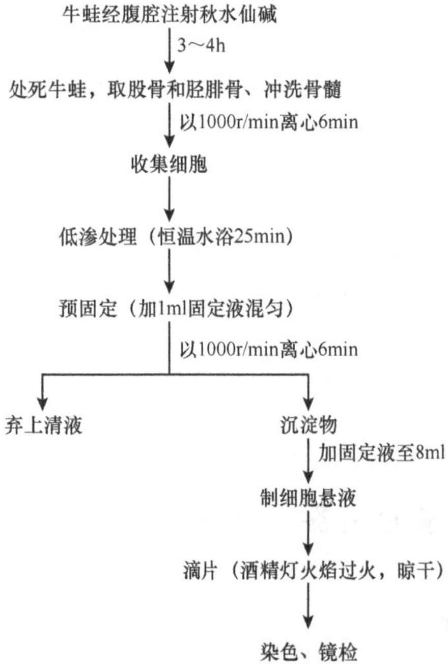

4. 低渗处理 加入已预热至30℃的低渗液（0.075mol/L的KCl溶液）至8ml，用吸管吸打混匀，放入30℃的恒温水浴箱中25min。

5. 预固定 低渗完毕，立即加入新配制的Carnoy固定液1ml，用吸管轻轻吸打混匀进行预固定，然后以1000r/min离心6min，弃去上清液，得细胞沉淀。

6. 固定 加入新配制的Carnoy固定液至8ml，用吸管吸打混匀。室温下固定20min，以1000r/min离心6min，弃去上清液，得细胞沉淀。

7. 滴片 加入Carnoy固定液0.5~1.0ml（视细胞多少而定），用吸管吸打混匀制成细胞悬液。吸取细胞悬液，从距离载玻片30cm左右高度滴2~3滴于冰冻后的干净载玻片上（冰冻载玻片平拿），立即用嘴吹散细胞，将载玻片快速在酒精灯外层火焰上过火3~4次，再用电吹风将标本吹干或让其自

```
牛蛙经腹腔注射秋水仙碱
        │ 3~4h
        ▼
处死牛蛙，取股骨和胫腓骨、冲洗骨髓
        │ 以1000r/min离心6min
        ▼
     收集细胞
        │
        ▼
低渗处理（恒温水浴25min）
        │
        ▼
预固定（加1ml固定液混匀）
        │ 以1000r/min离心6min
        ▼
   ┌────┴────┐
弃上清液    沉淀物
              │ 加固定液至8ml
              ▼
           制细胞悬液
              │
              ▼
        滴片（酒精灯火焰过火，晾干）
              │
              ▼
           染色、镜检
```

图2-5-5 制片过程图

然干燥。

8. 染色 将制好的玻片标本放入染液缸里用 Giemsa 染液（1 份 Giemsa 原液：9 份 pH6.8 PBS）染色 10min（注意：染色时玻片标本相互间不要贴附在一起）。染色完毕后，将标本从染液缸里取出，用自来水冲洗，去除残余染料，用电吹风吹干标本或自然干燥后进行镜检。

二、牛蛙骨髓细胞染色体标本的观察

将制好的玻片标本有细胞面朝上置于低倍镜下观察，寻找染色体分散好的中期分裂象，移至视野中央，然后换油镜观察（图 2-5-6）。

1. 细胞中染色体的计数 为了避免计数时重复和遗漏，在计数前应按该细胞的染色体自然分布状态，大致划分为几个区域，然后按顺序数出各区染色体的实际数目，最后加在一起，即为该细胞的染色体总数。牛蛙二倍体细胞染色体数目为 $2n = 26$。

2. 染色体形态特征观察 牛蛙的染色体有三种类型：中央着丝粒染色体、亚中央着丝粒染色体和近端着丝粒染色体，其中 12 对为常染色体，1 对性染色体。

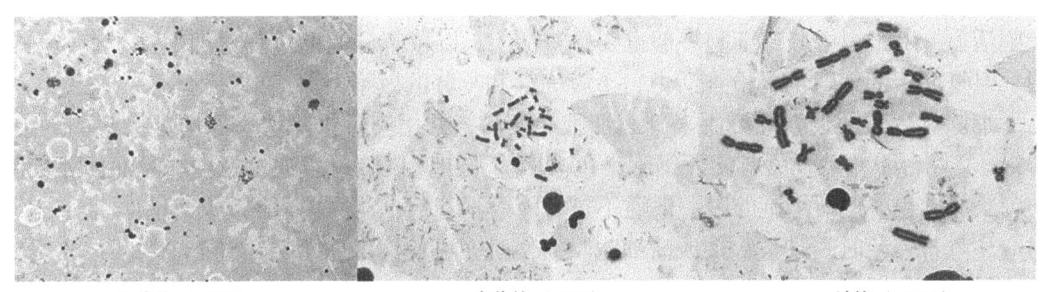

低倍镜（×100）　　　　高倍镜（×400）　　　　油镜（×1000）

图 2-5-6　牛蛙骨髓细胞染色体核型

【注意事项与常见问题】

1. 秋水仙碱处理时间和使用浓度应适当，处理时间过长或注射浓度过高，可使染色体过分收缩或着丝粒分离，甚至使染色体破碎；而处理时间过短或注射浓度不够，则中期分裂象少。

2. 低渗处理是染色体制备的关键环节。低渗不够则染色体难以分散；低渗过度则可使细胞破碎，导致染色体丢失。

3. 离心速度太高或时间过长，细胞团块不易打散；离心速度太低或时间太短，细胞不易沉降，会失去大量分裂象。

4. 机械打匀不够，细胞不易打散而成团块；若用力过猛，细胞破碎，染色体容易丢失。

5. 固定液加入太快或混匀太快，会使固定作用过强，染色体扭曲；固定液作用不足，染色体出现毛刷状。因此固定液纯度要高，要现配现用，固定前进行预固定，固定后要彻底打匀，用力不要过猛。

6. 对载玻片应进行严格清洁，去除酸碱，如有油脂或冷却不够会影响细胞的铺展。要使染色体分散良好，还要注意细胞的浓度和滴片的技巧等。

【作业与思考题】

1. 取材前为什么要给牛蛙注射秋水仙碱？
2. 为什么要进行低渗处理？低渗处理不够或过度会出现什么问题？
3. 为什么在固定前要进行预固定？

4. 绘制牛蛙骨髓细胞染色体图。

（田　强）

第六节　细胞培养技术

一、细胞计数与细胞活力测定

【实验目的】

1. 掌握细胞计数的基本方法及血细胞计数器的使用。

2. 掌握细胞活力测定的基本方法。

【实验原理】

在细胞培养和细胞相关实验中，常需要计算一定体积培养瓶中的细胞数及调整细胞的密度等，由此必须先要获取和分散细胞，然后用血细胞计数器计数，从而计算出每毫升培养液或每个培养瓶中的细胞数。计数结果以每毫升细胞数表示。

在细胞群体中总有一些因各种原因而死亡的细胞，总细胞中活细胞所占的百分比叫作细胞活力，由组织中分离细胞一般也要检查活力，以了解分离的过程对细胞是否有损伤作用。对复苏后的细胞也要检查活力，了解冻存和复苏的效果。

细胞对色素的吸附性可用来判断细胞的死活，常用染色排除法，即用锥虫蓝（trypan blue，又称台盼蓝）等染料使死细胞染色。因为锥虫蓝染液可以通过死细胞膜而使死细胞均匀染成蓝色，但活细胞的膜一般通不过，因而不着色，从而可以区分死细胞与活细胞，但应注意若染色时间过长，造成活细胞膜损伤时亦可使活细胞着色。

另外，利用细胞内某些酶与特定的试剂发生显色反应，也可测定细胞相对数和相对活力。如活细胞中的琥珀酸脱氢酶可使噻唑兰（MTT）分解产生蓝紫色结晶状甲臜颗粒积于细胞内和细胞周围，其量与细胞数成正比，也与细胞活力成正比。

【实验准备】

1. 实验对象　培养细胞或动物血细胞悬液。

2. 实验试剂　无水乙醇或95%乙醇、0.4%锥虫蓝染液、MTT、酸化异丙醇等。

3. 实验仪器　光镜、血细胞计数器、载玻片、盖玻片、吸管等。

【实验内容与方法】

一、细胞计数

图2-6-1　血细胞计数器的构造

1. 用无水乙醇或95%乙醇冲洗血细胞计数器及盖玻片后，用纱布擦拭干净，将盖玻片盖在计数板的槽上（图2-6-1）。

2. 将细胞悬液吸出少许（对细胞悬液可先进行稀释，计算时应乘以稀释倍数），滴1～2滴在计数室边缘的斜面上，让细胞悬液自然流入盖玻片下的空隙中，均匀地充满在计数室内。注意悬液注入量不要过多或过少，计数室内不应有气泡产生。

3. 静置2～3min，待细胞在计数室中下沉后，在低倍镜下进行计数。计数时，先调焦看清计数板上的格线（图2-6-2），然后将四角的大格逐个移入视野中心，计数4大格（每个大格含16中格）细胞总数。压线细胞数上不数下，数左不数右。

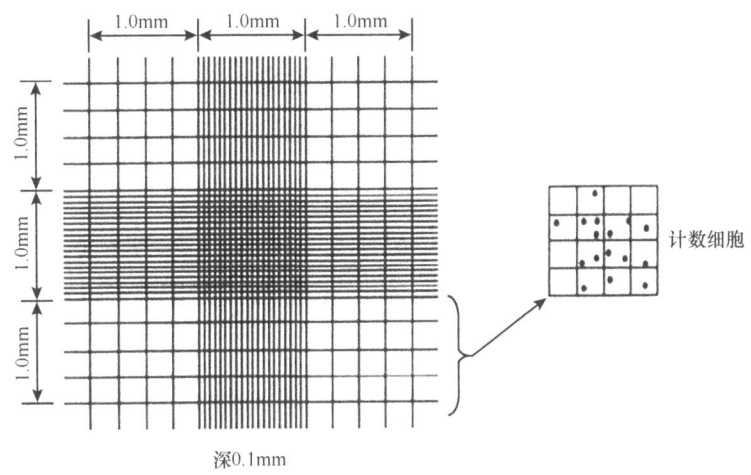

图 2-6-2　血细胞计数器计数网的分区和分格

4. 计数的换算　计数板中每一大格的面积为 $1mm^2$，高为 0.1mm，体积为 $0.1mm^3$。1ml = $1000mm^3$，所以每一大格内细胞数 × 10 000 = 细胞数/ml，可按下式计算出每毫升悬液中的细胞数：

$$细胞数/ml = \frac{4大格细胞总数}{4} \times 10^4 \times 稀释倍数$$

二、细胞活力测定

1. 锥虫蓝法测定细胞活力

（1）将 0.5ml 细胞悬液加入试管中。

（2）加入 0.5ml 0.4% 锥虫蓝染液，用吸管轻轻吹打均匀，染色 2～3min。

（3）用吸管稍吹打，以防细胞沉降，再吸取 1 滴悬液滴于干净载玻片上，加上盖玻片。

（4）低倍镜下移动标本，随机取 5 个视野分别计数细胞总数和被染成蓝色的死细胞数，按以下公式计算细胞活力：

$$细胞活力 = \frac{细胞总数-死细胞数}{细胞总数} \times 100\%$$

也可用血细胞计数器滴加染色的细胞悬液，同时计数细胞数/ml 悬液、活细胞数/ml 悬液，计算出该细胞群体的活力。注意稀释倍数应包括加等量染液的稀释数。在进行分瓶继续培养时，所需细胞浓度只有活细胞数才是有效数值。

2. MTT 法测细胞相对数和相对活力

（1）细胞悬液以 1000r/min，离心 10min，弃上清液。

（2）沉淀加入 0.5～1ml MTT，吹打成悬液。

（3）37℃下保温 2h。

（4）加入 4～5ml 酸化异丙醇（定容），打匀。

（5）以 1000r/min 离心 10min，取上清液，用酶标仪或分光光度计于 570nm 下比色，以酸化异丙醇调零点。

【注意事项与常见问题】

1. 镜下偶见由两个以上细胞组成的细胞团，应按单个细胞计算，若细胞团占 10% 以上，说明分散不好，需重新制备细胞悬液。

2. 在实验研究中为了计数准确，可以将计数板上的两个计数室都滴加悬液，同时计数或重复操作 2～3 次,取其平均数。

3. MTT 法只能测定细胞相对数和相对活力,不能测定细胞绝对数。

【作业与思考题】

1. 细胞计数的方法可应用于哪些方面?
2. 结合细胞计数的方法计算出每毫升细胞悬液中死细胞、活细胞所占的百分比。

【附】试剂配制

1. **MTT 配制**　MTT 0.5g,溶于 100ml 的 PBS 或无酚红的基础液中,4℃条件下保存。
2. **酸化异丙醇**　在异丙醇中加入 HCl,终浓度为 0.04mol/L。

(曾永秋)

二、细胞培养的基本原理与无菌技术

【实验目的】

1. 掌握体外培养细胞的生存条件。
2. 熟悉无菌操作的基本原理和技术。
3. 了解培养器具的清洗与消毒处理。

【实验原理】

细胞培养(cell culture)是指模拟机体内生理条件,将细胞从机体中取出,在人工条件下使其生存、生长、繁殖和传代的方法和过程。要使细胞在体外长期生存,必须模拟体内环境,供给细胞存活所必需的条件,如水、无机盐、氨基酸、维生素、葡萄糖、生长因子及适宜的温度、渗透压、pH 等。细胞培养用品的清洗、培养用液的配制、除菌等均具有严格的要求,特别是无菌操作,是细胞培养成败的关键。

【实验内容与方法】

一、体外培养细胞的生存条件

体外培养细胞所需要的生存条件和物质代谢过程与体内细胞基本相同,但随细胞生存环境的改变也会出现一定的差异,而且不同类型的细胞所需的体外生存条件也有所不同。

1. **水**　体外培养细胞对水的质量要求较高,配制细胞培养用液应使用经石英玻璃蒸馏器三次蒸馏的三蒸水或超纯水净化装置制备的超纯水。制备好后,最好用龙头瓶储存,存放时间一般不超过 2 周。

2. **温度**　人和哺乳动物细胞最适宜的培养温度为 (36.5±0.5)℃。一般来说,培养细胞对低温的耐受性比高温强,温度不超过 39℃时,细胞代谢的强度与温度成正比。培养温度升高至 41～42℃时,细胞只能生存很短的一段时间,10～24h 后退变或死亡。当培养温度在 25～35℃时,细胞仍能缓慢生存和生长。细胞在 4℃能存活数天,若温度降至冰点以下,则细胞可因细胞质结冰而死亡。

3. **pH**　大多数培养细胞的最适 pH 为 7.0～7.4,偏离此范围会对细胞产生有害影响。总的来说,细胞耐酸性比耐碱性强一些。一般情况下,原代培养细胞对 pH 的变动耐受性较差,连续性细胞系(株)对 pH 的变动耐受性较强。

4. **气体条件**　细胞培养中,O_2 和 CO_2 是细胞生存所需要的重要条件之一。O_2 参与三羧酸循环,可为细胞提供能量;而 CO_2 既是细胞代谢产物,也是细胞生长所需成分,并影响培养液的 pH。一般将细胞置于 95% 空气加 5% CO_2 的混合气体环境中培养。

5. **营养条件**　细胞培养常用的培养基可分为天然培养基和合成培养基。天然培养基是指来自动物体液或利用组织分离提取的一类培养基，如血浆、血清、淋巴液、组织浸出液等。细胞培养中最常用的是动物血清，其中牛血清用途更广泛。血清在使用前常需进行灭活处理（加温至56℃，30min）。合成培养基，是根据天然培养基的成分，用化学物质模拟合成、人工设计配制的培养基，其主要成分有氨基酸、维生素、碳水化合物、无机盐和其他一些辅助物质等。根据培养对象和实验目的不同，可选择不同的最适培养基，常用的有：RPMI-1640、Eagle MEM（minimum essential medium）、DMEM（Dulbecco's modified Eagle medium）、TC199、F12等。合成培养基不加血清或加低浓度（2%）血清，仅能维持细胞生存，称为维持液。血清中含有各种血浆蛋白、多肽、脂肪、生长因子、激素等可以促进细胞生长或贴附的物质，因此合成培养基在使用时添加10%～20%血清，有利于细胞生长，称为生长液。

6. 培养基质 培养基质就是细胞附着底物。绝大多数细胞都适于贴附在玻璃或一次性塑料培养瓶（皿）上生长。一些不易贴壁的细胞，可以事先在培养瓶（皿）底面涂上一层鼠尾胶、多聚赖氨酸等，以促进细胞贴壁生长。

7. 无菌环境 防止污染是保证细胞在体外生存的基本条件之一。细胞培养室应分隔为操作间和缓冲间。实验室应配备紫外线灯，实验结束后打开紫外线灯20～30min进行灭菌。每周要用新洁尔灭擦拭台面、地面和墙壁进行消毒，实验室消毒也可每2个月用甲醛蒸汽熏蒸一次，将5～7.5g高锰酸钾加入甲醛10～15ml，混合放入一开放容器内，可见白色甲醛烟雾，消毒房间需密闭24h。要保持无菌环境，必须严格做到：细胞培养用品要经高压灭菌处理才能使用，培养用液要经过抽滤除菌处理，实验过程要严格按照无菌操作规程在超净工作台中进行。

二、细胞培养无菌操作的基本技术

体外培养的细胞缺乏机体抗感染功能，所以一切操作中要努力做到最大限度无菌，防止污染，这是细胞培养成败的关键。

1. 实验前，无菌室及无菌操作台用紫外线灯照射30～60min进行灭菌，用70%乙醇擦拭无菌操作台面，并开启无菌操作台风机运转10min后才可开始实验操作。每次操作只处理一株细胞，以免造成细胞交叉污染。实验结束后，将实验物品带出工作台。如需要继续进行下一个实验，则用70%乙醇擦拭无菌操作台面，再让无菌操作台风机运转10min后才可进行下一个实验操作。

2. 无菌操作工作区域应保持清洁与宽敞，必要物品，如试管架、移液器或吸管头等可以暂时放置，其他实验用品用完后应及时移出，以利气体流通。实验用品要用70%乙醇擦拭后才能带入无菌操作台内。实验操作应在操作台中央无菌区域内进行，勿在边缘非无菌区域操作。

3. 小心取出无菌实验用品，避免造成污染。切勿碰触吸管与吸头头部或容器瓶口，不要在打开的容器正上方进行实验操作。容器打开后，用手夹住瓶盖并握住瓶身，倾斜约45°取用，尽量勿将瓶盖盖口朝上放在台面上。

4. 工作人员应注意自身的安全，必须在穿戴实验衣与手套后才进行实验。对于人源性或病毒感染的细胞株应特别小心，应选择适当等级的无菌操作台（至少两级）。操作过程中，应避免引起气溶胶产生，小心有毒试剂，如二甲基亚砜（DMSO）等，并避免尖锐物品伤人。

5. 定期检查下列项目：CO_2钢瓶内的CO_2压力、CO_2培养箱内的CO_2浓度、温度水盘是否有污染、无菌操作台内气流压力是否正常；定期更换紫外线灯管、HEPA过滤器滤膜及预滤网（300h/预滤网，3000h/HEPA）。

【作业与思考题】
在细胞培养过程中如何做到无菌操作？

（曾永秋，李　洁）

三、动物细胞原代培养技术

【实验目的】
1. 初步掌握细胞培养过程中的无菌操作技术。
2. 初步掌握动物细胞原代培养的基本操作过程。
3. 了解细胞的原代培养基本原理。

【实验原理】
细胞培养是指模拟机体内生理条件，将细胞从机体中取出，在人工条件下使其生存、生长、繁殖和传代的方法和过程。来自供体的组织或细胞在体外进行的首次培养即为原代培养（primary culture），即将动物机体的各种组织从机体中取出，经各种酶（常用胰蛋白酶）、螯合剂（常用 EDTA）或机械方法处理，分散成单细胞，置于合适的培养基中培养，使细胞得以生存、生长和繁殖。原代培养的细胞离体时间短，性状与体内相似，可被广泛地应用于药物测试、细胞分化等实验研究中。原代培养是建立各种细胞系的第一步，是从事组织培养工作人员必须掌握的最基本技术。一般说来，幼稚状态的组织和细胞，如动物的胚胎、幼仔的脏器等更容易进行原代培养。

组织块法和消化法是两种重要的、常用的原代培养方法。组织块法是将刚离体的、有旺盛生长活力的组织剪成小块，接种于培养瓶中，加入培养液，新生的细胞大约 24h 可从贴壁的组织块四周游出并生长，该法操作过程简便、易行，培养的细胞较易存活，在对一些来源有限、数量较少的组织进行原代培养时，首选该法。

结合化学与生化的手段，将已剪切成较小体积的动物组织中妨碍细胞生长的间质（基质、纤维等）加以消化，使组织中结合紧密的细胞连接松散、相互分离，形成含单细胞或细胞团的悬液，因单细胞或细胞团易于从外界吸收养分和排出代谢产物，经体外适宜条件培养后，可以得到大量活细胞，在短时间内细胞可生长成片，此种原代培养的方法即为消化法。

【实验准备】
1. **实验对象**　胎鼠或新生乳鼠。
2. **实验试剂**　RPMI-1640 培养基（含 10% 胎牛血清、青霉素、链霉素）、0.25% 胰蛋白酶溶液、PBS、碘酒、75% 乙醇等。
3. **实验仪器**　超净工作台、CO_2 培养箱、倒置相差显微镜、显微镜、离心机、磁力搅拌棒及搅拌器、水浴箱（37℃）、培养瓶、青霉素小瓶、血细胞计数器、平皿、吸管、离心管、纱布、手术器械等。

【实验内容与方法】

一、原代细胞培养

1. 组织块法（以乳鼠肝细胞的原代培养为例）

（1）用颈椎脱臼法使乳鼠迅速死亡，将整个动物浸入盛有 75% 乙醇的烧杯中 2～3s（时间不能过长，以免乙醇从口和肛门浸入体内），随即携入超净工作台内置于消毒的培养皿中，再用碘酒消毒腹部，用眼科剪打开腹腔，取出肝组织，置于平皿中。

（2）用 PBS 反复冲洗肝组织 3 次，并剔除脂肪、结缔组织、血液等杂物。

（3）将肝组织移入一新的培养皿中，用手术剪将肝组织剪成小块（1mm³），再用 PBS 洗 3 次，吸弃废液后，滴加 0.5ml 培养基混匀，将组织块转移到培养瓶，贴附于瓶底面，每小块间距为 0.5cm 左右，25ml 培养瓶底（底面积约为 17.5cm²）可放置 20～30 块。

（4）轻轻翻转瓶底朝上，将适量培养液加至瓶中，培养液勿接触组织块，盖好瓶盖。

（5）放入 37℃培养箱中静置 2h 左右（勿超过 4h），使小块微干，轻轻翻转培养瓶，使组织浸入培养液中（勿使组织漂起），放入 CO_2 培养箱中继续培养。

2. 胰蛋白酶消化法

（1）同 1（1）。

（2）同 1（2）。

（3）将肝组织移入一新的培养皿中，用手术剪将肝组织剪成小块（1mm³），再用 PBS 洗 3 次，转移至青霉素小瓶中。

（4）视组织块量加入 5～10 倍的 0.25% 胰蛋白酶溶液，37℃水浴箱中消化 20～40min，每隔 5min 振荡 1 次，或用吸管吹打 1 次，使细胞分离。

（5）吸取少量消化液在倒置相差显微镜下观察，若组织块已分散成小的细胞团或单个细胞，应立即加入 3～5ml 培养液以终止胰蛋白酶消化作用（或加入胰蛋白酶抑制剂）。

（6）静置 5～10min，使未分散的组织块下沉，取悬液加入离心管中，以 1000r/min，离心 10min，去除含胰蛋白酶的上清液。

（7）用 PBS 液漂洗 1～2 次，每次 5ml，以 1000r/min 离心 5min，去除上清液。

（8）加入培养液吹打沉淀制细胞悬液，按（5～10）×10^5/ml 的密度转移至 25ml 细胞培养瓶中，37℃条件下进行培养。

二、观察

1. 组织块法培养细胞的观察　利用倒置相差显微镜观察发现，经培养 24h 的组织块边缘有少量细胞游离出来，随着培养时间延长，组织块周围游离细胞的数量明显增多，这些细胞的核较大，细胞质中内含物少、透明度高，彼此间排列紧密。靠近组织块的细胞胞体较小、较圆，离组织块较远的区域可见有多角形的细胞，体积较大，有些细胞的形态介于圆形与多角形之间。

2. 胰蛋白酶消化法培养细胞的观察　在倒置相差显微镜下观察发现，刚接种于培养瓶中时，细胞悬浮于培养液中，形态均呈圆形。24h 后，大多数细胞已贴附于培养瓶底部，胞体伸展后，重新呈现出其肝细胞原有的、不规则多角形上皮细胞特征。48h 后，细胞进入增殖期，细胞数量明显增多，新生的细胞因内含物少而较为透明，胞体轮廓较浅。96h 后，新生细胞可连接成片，同时胞体透明度减弱、轮廓增强，核仁明显可见。

【注意事项与常见问题】

1. 自取材开始，保持所有组织细胞处于无菌条件。细胞计数可在有菌环境中进行。
2. 在超净工作台中，组织细胞、培养液等不能暴露过久，以免溶液蒸发。
3. 培养瓶中组织块摆放的密度不能过大，否则细胞将会因为营养不足而活性不佳。
4. 凡在超净工作台外操作的步骤，各器皿需用盖子或橡皮塞封闭，以防止细菌落入。
5. 一般新配制的胰蛋白酶消化力很强，因此开始用时要注意观察，严格限制消化时间，以免消化过度。胰蛋白酶主要适用于消化细胞间质较少的软组织，如胚胎、上皮、肝、肾等组织，但对于纤维性组织和较硬的癌组织效果差。

【作业与思考题】

组织块法与胰蛋白酶消化法有什么相同点和不同点？

【附】试剂配制

1. PBS 将 NaCl 8.0g、KCl 0.2g、$Na_2HPO_4 \cdot H_2O$ 1.56g、KH_2PO_4 0.2g 倒入盛有双蒸水的烧杯中，用玻璃棒搅动，充分溶解，调 pH 至 7.2 左右，然后把溶液倒入容量瓶中准确定容至 1000ml，摇匀即成新配制的 PBS。将 PBS 倒入试剂瓶内，盖上瓶盖并保持拧松状态，高压灭菌 20min。注意高压灭菌后要用灭菌蒸馏水补充蒸发掉的水分。

2. 胰蛋白酶溶液 按胰蛋白酶溶液浓度为 0.25%，用电子天平准确称取粉剂溶于双蒸水（若用双蒸水需要调 pH 到 7.2 左右）或 PBS（D-Hanks）液中，搅拌混匀，置于 4℃过夜。配好的胰蛋白酶溶液要在超净工作台内用注射滤器（0.22μm 微孔滤膜）抽滤除菌，然后分装于小瓶中，-20℃保存以备使用。

3. RPMI-1640 培养基

（1）取市售 RPMI-1640 培养基干粉溶于适量双蒸水中，用磁力棒搅拌混匀，将溶液定容至 1000ml。

（2）添加 $NaHCO_3$，调节 pH 至 7.4 左右。

（3）加入青霉素和链霉素，使两者的最终浓度都达到 100U/ml。

（4）采用 0.22μm 孔径的滤膜正压过滤除菌并分装于 100ml 消毒小瓶中。

（5）-20℃条件保存，使用时再加入 10%～20% 胎牛血清。

（曾永秋，李 洁）

四、细胞传代培养

【实验目的】

1. 了解细胞的传代培养基本原理。
2. 初步掌握动物细胞传代培养的基本操作过程。

【实验原理】

细胞在培养瓶长成致密单层后，已基本饱和，为使细胞能继续生长，同时将细胞数量扩大，必须进行传代（passage）再培养。传代培养是一种将细胞种保存下去的方法，同时也是利用培养细胞进行各种实验的必经过程。悬浮型细胞直接进行分瓶就可以传代，而对贴壁细胞需经消化后才能进行分瓶传代。

【实验准备】

1. 实验对象 HeLa 细胞（人宫颈癌细胞）。

2. 实验试剂 RPMI-1640 培养基（含 10% 胎牛血清、青霉素、链霉素）、0.25% 胰蛋白酶、PBS 等。

3. 实验仪器 超净工作台、CO_2 培养箱、倒置相差显微镜、普通显微镜、离心机、磁力搅拌器、水浴箱（37℃）、培养瓶、血细胞计数器、吸管、离心管等。

【实验内容与方法】

一、贴壁细胞的传代培养

1. 将长满细胞的培养瓶中原来的培养液弃去。
2. 加入 2～3ml PBS，轻轻摇动后倒掉，以去除残留的血清和衰老的细胞及其碎片。
3. 加入 0.5～1ml 0.25% 胰蛋白酶溶液，使瓶底细胞都浸入溶液中。
4. 拧上瓶盖，放在倒置相差显微镜下观察细胞。随着时间的推移，原贴壁的细胞逐渐趋于圆形，在还未漂起时将胰蛋白酶弃去，加入 5ml 培养液终止消化。观察消化也可以用肉眼，当见到瓶底发白并出现细针孔空隙时终止消化。一般室温消化时间为 1～3min。

5. 用吸管吸取培养液，反复轻轻吹打瓶壁，将贴壁的细胞吹打成悬液，可将吹打后的细胞置于倒置相差显微镜下观察，当发现原贴壁细胞均已悬浮于培养液中，成片的细胞已分散成小的细胞团或单细胞，即可停止吹打。

6. 收集细胞悬液于离心管中，以 1000r/min 离心 5min，弃上清。

7. 进行细胞计数，按（1～10）×10^5/ml 的密度接种细胞于新培养瓶中，置于 37℃ 条件下继续培养，第 2 天观察贴壁生长情况。

二、悬浮细胞的传代培养

1. 将悬浮培养的细胞连同培养液一并转移到离心管中。

2. 以 1000r/min 离心 5min，弃上清。

3. 加新的培养液到离心管中，吹打制细胞悬液，将细胞悬液按 1∶2 或 1∶3 的比例分别接种于新的培养瓶中，置 37℃ 下继续培养。

三、观察

进行细胞传代后，每天对细胞进行观察，注意有无污染及细胞贴壁和生长情况。一般单层培养的细胞接种后，在其生长过程中可人为地分成五个时期，但各期之间无绝对的界限，在观察中注意各期特点。

1. 游离期 细胞经消化分散后，由于原生质收缩和表面张力及细胞膜的弹性，细胞变成圆形，折光性强，呈悬浮状态。

2. 吸附期 单细胞悬液静置培养一段时间（不同细胞所需时间不同），由于细胞的附壁特性，24h 后大部分细胞均已贴壁，圆形细胞变成延展状态，细胞立体感强、细胞质颗粒少而透明（图 2-6-3）。

3. 繁殖期（生长期） 此时细胞迅速生长和分裂（可见有许多折光性强的圆形细胞），细胞数目增多，逐渐形成细胞岛并最终形成良好的细胞单层。

4. 维持期 细胞形成单层后生长与分裂减缓，折光性强的圆形细胞减少并逐渐停止生长（即出现密度抑制现象）。此时细胞代谢物积累，CO_2 增多，培养液逐渐变黄，此时应再次传代。

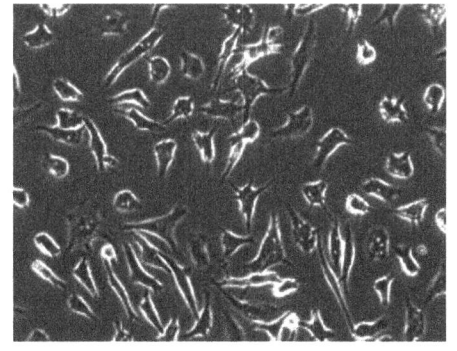

图 2-6-3 传代后贴壁的肝细胞

5. 衰退期 当细胞形成致密单层后，如不及时换液和传代培养，会造成营养缺乏，代谢物积累，细胞内颗粒增多，透明度降低，立体感差，最后细胞皱缩，细胞质出现空泡并从瓶壁上脱落下来，逐渐衰老死亡。

【注意事项与常见问题】

1. 终止消化后，吹打贴壁细胞制细胞悬液时，吹打部位应均匀，可按从上到下、从左到右的顺序进行，保证瓶底各个部位的细胞均能被吹到，此外，吹打时不能用力过猛，尽量不出现气泡，以免损伤细胞。

2. 首次传代的细胞因需适应新的环境，可适当增加其接种量，以促进其生存与增殖。

3. 酶解消化过程中要不断观察，消化过度会对细胞造成损害，消化不足则难以将细胞解离下来。

4. 传代培养的过程通常较长，使细胞被污染的可能性增加，因此，必须严格进行无菌操作。

【作业与思考题】

原代细胞培养和传代细胞培养有哪些区别？

【附】试剂配制

同"动物细胞原代培养技术"。

（曾永秋）

五、细胞的冻存与复苏

【实验目的】

1. 掌握体外培养细胞冻存与复苏的方法。
2. 了解培养细胞冻存与复苏的基本原理。

【实验原理】

为了保持培养细胞的生物学特性和活力，防止其发生遗传性质的改变，减少工作量和物资的消耗，在细胞传代培养时需进行细胞冻存和复苏。

在不加任何保护剂直接冻存细胞时，细胞内外环境中的水会形成冰晶，从而导致细胞内发生机械损伤、电解质升高、渗透压改变、脱水、pH改变、蛋白质变性等，引起细胞死亡。向培养液中加入保护剂，则可使冰点降低，在缓慢冻结条件下，能使细胞内的水分在冻结前析出细胞，并降低电解质浓度，使低温下增加的电解质浓度所造成的损害减少到细胞能够耐受的程度。目前常用的保护剂为DMSO和甘油，它们对细胞无毒性，分子量小，溶解度大，易穿透细胞。

低温对细胞的损伤取决于降温和复温的速度和条件。为了保持细胞的最大存活率，一般采用慢冻快融的方法。缓慢降温可使细胞外液先冻结出现冰晶，细胞发生脱水，细胞内不出现冰晶。在细胞从0℃降温到-25℃这一阶段，冷冻的速度在（-1～-2）℃/min为宜。当温度降至-25℃，降温速度可增至（-5～-10）℃/min，到-100℃可迅速浸入液氮中。细胞的化学和物理活性在-130℃以下最小，对于需要长期保存的细胞，目前最广泛应用的冷冻剂是液氮。液氮的沸点是-196℃，分子量小，溶解度大，易穿透细胞，对细胞的pH没有影响，气化时不残留沉淀。

冻存的细胞在复苏时速度要快，使之迅速通过细胞最易受损的-5～0℃。这样可保证细胞外冰晶在很短的时间内融化，并避免由于缓慢融化使水分渗入细胞内再结晶而对细胞造成损害。

【实验准备】

1. 实验对象 培养的贴壁细胞（70%～80%融合）、于液氮中冻存的细胞。

2. 实验试剂 0.25%胰蛋白酶、DMEM培养基（含10%胎牛血清）、冻存液、D-Hanks液等。

3. 实验仪器 液氮罐、冻存管（塑料螺口专用冻存管或安瓿瓶）、血细胞计数器、离心管、吸管、酒精灯、水浴箱、CO_2培养箱、离心机、液氮罐、倒置相差显微镜、超净工作台等。

【实验内容与方法】

一、细胞的冻存

1. 用0.25%胰蛋白酶把单层生长的细胞消化下来，悬浮细胞不经处理进行离心，以

800～1000r/min 离心 5min。

2. 弃上清，除去胰蛋白酶及原来的培养基，向沉淀物中加入适量冻存液，用吸管吹打制细胞悬液，调整细胞密度为（5～10）×10^6/ml。因为细胞浓度对冻存和融化时细胞的活力有显著影响，细胞浓度低时失活较显著。

3. 将悬液分至冻存管中，每管 1ml，旋紧冻存管盖，并用蜡膜封严。

4. 在冻存管上标明细胞的名称、冻存时间、操作者姓名等。

5. 按下列顺序降温：4℃（1h）→ -20℃（2h）→ -85℃（2h）→液氮。

二、细胞的复苏

1. 用止血钳从液氮中取出 1 只细胞冻存管，迅速将其置于 37℃水浴箱中，不断摇动使冻存管中的冻存物在 1min 之内融化。

2. 用 75% 乙醇棉球擦拭冻存管，放入超净工作台中，打开冻存管，将细胞悬液吸到离心管中，加 10 倍体积的培养液，吹打混匀。

3. 以 1000r/min 离心 5min，弃上清。

4. 在沉淀中加入 10ml 培养液，吹打混匀，再离心 10min，弃上清液。

5. 加适当培养液吹打沉淀的细胞，混匀后对细胞进行计数。

6. 按 5×10^5/ml 的细胞密度，将细胞接种在培养瓶中，置于 37℃培养箱中培养。

7. 24h 后取出培养瓶，更换培养液，观察细胞生长状况。

【注意事项与常见问题】

1. 从增殖期到形成致密单层前的细胞都可用于冻存，但对数生长期的细胞增殖能力强，冻存后生存率较高，因此，在进行细胞冻存时，应尽量选择处于这阶段的细胞加以冻存。

2. 冻存管的瓶盖应封盖严密，以免复苏时细胞外溢；如用安瓿瓶则以火焰封口，封口一定要严，否则复苏时易出现爆裂；对一些冷冻耐受性较差的细胞，如胚胎细胞，冻存时应特别小心，可在冻存管外包裹一层棉花，以避免冻存过程中细胞受到损伤。

3. 从液氮中取冻存管时应小心，以免液氮冻伤，在复苏过程中也应带上棉质手套。定期检查液氮，随时补充，一般 30L 液氮能用 1～1.5 个月。

【作业与思考题】

1. 冻存和复苏细胞时有哪些注意事项？

2. 冻存和复苏细胞的原则是什么？

3. DMSO 的作用是什么？

【附】试剂配制

细胞冻存液 按 9：1 的比例将培养液与 DMSO 混合配制成 1ml 冻存液，放 4℃冰箱保存。

（曾永秋）

第七节　人类遗传性状的观察与分析

一、人类 ABO 血型等常见遗传性状分析

【实验目的】

1. 掌握人类 ABO 血型鉴定的原理及方法。

2. 了解计算基因频率和基因型频率的方法。

【实验原理】

1. 人类常见遗传性状的调查分析 人类的各种性状都由特定基因控制。特定基因型占群体内全部基因型的比例称为基因型频率。假设二倍体生物某一位点有一对等位基因 A 和 a，可以组成三种基因型，即 AA、Aa、aa。同一座位上所有基因型频率之和等于 1。基因频率是指特定基因座位上某个等位基因占该座位上全部等位基因总数的比例。同一座位上全部等位基因频率之和等于 1，在遗传平衡群体中，已知基因型频率，可计算出各基因频率。假设 A 基因在群体出现的频率为 p，a 基因在群体出现的频率为 q，基因型 AA 在群体中出现的频率为 D，基因型 Aa 在群体中出现的频率为 H，基因型 aa 在群体中出现的频率为 R。群体各基因型个体间交配是完全随机的，那么这一群体基因型频率和基因频率的关系是 $D = p^2$、$H = 2pq$、$R = q^2$。从人类群体性状的遗传分析可以了解不同民族（种族）的基因频率和基因型频率。

2. 人类 ABO 血型检测 人类 ABO 血型也是人体的一种遗传性状，由 9 号染色体上的一组复等位基因（I^A、I^B、i）控制。基因 I^A、I^B 对于 i 为显性。I^A 和 I^B 为共显性，分别决定人类红细胞膜表面上的 A 和 B 两种抗原（又称凝集原 A 和凝集原 B），i 基因不产生抗原。

通过观察参试人员的血液与抗 A 或抗 B 标准血清是否发生凝集反应，进行血型判断。A 型：红细胞上有 A 抗原，能与抗体 A 发生凝集反应，但不与抗体 B 发生凝集反应。B 型：红细胞上有 B 抗原，能与抗体 B 发生凝集反应，但不与抗体 A 发生凝集反应。AB 型：红细胞上 A 和 B 抗原都有，因而与抗体 A 和 B 都能发生凝集反应。O 型：红细胞上缺乏 A 和 B 抗原，因而与抗体 A 和 B 都不能发生凝集反应。

【实验准备】

1. 实验对象 参加本次实验的学生。

2. 实验试剂 抗 A 和抗 B 血清、75% 乙醇等。

3. 实验仪器 显微镜、载玻片、一次性采血针、消毒棉球等。

【实验内容与方法】

一、人类 ABO 血型的检测

1. 在载玻片上用蜡笔划分两格，分别标明受试者姓名和 A、B。

2. A 处滴加抗 A 标准血清 1 滴，在 B 处滴加抗 B 标准血清 1 滴。

3. 用 75% 乙醇棉球消毒受试者中指末端，用采血针采血。

4. 滴 1 滴血在 A 处，滴另 1 滴血在 B 处。

5. 用移液器枪头在 A 处和 B 处分别搅拌均匀（枪头不可交叉使用）。

6. 2min 内肉眼观察有无凝集反应。若反应液体由浑浊状态变成透明状，并同时出现大小不等的颗粒，表明有凝集反应；若混合物一直保持淡红色浑浊状态，且无颗粒出现则表明无凝集反应。

7. 结果判断：受检者血液的红细胞在抗 A 血清中凝集者为 A 型，在抗 B 血清中凝集者为 B 型，在两种血清中都凝集者为 AB 型，都不凝集者为 O 型。

二、人类常见遗传性状的调查分析

1. 以 10 个人为一组，由全体成员观察 8 种单基因性状的表型（表 2-7-1），并汇总记录。

表 2-7-1　人类常见单基因遗传性状

性状	显性	隐性
耳垂	与脸颊分离	紧贴脸颊
卷舌状	能	不能
美人尖	有	无
拇指竖起时变曲情形	挺直	拇指第一节向指背弯曲
食指长短	较环指长	较环指短
双手手指嵌合	左手拇指在上	右手拇指在上
上眼睑有无皱褶	有（双眼皮）	无（单眼皮）
酒窝	有	无

2. 统计全班的资料，进行基因频率和基因型频率的计算。计算公式：$D+H = p^2+2pq$，$R = q^2$。

【注意事项与常见问题】
1. 采血前要对采血部位和用具进行消毒，采血后应注意局部卫生，避免感染。
2. 标准血清必须有效。

【作业与思考题】
1. 统计全班学生 ABO 血型频率。
2. 统计全班学生 8 种性状的基因频率和基因型频率。

（赵松华）

二、人类苯硫脲尝味能力的遗传分析

【实验目的】
通过对人群苯硫脲尝味能力的测试，掌握苯硫脲尝味实验的原理和方法。

【实验原理】
苯硫脲英文缩写为 PTC，是一种白色有刺激性气味的晶体状有毒物质，其含 N—C═S 基团，所以有苦涩味。一个人能否尝出 PTC 的苦涩味是由其基因 *TAS2R38*（PTC 受体）决定的，由于基因表达的不同，不同人对该物质的味觉敏感度也不同。有的人能尝出 1/750 000～1/50 000 浓度 PTC 溶液的味道（苦味、苦涩，少数人感到甜味），这些人称为尝味者，基因型简写为 *TT*；有的人只能尝出浓度大于 1/24 000 PTC 溶液的味道，这些人称为 PTC 味盲者，基因型简写为 *tt*。

PTC 味盲是不完全显性遗传，如果父母都是 PTC 味盲，那么子女也必定是味盲，因此，在 DNA 的亲子鉴定诞生之前，曾经用 PTC 尝味实验来作为双胞胎、亲子鉴定的参考资料。又因为 PTC 味盲与所属民族有关，因此，可用作各种族人群的遗传学分析。

【实验准备】
1. **实验对象**　参加实验的学生。
2. **实验试剂**　不同浓度的 PTC 溶液等。
3. **实验仪器**　广口瓶（装有梯度浓度的 PTC 溶液）、一次性长塑料滴管等。

【实验内容与方法】

1. 将整套 PTC 溶液按照浓度由低到高依次编号（1～14 号），15 号为蒸馏水。

2. 实验者从最低浓度开始，吸取瓶中 PTC 溶液，滴在舌根部，仔细品味。

3. 从低浓度到高浓度依次品尝，直到感受到溶液的味道"苦"为止，记录最后品尝 PTC 溶液的编号。

4. 统计全班人员品尝 PTC 溶液的结果，并汇总成表格（表 2-7-2）。

表 2-7-2　PTC 尝味表型调查表

受试者	民族	籍贯	PTC 溶液编号													
			1	2	3	4	5	6	7	8	9	10	11	12	13	14	15
张三											√						
李四													√				

5. 判断待测者基因型，分别为 *TT* 纯合（1～6 号）、*Tt* 杂合（7～10 号）与 *tt* 味盲（11～14 号）。

【注意事项与常见问题】

1. 谨防滴管接触受试者的口腔，避免交叉污染，否则应立即更换洁净滴管。

2. 为了保证实验结果的准确性，尽量将 PTC 溶液滴在舌根部位。

【作业与思考题】

1. 统计不同基因型的频率，基因频率和遗传平衡时的基因型频率。

2. 比较测得的基因型频率和预测的遗传平衡的基因型频率，如有差异，分析两者出现差异的原因。

【附】试剂配制

PTC 溶液配制方法：PTC 粉末 0.65g，加蒸馏水 500ml，在室温下溶解，其浓度为 1/750，记为 1 号液。取 1 号液稀释 1 倍为 2 号液，取 2 号液稀释 1 倍为 3 号液，依此类推，直至 14 号液。14 号液的浓度为 $1/6 \times 10^{-6}$。见表 2-7-3。

表 2-7-3　PTC 溶液梯度的配制

编号	1	2	3	4	5	6	7	8
浓度（1/X）	750	1500	3000	6000	12 000	24 000	48 000	96 000

编号	9	10	11	12	13	14	15
浓度（1/X）	192 000	384 000	768 000	1 536 000	3 072 000	6 144 000	蒸馏水

（赵松华）

三、人类皮纹分析

【实验目的】

1. 掌握指纹的主要类型、嵴纹计数和掌纹的测定方法。

2. 了解皮纹分析在遗传疾病中的应用。

【实验原理】

皮纹（dermatoglyph）是指人体皮肤某些特定部位出现的纹理图形。皮纹是由真皮乳头向表皮突出形成许多排列整齐、平行的乳头线——嵴纹（ridge）和嵴纹之间的凹陷——皮沟（dermal furrow）组成的。皮纹经常在某些特殊部位出现，如手掌、手指和脚掌、脚趾等处。我们常以手部皮纹为研究对象。人体的皮纹既有个体特异性，又有高度的稳定性。皮纹呈多基因遗传，在胚胎发育第 13 周开始出现，第 19 周左右形成，且终生不变。研究发现，皮纹的异常与某些遗传性疾病，尤其是染色体病有较高的相关性，因此，皮纹可用于某些遗传病的辅助诊断。

【实验准备】

1. 实验对象　双手。

2. 实验试剂　印泥。

3. 实验仪器　A4 白纸。

【实验内容与方法】

一、采样

将双手洗净、擦干，把全手掌及手指在印台上均匀地涂抹上印油，五指分开按在白纸上。

二、观察与分析

1. 指纹

（1）指纹类型：根据纹理的走向和三叉点的有无及数目，可将指纹分为三种类型，即弓形纹、箕形纹、斗形纹（图 2-7-1）。

弓形纹：平行的嵴纹从一侧走向另一侧，中间隆起呈弓形，无三叉点。

箕形纹：嵴纹从一侧发出，走向对侧指端，再折返回到同侧，形似簸箕。根据箕口方向可分为桡箕和尺箕。箕口的对侧有 1 个三叉点。

斗形纹：纹线呈同心圆状或螺旋状，有 2 个三叉点。

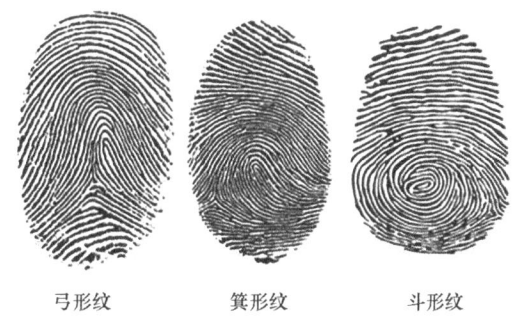

图 2-7-1　指纹类型

三叉：是指由三条嵴线相交成"Y"或"人"形的标记。

（2）指纹嵴线总数：是十指嵴线数的总和，计数方法为从箕形纹或斗形纹的纹心向三叉点连线，线段经过的嵴纹条数称嵴纹数（不包括起止点的嵴纹）。斗形纹有 2 个三叉点，故有 2 个嵴纹数，只计嵴纹数大者。将十指指纹嵴线数相加即为指纹嵴线总数（TFRC）（TFRC：为 10 个手指嵴纹计数的总和，我国男性平均值为 148 条，女性为 138 条）。

2. 掌纹（图 2-7-2，图 2-7-3）

（1）a-b 嵴线数：左右手各得一个数值，在三叉点 a 和 b 之间连线，计数连线上的嵴线数即为 a-b 嵴线数。我国正常人的 a-b 嵴线数为 40±1，Turner 综合征患者嵴线数明显偏高。

掌纹观察：①大鱼际区，位于拇指下方。②小鱼际区，位于小指下方。③指间区，从拇指到小指的指根部间区域（$I_1 \sim I_4$）。④指三叉及四条主线：在 2、3、4、5 指基部各有一个三叉点为指三叉，用 a、b、c、d 表示。

由 a、b、c、d 各引出一条主线：
A 线，a→小鱼际区。
B 线，b→I_4 或小指下方。
C 线，c→I_4 或小指下方。
D 线，d→I_2。

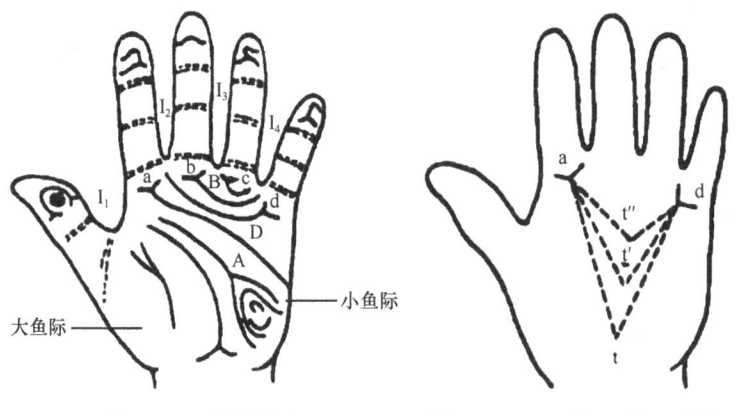

图 2-7-2　手掌分区　　　　图 2-7-3　atd 角，t 位置变化

（2）atd 角（∠atd）：左右手各得一个数值。

轴三叉（t）：大、小鱼际的底端、手掌基部的正中部，有一呈人字形的三叉点。轴三叉 t 的位置变化对某些染色体病的诊断具有重要意义。唐氏综合征等染色体病患者的轴三叉 t 的位置较高，甚至可达掌心。

从指三叉 a 和 d 分别引直线至 t，所形成的夹角即为∠atd。我国正常人的∠atd 平均为 41°。

（3）主线横向指数：左右手各得一个数值。从指三叉 a、b、c、d 引出各自主线 A、B、C、D，根据主线末端到达掌缘的区域所对应的数值相加，即为主线横向指数（左右手各一）。

3. 掌褶纹类型　正常人手掌褶纹主要有三条，分别是：远侧横褶纹、近侧横褶纹、大鱼际褶纹。根据近、远侧横褶纹的连接方式差异又分为几型：通贯掌（猿线）、变异Ⅰ型（桥贯掌）、变异Ⅱ型（叉贯掌）、悉尼掌（图 2-7-4）。

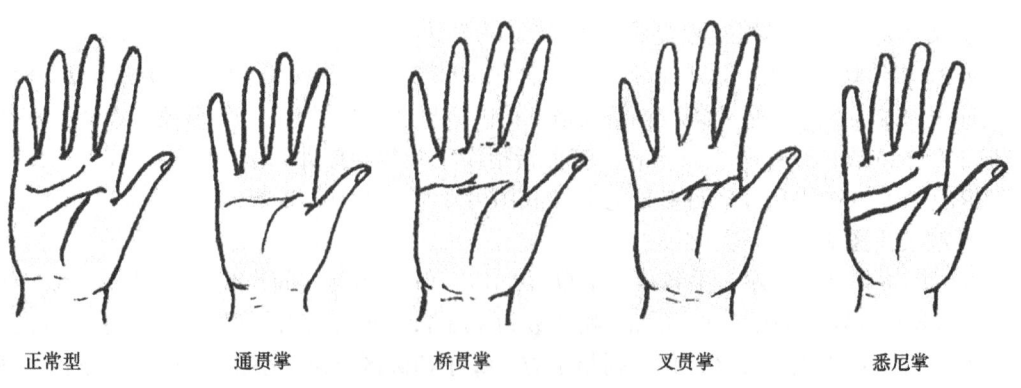

正常型　　　　通贯掌　　　　桥贯掌　　　　叉贯掌　　　　悉尼掌

图 2-7-4　掌褶纹类型

【注意事项与常见问题】

使用印泥时，用力不宜过猛过重，不能移动手掌或白纸，以免所印皮纹重叠而模糊不清。

【作业与思考题】

在 A4 白纸上印制手部皮纹，做相应的指标分析，分析的数据写在纸张空白处。

（赵松华）

第八节　遗传病的系谱分析
常见单基因遗传方式系谱分析

【实验目的】

1. 掌握遗传病系谱分析的方法。
2. 掌握单基因遗传病的传递方式及其特点。
3. 应用系谱分析预测后代的发病风险。

【实验原理】

系谱分析（pedigree analysis）是研究遗传病的一种常用方法，它是建立在对家族成员出现某种遗传病的情况进行详细调查的基础上，以特定的符号和格式绘制成反映家族成员相互关系和发病情况的系谱，分析家系成员的表现型和基因型，判断该遗传病属于哪种遗传方式并预测后代的发病风险。

系谱分析对了解人类遗传病的遗传方式和致病基因的传递规律，进行遗传风险分析有重要意义，同时对于某些具有遗传异质性且遗传方式有差异的遗传病，常提示致病基因的信息，这为基因诊断中目的基因的选择提供了重要的信息。

【实验内容与方法】

运用所学的遗传学知识分析讨论下列系谱，判断系谱的传递方式，写出患者及其父母可能的基因型，用遗传理论解释系谱中出现的现象，并预测某些个体后代发病的概率。

1. A 型短指畸形系谱（图 2-8-1）
2. 多指（轴后Ⅰ型）系谱（图 2-8-2）
3. 糖原贮积病Ⅰ型系谱（图 2-8-3）
4. 遗传性肾炎系谱（图 2-8-4）
5. 进行性肌营养不良症系谱（图 2-8-5）
6. 箭猪病系谱（图 2-8-6）

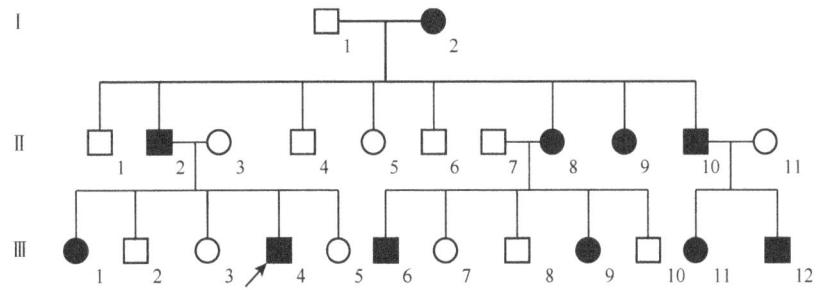

图 2-8-1　A 型短指畸形系谱

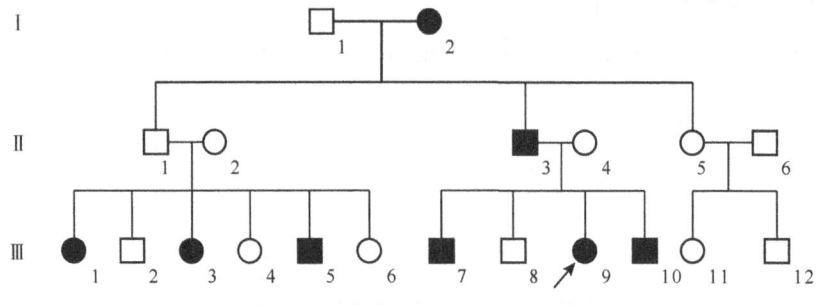

图 2-8-2　多指（轴后Ⅰ型）系谱

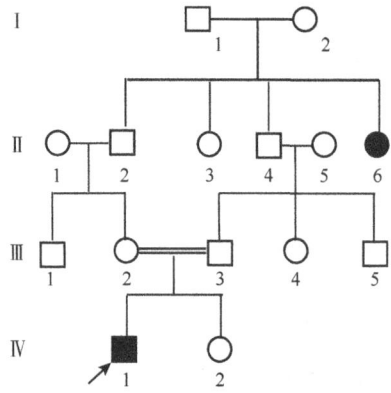

图 2-8-3　糖原贮积病Ⅰ型系谱

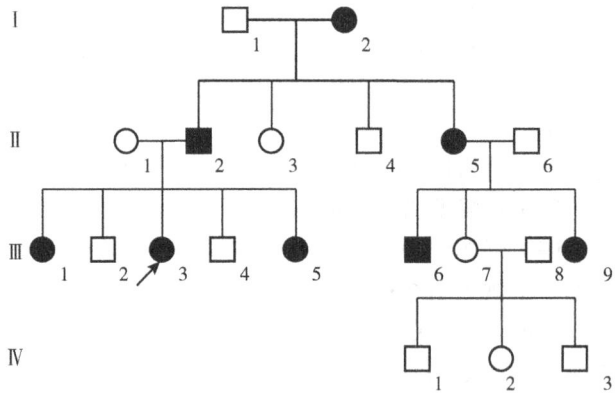

图 2-8-4　遗传性肾炎系谱

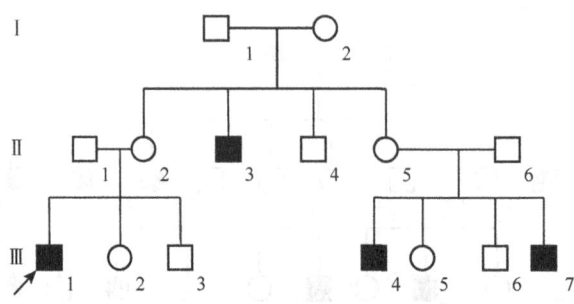

图 2-8-5　进行性肌营养不良症系谱

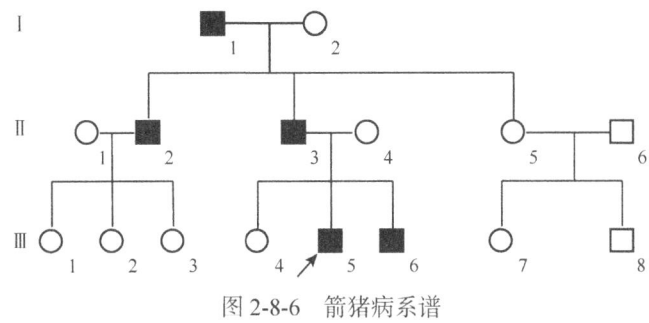

图 2-8-6 箭猪病系谱

【作业与思考题】

根据下列病例，分别绘出系谱图，判断遗传方式并回答问题。

1. 一短指女患者（Ⅱ3），她的母亲短指，父亲正常，该女患者兄妹三人，其兄（Ⅱ1）为短指，婚后生有2女1男，其中大女儿为短指患者。其弟（Ⅱ5）正常，婚后生有2女1男均正常。绘出系谱图分析，并考虑为什么Ⅱ5号的小家系中无患者；估计Ⅱ3和正常人结婚后所生的后代是否会出现短指症？风险如何？

2. Hurler综合征为常染色体隐性遗传病。1个男性的外祖母表型正常，但她的2个哥哥都是该综合征患者，且都已死亡。该男子与其姨表妹结婚，两人表型均正常，婚后生了一表型正常男孩。问：如再次生育，后代为患者的风险如何？如果该男子不是与其姨表妹结婚，而是随机婚配，后代的发病风险又如何（本病群体发病率为1/40 000）？

3. 一女性患者血尿、腰痛、耳聋、眼患白内障，尿培养有致病菌，被诊断为遗传性肾炎。她的1个妹妹和1个姐姐均有此病，1个弟弟正常，其母亲表型正常，父亲大姑和祖母也患病，叔叔和小姑正常。她的姐姐生了3女1男，其中1男1女也是患者。

（1）绘出系谱图并分析遗传方式。

（2）估计这名女患者随机婚配，后代患该病风险如何？

（3）其弟弟随机婚配，子女的发病风险如何？

4. 自毁性综合征患者合并严重的精神障碍和运动紊乱，往往在幼儿期死亡。有一位已婚的健康女性（Ⅱ1），她的2个弟弟之一患该病，妹妹有一儿子也患本病，她的舅舅死于此病。绘出系谱图，分析遗传方式，并估计该女性（Ⅱ1）未来孩子是否会得这种病？风险如何？

5. 人类色盲和血友病的遗传

（1）一个色盲兼血友病的男性患者，有1个表型正常的女儿，她婚后生了3个儿子（Ⅲ1和Ⅲ5患色盲兼血友病，Ⅲ6正常）和2个女儿（Ⅲ2和Ⅲ4表型正常），Ⅲ2生了2个儿子，1个正常，1个患色盲兼血友病。

（2）一个血友病男性患者和表型正常的女性结婚，生了1个色盲儿子（Ⅱ1）和1个表型正常的女儿（Ⅱ2），而Ⅱ2的3个儿子中却有1个患血友病，2个患色盲。

绘出以上2个家系的系谱图，分析遗传方式，写出患者及其父母的基因型，并简述2个家系后代疾病发生的机制。

系谱符号：■色盲兼血友病患者；⊠色盲患者；▤血友病患者

6. 指甲髌骨综合征（nail-patella syndrome）与ABO血型是联合传递的。患者表现为指甲、髌骨发育不良甚至缺如。已知该综合征基因 NPa 与 I^A 基因连锁，交换率为10%。试分析系谱中该综合征与 ABO 血型联合传递的情况。为什么Ⅲ 6 具有 A 血型而无该综合征（图 2-8-7）？

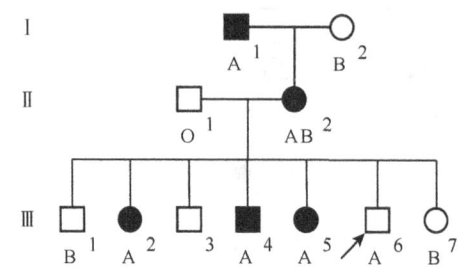

图 2-8-7　指甲髌骨综合征与 ABO 血型连锁的系谱
■●代表指甲髌骨综合征患者；英文字母表示 ABO 血型

（马明义）

第三章 综合性实验

第一节 细胞成分的分离与分析

一、差速离心法分离细胞器

【实验目的】
1. 掌握使用差速离心法分离哺乳动物细胞器的操作方法。
2. 熟悉匀浆器的使用方法。
3. 了解差速离心法分离细胞器的基本原理。

【实验原理】
真核细胞中含有多种大小、形状、比重各不相同的功能性细胞器以维持细胞复杂的生命活动。不同细胞器大小、密度存在差异，在同一离心场中的沉降速度各不相同。利用不同细胞器在介质中沉降系数的差异，可以用分级分离的方法来分离得到不同的细胞器。差速离心法是一种常用的分级分离方法，利用由低到高的离心速度，使较大的颗粒在低转速时先沉淀下来，再用较高转速使悬浮在上清液中的较小颗粒沉淀下来，从而达到分离目的。

【实验准备】
1. **实验对象** 小白鼠。
2. **实验试剂** NaCl溶液、0.25mol/L蔗糖溶液、0.34mol/L蔗糖溶液、51g/L蔗糖溶液、51.5g/L蔗糖溶液、95%乙醇、甲基绿-派洛宁染液、丙酮、0.2%詹姆斯绿B染液等。
3. **实验仪器** 玻璃匀浆器、低温离心机、天平、显微镜、离心管、载玻片、滴管（10ml）、冰盒、染缸、烧杯（20ml）、尼龙网等。

【实验内容与方法】
1. **制备组织匀浆**
（1）取材：将空腹12~24h的小白鼠断颈处死，剖开腹部，取出肝脏，迅速用预冷的NaCl溶液冲洗干净，用滤纸吸干水分。
（2）匀浆：称取2g左右的肝组织，用预冷的0.25mol/L蔗糖溶液洗涤数次，置于装有少量预冷的0.25mol/L蔗糖溶液的平皿中，剪碎肝组织，将悬浮的肝组织装入匀浆器中，冰浴匀浆。匀浆完毕，用双层尼龙网过滤，移入离心管中备用。

2. **分离细胞器**
（1）分离细胞核：沿装有肝组织匀浆的离心管壁小心加入等体积的0.34mol/L蔗糖溶液覆盖于上层，低温离心机中以700r/min离心10min。上清液移入离心管中冰浴备用。沉淀用0.25mol/L蔗糖溶液重悬，以1000r/min离心10min，共2次。
（2）分离细胞膜：吸取上述沉淀中较疏散的上层，用51g/L蔗糖溶液重悬后移入离心管，沿管壁加入51.5g/L蔗糖溶液覆盖于上层，低温离心机中以700r/min离心10min，两层溶液的界面处即为细胞膜成分。
（3）分离线粒体：将分离细胞核时收集的上清液于低温离心机中以3300r/min离心10min，沉淀用0.25mol/L蔗糖溶液重悬，低温离心机中以3300r/min离心l0min，共2次，取沉淀。

3. 鉴定

（1）细胞核的鉴定：将细胞核沉淀用 PBS 重悬后涂片，空气干燥。将涂片于 95% 乙醇中固定 5min 后，放入甲基绿 - 派洛宁染液缸中染色 10～20min，再放入纯丙酮中分色 30s，用蒸馏水漂洗数秒，空气干燥后镜检。细胞核 DNA 呈蓝绿色，核仁和混杂的细胞质 RNA 呈红色。

（2）线粒体的鉴定：在载玻片中央滴 2 滴詹姆斯绿 B 染液，用牙签挑取少量线粒体沉淀涂片，盖片，染色 5min，镜检。在高倍镜下观察，线粒体被染成蓝绿色。

4. 在光镜下观察制备得到的细胞核和线粒体样本。

【注意事项与常见问题】

1. 实验动物取材前应空腹处理，以降低肝组织中的脂肪含量。

2. 进行匀浆处理时应尽量使所有细胞完全破碎。

3. 实验过程应保持低温，避免过于剧烈的机械操作。

4. 差速离心法是相对简单的细胞器分离方法，分离得到的细胞器可能会存在"交叉污染"，即分离得到的细胞器纯度不高。

【作业与思考题】

1. 实验过程中为什么要保持低温及避免过于剧烈的机械操作？

2. 使用差速离心法为什么需要多次洗涤离心才能得到最后的分离物？

3. 除了对分离得到的细胞器进行染色鉴定，还有什么方法可以证明细胞器分离成功？

（张　婷，李　洁）

二、密度梯度离心法分离细胞器

【实验目的】

1. 掌握使用密度梯度离心法分离哺乳动物细胞器的操作方法。

2. 熟悉超高速离心机的使用方法。

3. 了解密度梯度离心法分离细胞器的基本原理。

【实验原理】

利用不同细胞器在介质中沉降系数的差异，可以用分级分离的方法来分离得到不同的细胞器。分级分离的方法包括差速离心法和密度梯度离心法。经差速离心分离得到的细胞器纯度不高，密度梯度离心法可以分离获得更高纯度的细胞器。密度梯度离心法的基本原理是使用具有梯度密度的介质代替均一介质，即上层为低浓度，下层为高浓度，细胞匀浆置于最上层；经离心后，不同大小、形状和密度的颗粒会集中于不同的区域，可从不同区域中分别收集高纯度的细胞器。

【实验准备】

1. 实验对象　鼠肝匀浆。

2. 实验试剂　浓度分别为 0.25mol/L、0.5mol/L、1.2mol/L、1.3mol/L、2.0mol/L 的蔗糖溶液等。

3. 实验仪器　玻璃匀浆器、低温离心机、天平、显微镜、离心管、载玻片、滴管（10ml）、冰盒、染缸、烧杯（20ml）、尼龙网等。

【实验内容与方法】
1. 制备组织匀浆 见本章第一节"差速离心法分离细胞器"。
2. 分离细胞器
（1）分离细胞核：将制得的组织匀浆于低温离心机中以 2000r/min 离心 l5min。将分离得到的上清液转移至离心管中冰浴备用，分离得到的沉淀以适量的 0.25mol/L 蔗糖溶液重悬；离心管中先后加入 2.0mol/L 和 1.3mol/L 蔗糖溶液各 4mm 以制得梯度液，将细胞核悬液小心铺于梯度液最上层，低温离心机中以 100 000r/min 离心 30min，取沉淀，即为细胞核。

（2）分离线粒体和溶酶体：将上一步保存备用的上清液于低温离心机中以 15 000r/min 离心 25min，取沉淀，以适量 0.25mol/L 的蔗糖溶液重悬；离心管中先后加入 1.3mol/L、1.2mol/L 和 0.5mol/L 蔗糖溶液各 2mm 以制得梯度液，将重悬液小心铺于梯度液最上层，低温离心机中以 100 000r/min 离心 3h，在 0.5mol/L 与 1.2mol/L 蔗糖溶液界面处可分离得到线粒体，在 1.2mol/L 和 1.3mol/L 蔗糖溶液界面处可分离得到溶酶体。

（3）分离细胞膜、高尔基体和微粒体：将步骤（2）中以 100 000r/min 离心 3h 后得到的沉淀以适量 0.25mol/L 的蔗糖溶液重悬；离心管中先后加入 2.0mol/L 和 1.0mol/L 蔗糖溶液以制得梯度液，将重悬液小心铺于梯度液最上层，低温离心机中以 200 000r/min 离心 6h，在 1.0mol/L 和 2.0mol/L 蔗糖溶液交界面处可分离得到高尔基体，在 2.0mol/L 蔗糖溶液中可分离得到微粒体，在 1.0mol/L 蔗糖溶液中可分离得到细胞膜。

【注意事项与常见问题】
1. 铺制梯度液时应小心操作，不同浓度蔗糖溶液之间应有明显的界面，否则会影响实验结果。
2. 采用高速离心时，一定要在天平上配平离心管后再开始离心。
【作业与思考题】
差速离心法和密度梯度离心法各有什么优缺点？

（张　婷）

三、十二烷基硫酸钠 - 聚丙烯酰胺凝胶电泳分离蛋白质

【实验目的】
1. 掌握十二烷基硫酸钠（SDS）- 聚丙烯酰胺凝胶电泳的操作方法。
2. 了解 SDS- 聚丙烯酰胺凝胶电泳分离蛋白质的基本原理。
【实验原理】
电泳是利用带电物质在电场作用下向着与其电性相反电极泳动的特性对物质进行分离的技术，影响物质电泳迁移率的主要因素包括电荷差异、分子量大小及空间形态的差异。聚丙烯酰胺是一种具有三维结构的网状高分子聚合物，具有分子筛效应；SDS 和强还原剂的作用可使不同蛋白质之间的电荷差异和空间形态差异消除，并形成带负电荷的 SDS- 蛋白质复合物，因此，在 SDS- 聚丙烯酰胺凝胶电泳过程中，SDS- 蛋白质复合物在聚丙烯酰胺凝胶中的迁移速率只与蛋白质分子量相关，蛋白质能够依据其分子量大小而逐渐呈梯度分开，达到分离目的。

【实验准备】

1. 实验对象　大肠杆菌 BL21 培养菌液。

2. 实验试剂　0.1mol/L PBS（pH7.2）、30% 聚丙烯酰胺溶液、1mol/L Tris-HCl（pH6.8）、1.5mol/L Tris-HCl（pH8.8）、10% SDS、10% 过硫酸铵（APS）、考马斯亮蓝 R250、甲醇、冰醋酸、去离子水、四甲基乙二胺（TEMED）、预染蛋白质分子量标准参照物、100mmol/L 异丙基-β-D-硫代半乳糖苷（IPTG）等。

3. 实验仪器　稳压直流电源、垂直电泳槽、边条、梳子、电泳玻璃板、注射器等。

【实验内容与方法】

1. 蛋白样品制备

（1）收集样品：分别取 100μl 未诱导的菌液和 IPTG 诱导后的菌液于离心管，加入 100μl 2×SDS 上样缓冲液，混匀。另分别取 5ml 未诱导和诱导后菌液于离心管，以 5000r/min 离心 5min，弃上清液，收集沉淀，用 2ml PBS 重悬，冰浴超声破碎，以 10 000r/min 离心 10min，分别收集上清液和沉淀。取 100μl 上清液加入等体积 2×SDS 上样缓冲液，混匀。取少量沉淀加入 100μl 1×SDS 上样缓冲液，重悬。

（2）处理样品：将上述样品于 100℃水浴锅煮 5min 变性，置于 -20℃保存。

2. 电泳

（1）样品准备：将样品融化后于振荡器上振荡混匀，以 1000r/min 离心 15s，备用。

（2）凝胶制备：将电泳玻璃板安置于电泳槽上，灌制 10% 分离胶 15ml，分离胶上以 5ml 去离子水覆盖。待分离胶凝固后，吸去上层的去离子水，将浓缩胶灌制于分离胶上，插上梳子，等待浓缩胶凝固。

（3）上样浓缩：胶凝固后拔除梳子，用电泳缓冲液冲洗梳孔；将蛋白质分子量标准参照物和样品按 10μl/孔上样。

（4）电泳：样品侧接负极，电流为 10mA，待样品进入分离胶后，电流加大到 20mA，电泳至染料达分离胶底部停止。

（5）染色与脱色：将凝胶取下置于白瓷盘中，加入适量考马斯亮蓝 R250 染液，室温振荡染色 1～2h，倒去染液，加入适量脱色液，室温振荡脱色 1h，重复 2～3 次，至蛋白质条带清晰可见且背景干净为止（图 3-1-1）。

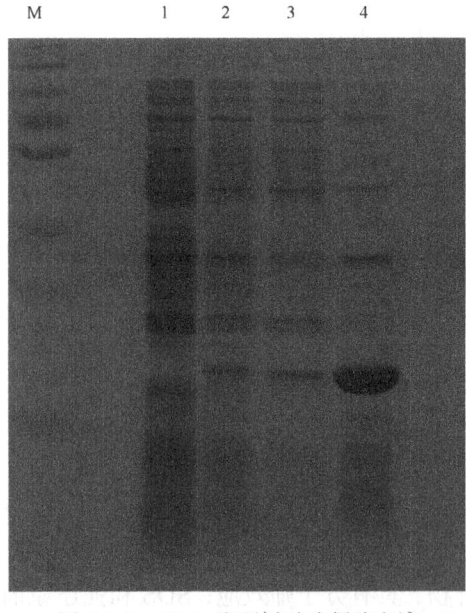

图 3-1-1　SDS-聚丙烯酰胺凝胶电泳
M：预染蛋白质分子量标准参照物；1：大肠杆菌 BL21 菌液全裂解液（诱导前）；2：大肠杆菌 BL21 菌液全裂解液（诱导后）；3：大肠杆菌 BL21 菌液超声后上清裂解液（诱导后）；4：大肠杆菌 BL21 菌液超声后沉淀裂解液（诱导后）

【注意事项与常见问题】

1. 配胶时应穿戴实验服和手套。
2. 配胶时使用的过硫酸铵应新鲜配制。
3. 配胶时，应最后加入 TEMED，所有液体加完后轻轻摇晃混匀，注意避免产生气泡。
4. 上样时，样品量应适量，不能过载，否则会使电泳条带弥散。

【作业与思考题】

1. 配胶过程中，分离胶或浓缩胶不能凝固，应考虑哪些因素？

2. 配制浓缩胶时，浓缩胶过早凝固导致无法插入梳子，应考虑哪些因素？

【附】试剂配制

1. 2×SDS 上样缓冲液 1mol/L Tris-HCl（pH6.8）1.5ml，SDS 0.6g，溴酚蓝 30mg，甘油 3ml，加水至 100ml；临用时加二硫苏糖醇（DTT）至终浓度为 0.2mol/L。

2. 1×SDS 上样缓冲液 将 2×SDS 上样缓冲液加等体积蒸馏水稀释，获得 1×SDS 上样缓冲液。

3. 电泳缓冲液 250mmol/L 甘氨酸，0.1% SDS（0.1g/100 ml）。

4. 3.5% 浓缩胶（8ml） 30% 丙烯酰胺溶液 1.3ml，1.0mol/L Tris-HCl（pH6.8）溶液 1ml，10% SDS 0.08ml，10% 过硫酸铵溶液 0.08ml，TEMED 0.008ml，去离子水 5.5ml。

5. 10% 分离胶（15ml） 30% 丙烯酰胺溶液 5ml，1.5 mol/L Tris-HCl（pH8.8）溶液 3.8ml，10% SDS 0.15ml，10% 过硫酸铵溶液 0.15ml，TEMED 0.009ml，去离子水 6.9ml。

6. 考马斯亮蓝染液 考马斯亮蓝 R250 0.1g，甲醇 50ml，冰醋酸 10ml，加去离子水至 100ml，混匀后滤纸过滤。

7. 脱色液 甲醇 5ml，冰醋酸 7.5ml，加去离子水至 100ml。

（张　婷）

四、蛋白质印迹法

【实验目的】

1. 掌握使用蛋白质印迹法检测目的蛋白的方法。
2. 进一步熟悉 SDS- 聚丙烯酰胺凝胶电泳的操作方法。
3. 了解蛋白质印迹法的基本原理。

【实验原理】

蛋白质印迹法（Western blotting）又称免疫印迹法，通常用于检测特定蛋白质在细胞或组织中的表达量，其基本原理是利用 SDS- 聚丙烯酰胺凝胶电泳将蛋白质分离，再将分离开的蛋白质转移至 PVDF 膜，最后通过特异性抗体检测特定蛋白质。

【实验准备】

1. 实验对象 HeLa 细胞裂解液。

2. 实验试剂 一抗、二抗、羊血清、ECL 显影试剂盒、转膜缓冲液、去离子水、封闭缓冲液、TTBS 缓冲液等。

3. 实验仪器 稳压直流电源、电转仪、滤纸、PVDF 膜等。

【实验内容与方法】

1. SDS- 聚丙烯酰胺凝胶电泳 见本章第一节"十二烷基硫酸钠 - 聚丙烯酰胺凝胶电泳分离蛋白质"。

2. 转膜

（1）剥胶：将凝胶小心剥离电泳玻璃板，标记好方向，将凝胶、PVDF 膜、滤纸在转膜缓冲液中平衡 10min。

（2）安装转膜装置：依次在一张纤维垫上放三张滤纸、凝胶、PVDF 膜、三张滤纸，再放上另一张纤维垫，将上述"三明治"转膜装置置于电转仪中，凝胶层朝向负极，加入转膜缓冲液。恒流转膜 1～2h。

3. 封闭 将膜置于小平皿中，加入封闭液室温振荡封闭 1h。

4. 一抗孵育 取出膜片，用 TTBS 缓冲液漂洗 3 次，每次 10min。加入封闭液稀释的一抗，4℃平缓摇动孵育过夜。

5. 二抗孵育 取出膜片，用 TTBS 缓冲液漂洗 3 次，每次 10min。加入封闭液稀释的二抗，室温平缓摇动孵育 1h。

6. 显色 取出膜片，用 TTBS 缓冲液漂洗 3 次，每次 10min。用 ECL 试剂盒显影。结果如图 3-1-2 所示。

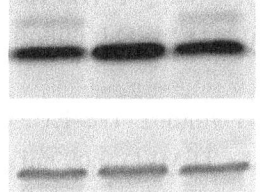

图 3-1-2　Western blotting 结果

【注意事项与常见问题】

1. 实验时应佩戴干净手套，不能直接接触膜和凝胶。
2. 安装转膜装置时，应浸泡在转膜缓冲液中进行，避免层与层之间产生气泡。
3. 转膜时注意转膜装置的放置方向。

【作业与思考题】

若 Western blotting 出现阴性结果，请分析可能的原因。

【附】试剂配制

1. 转膜缓冲液 Tris-Base 2g、甘氨酸 57.65g，甲醇 200ml，加水定容至 1000ml。

2. TTBS 缓冲液 10mmol/L Tris（pH8.3），150mmol/L NaCl 溶液，0.05%Tween 20。

3. 封闭缓冲液 脱脂奶粉 10g，TTBS 缓冲液 70ml 充分溶解后定容至 100ml。

（张　婷）

五、DNA 的提取及检测

【实验目的】

1. 掌握提取基因组 DNA 的方法。
2. 了解提取基因组 DNA 的基本原理。

【实验原理】

DNA 提取技术是最基本的分子生物学实验方法，其中较常用的是 SDS- 蛋白酶 K- 苯酚抽提法，该方法利用蛋白酶 K 消化细胞蛋白质，SDS 去垢剂破坏核膜从而释放 DNA 于水溶液中，同时利用 EDTA 螯合剂螯合 Ca^{2+}、Mg^{2+} 等金属阳离子，抑制 DNA 酶活性；SDS 亦可破坏细胞膜上的脂质分子和蛋白质，并使蛋白质变性沉淀，从而使 DNA 与蛋白质初步分离。苯酚 - 氯仿 - 异戊醇抽提可进一步沉淀蛋白质从而纯化 DNA。大分子 DNA 会在乙醇中析出，因此最后用乙醇可进一步纯化 DNA，此方法制备的 DNA 大小一般为 40～150kb。

【实验准备】

1. 实验对象 新鲜组织或培养细胞。

2. 实验试剂 预冷 PBS、DNA 消化缓冲液、20mg/ml 蛋白酶 K、苯酚、氯仿、异戊醇、3mol/L 醋酸钠、预冷无水乙醇、预冷 75% 乙醇、TE 缓冲液、0.25% 胰蛋白酶等。

3. 实验仪器 匀浆器、水浴箱、1.5ml EP 离心管、15ml 试管、低温高速离心机、普通离心机、紫外分光光度计、1ml 可调加样器、5μl 加样器等。

【实验内容与方法】

1. 从组织中提取基因组 DNA

（1）匀浆：称量约 100mg 剪切好的新鲜组织，加入 2ml 预冷 PBS 进行匀浆。以 2000r/min 离心 5min，弃上清液。

（2）消化：加入 DNA 消化缓冲液 500μl，再加入 20mg/ml 的蛋白酶 K 5μl，轻轻翻转混匀，55℃水浴 1h。

（3）抽提：加入等体积苯酚-氯仿-异戊醇，慢慢翻转混匀。以 4℃ 10 000r/min 离心 10min。此时可见明显分层，DNA 存在于上层水相，小心吸取含 DNA 的水相至新 EP 管，加入 1/10 体积的 3mol/L 醋酸钠，轻轻充分混匀。

（4）纯化：加入 2.5 倍体积的预冷无水乙醇，混匀，于 –20℃静置 1h 以上。以 4℃ 12 000r/min 离心 15min，弃上清液，用预冷的 75% 乙醇洗涤沉淀。以 4℃ 12 000r/min 离心 5min，弃上清液，室温干燥约 10min。加入适量 TE 缓冲液溶解沉淀，–20℃保存。

2. 从细胞中提取基因组 DNA

（1）收集细胞：悬浮细胞（1×10^6 个以上）于 4℃ 1500r/min 离心 5min，贴壁生长细胞先用胰蛋白酶消化后离心。将细胞沉淀用预冷的 PBS 重悬洗涤，离心，弃上清。重复洗涤 1 次，离心收集细胞。

（2）加入 DNA 消化缓冲液消化，余下步骤同"从组织中提取基因组 DNA"。

3. 鉴定

（1）测定 DNA 浓度：取 10μl DNA 样品稀释 50 倍，于分光光度计上测定 A_{260} 和 A_{280}。样品浓度（μg/ml）= A_{260} × 50（μg/ml）× 稀释倍数。A_{260}/A_{280} 应为 1.8～1.9。

（2）琼脂糖凝胶电泳：取 10μl DNA 样品进行琼脂糖凝胶电泳，观察 DNA 片段大小。

【注意事项与常见问题】

1. 实验时应防止其他来源的 DNA 污染。
2. 实验时保持动作轻柔，避免因剧烈振动使 DNA 断裂。
3. 实验成功的关键在于蛋白酶 K 消化是否成功，55℃孵育时应不时轻轻摇晃以保证蛋白质消化彻底。

【作业与思考题】

A_{260}/A_{280} 数值偏小或偏大，提示出现什么问题？

【附】试剂配制

DNA 消化缓冲液（1000ml） 1mmol/L NaCl 100ml，1mmol/L Tris-HCl（pH8.0）10ml，0.5mol/L EDTA（pH8.0）50ml，SDS 5.0g，加双蒸水至 1000ml。

（张　婷，胡华婷）

六、RNA 的提取及检测

【实验目的】

1. 掌握提取 RNA 的方法。
2. 了解提取 RNA 的基本原理。

【实验原理】

RNA提取质量的高低是后续cDNA建库、RT-PCR等分子生物学实验成功的关键。Trizol试剂是一种常用的总RNA抽提试剂，含有异硫氰酸胍等物质，能迅速裂解细胞并灭活RNA酶，释放RNA分子。加入氯仿之后含有RNA的水相和有机相分离，在水相中加入异丙醇沉淀可回收其中的RNA分子。

【实验准备】

1. 实验对象 新鲜组织或培养细胞。

2. 实验试剂 Trizol试剂、氯仿、异丙醇、焦碳酸二乙酯（DEPC）、75%乙醇（0.1% DEPC配制）等。

3. 实验仪器 匀浆器、离心管、恒温箱、低温高速离心机、紫外分光光度计、加样器等。

【实验内容与方法】

1. 从组织中提取RNA

（1）液氮研磨：称量约100mg剪切好的新鲜组织，加入少量液氮迅速研磨，待组织变软，再加入少量液氮研磨，重复3次，加入1ml Trizol试剂，转入匀浆器中。

（2）匀浆：进行匀浆。以12 000r/min离心5min，弃沉淀。

（3）抽提：加入200μl氯仿，振荡混匀后，室温放置15min。4℃ 12 000r/min离心15min，此时可见明显分层，RNA存在于上层水相，小心吸取含RNA的水相至新EP管，加入0.5ml异丙醇混匀，室温放置5～10min。以4℃ 12 000r/min离心10min，弃上清，RNA沉淀于管底。

（4）纯化：加入1ml预冷75%乙醇，温和振荡EP管洗涤沉淀。以4℃ 8000r/min离心5min，尽量吸干上清液，室温干燥10min。加入适量DEPC处理过的双蒸水，55℃溶解沉淀，-80℃保存。

2. 从细胞中提取RNA

（1）收集细胞：悬浮细胞1×10^6个以上于4℃ 1500r/min离心5min，弃上清，加入1ml Trizol试剂裂解。贴壁生长细胞（以10cm²计）可直接加入1ml Trizol试剂裂解。

（2）以12 000r/min离心5min，弃沉淀。其余步骤同"从组织中提取RNA"。

3. 鉴定 测定RNA浓度，取10μl RNA样品稀释50倍，于紫外分光光度计上测定A_{260}和A_{280}。样品浓度（μg/ml）=A_{260}×40（μg/ml）×稀释倍数。A_{260}/A_{280}应为1.8～1.9。

【注意事项与常见问题】

1. 各种实验器皿均需用0.1% DEPC浸泡，操作时应戴手套，以防止RNA酶污染。

2. 标本的量不能超过Trizol试剂体积的10%，否则会出现DNA污染。

3. 干燥RNA沉淀时注意不能完全干燥，否则会极大地降低其溶解度。

【作业与思考题】

提取RNA时应如何避免RNA酶污染？

【附】试剂配制

1. 无RNA酶的双蒸水 加0.1ml DEPC到100ml水中，猛烈摇晃混匀，37℃放置1h以上，121℃高压灭菌20min，于4℃保存。

2. 75%乙醇 75ml无水乙醇中加入25ml经DEPC处理的无RNA酶的双蒸水，混匀后置冰上备用。

（张　婷，胡华婷）

第二节 人类染色体标本的制备与分析

染色体是遗传物质 DNA 的载体,是细胞的重要组成部分,染色体数目和形态结构的稳定性是生物体的重要特征。染色体在细胞分裂过程中通过复制后平均分配给子细胞,并且在世代传递过程中保持其数目、形态、结构和功能特性的稳定性。染色体畸变是临床导致流产、畸胎、染色体疾病的主要原因,染色体异常也与恶性肿瘤的发生密切相关。染色体标本的制备与分析技术在疾病研究中具有重要意义。染色体标本的制备分为非显带分析技术和显带分析技术。非显带分析技术相对简单,但只能准确识别出少数几条染色体,对大多数染色体只能鉴别到组,并且对染色体发生的微小结构畸变不能检出。显带分析技术是在非显带分析技术基础上发展起来的,能显示染色体更细微的结构,利用带型可以准确识别每一条染色体并分析其结构变化。

一、人类外周血淋巴细胞的培养及染色体标本制备

【实验目的】

1. 掌握人类染色体标本的制备方法。

2. 熟悉人类外周血淋巴细胞的培养方法和原理。

【实验原理】

健康成年人类外周血淋巴细胞总数约为 5×10^{11},约 2% 在外周血中循环,其中以小淋巴细胞为主,为 $(1.0 \sim 3.0) \times 10^6$/ml。通常情况下,外周血中的淋巴细胞均处于间期 G_0 或 G_1 期,几乎无正在分裂细胞。1960 年,Nowell 发现,从芸豆中提取的植物凝集素(phytohemagglutinin,PHA)可以使处于 G_0 期的淋巴细胞转化为淋巴母细胞,重新进入增殖周期分裂。实验证明,在培养基中加入 PHA,体外培养约 72h 时,大多数细胞可进入第二增殖周期,此时加入秋水仙碱阻断纺锤丝形成,可使细胞分裂停止在中期以获得较多分裂期细胞。收获细胞后经低渗、固定等处理,便可获得较多可供分析的中期染色体分裂象。

以外周血为材料制备淋巴细胞染色体标本具有取材方便、用血量少(0.3～1.0ml)、培养简单等优点,该法已广泛运用于临床。

【实验准备】

1. 实验对象 人类外周血。

2. 实验试剂 RPMI-1640 液体培养基、胎牛血清、肝素(500U/ml)、PHA、秋水仙碱、KCl 低渗液(0.075mol/L)、固定液(甲醇:冰醋酸为 3:1,现配现用)、Giemsa 原液、PBS(pH6.8)、青霉素、链霉素等。

3. 实验仪器 超净工作台、酒精灯、采血器材、10ml 培养瓶、恒温培养箱、恒温水浴箱、离心机、染色缸、刻度离心管、吸管、试管架、量筒、试剂瓶、4℃预冷处理载玻片、吹风机、托盘天平、镊子等。

【实验内容与方法】

1. 培养外周血淋巴细胞

(1)采血:用 2.5ml 一次性灭菌注射器抽取肝素 0.2ml,使肝素湿润至管壁 2.5ml 处,将剩余肝素排出;常规消毒后,经肘静脉采集外周静脉血 1ml,抽动注射器使血液与肝素混匀(此过程尽量在酒精灯外焰上进行,避免污染)。

（2）接种：在超净工作台中，预先将 RPMI-1640 液体培养基（5ml，10% 胎牛血清，含 PHA 200～300µg/ml）加入消毒好的小培养瓶中，滴加 11～13 滴全血（6 号针头），水平摇动混匀。

（3）培养：将培养瓶于 37℃恒温培养箱培养 72h。每天水平摇动培养瓶 1～2 次，使血液均匀悬浮；终止培养前 3～4h，加入秋水仙碱（终浓度为 0.05µg/ml），轻轻摇动培养瓶混匀，继续静置培养 3～4h。

2. 制备染色体标本

（1）终止培养（收获细胞）：取出培养瓶，用吸管吸打混匀培养物，反复冲洗瓶壁，使培养细胞脱离。将全部培养液移至 10ml 刻度离心管，以 1000r/min 离心 8～10min，吸弃上清液。

（2）低渗处理：加入 37℃预温的 0.075 mol/L KCl 低渗液 8ml，用吸管轻轻吹散细胞团，混匀后置 37℃恒温水浴箱低渗处理 10～25min（精确的低渗处理时间应自行摸索）。

（3）固定：①预固定，低渗结束后，加入 1ml 固定剂（甲醇：冰醋酸为 3：1，现配现用），用吸管轻轻吹散细胞团混匀，以 1000r/min 离心 8～10min，吸弃上清液。②固定，加入 8ml 固定剂，吹散细胞团制成细胞悬液，室温下固定 30min，以 1000r/min 离心 8～10min，吸弃上清液。③再固定，按照步骤②重复固定 1 次。

（4）制片：根据细胞数量的多少适当加入数滴（0.2～0.4 ml）新配制固定剂，用吸管吹打，制作细胞悬液（混合后固定液呈少许乳白色即表示细胞浓度适当）。用吸管吸取少量细胞悬液，以 10～15cm 高度滴 2～3 滴于预冷（4℃）的载玻片上，立即对准载玻片垂直吹气以助细胞分散，随后立即将载玻片在酒精灯外焰上来回过火 2～3 次（勿全烤干），空气干燥。

（5）染色：标本干燥后用 Giemsa 染液（Giemsa 原液：pH6.8 PBS 为 1：9）染色 5～10min，用自来水细水流轻轻冲洗，空气干燥后镜检。

【注意事项与常见问题】

1. 无菌操作 收获前的所有步骤应保持高度的无菌，严防细菌和病毒污染。

2. pH 培养基最佳 pH 7.2～7.4，偏酸时细胞发育不良，偏碱时细胞会出现轻度固缩。注意盖紧培养瓶口，以免培养过程中培养液 pH 发生较大变化。如果培养液变黄，说明偏酸，可加入 2% $NaHCO_3$ 溶液或 2～3ml 新鲜培养液调整。

3. 肝素 肝素过多可能发生溶血或抑制淋巴细胞的转化和分裂；肝素过少可导致血液凝固现象或使培养物中出现膜状凝块（可轻摇培养瓶使凝块散开或在无菌条件下去除）。

4. PHA 用量一般为 200～300µg/ml 培养液。PHA 量过大易导致红细胞凝集，量少分裂象较少。不同来源和保存时间不同的 PHA 效价具有一定差异，精确的用量应自行摸索。

5. 秋水仙碱 时间和浓度是影响标本质量的关键因素。外周血淋巴细胞的分裂高峰是 70～72h，所以秋水仙碱加入的时间可在 68～70h。如果秋水仙碱有质量问题或浓度过低，处理时间不足，会导致分裂象少；如果秋水仙碱浓度过高或处理时间过长，则使染色体过分收缩或使着丝粒分离，甚至破碎，难以进行核型分析。

6. 离心速度 宜用 1000～2000r/min。如果速度太高，沉降在管底的细胞团不易吹散；速度太低，分裂象易丢失。

7. 低渗　目的是使细胞吸水膨胀，有利于细胞和染色体的分散。低渗时间不够，细胞膨胀不够，则染色体分散不佳，难以进行分析计数；低渗时间过长，细胞膜容易过早破裂，导致分裂细胞丢失或染色体丢失。

8. 固定液　应现配现用，吹打应均匀，用力不要过猛，以避免细胞破裂、染色体丢失。

9. 滴片　玻片应严格清洁和冷却，有油污或冷却不够会影响细胞和染色体的贴片和分散；细胞浓度过大导致细胞重叠，浓度过小导致分裂象过少；滴片时的高度、吹片和酒精灯上过火等技巧也是决定能否观察到较好分裂象的重要因素。

【作业与思考题】

试分析染色体标本制作不良的可能因素。

【附】试剂配制

1. RPMI-1640 培养液

RPMI-1640	10.4g
肝素	80mg
PHA	182mg
胎牛血清	100ml
NaHCO$_3$	2g

加入青霉素（100U/ml）、链霉素（100μg/ml），用双蒸水定容至1000ml，混匀后抽滤除菌，分装，–20℃保存待用。

2. 肝素（500U/ml）

肝素注射液	1支（2ml，含12500U）
生理盐水	23ml

混匀后高压灭菌。

3. 秋水仙碱（5μg/ml）

秋水仙碱	5mg
NaCl 溶液	1000ml

混匀后抽滤，4℃棕色瓶保存。

4. 低渗液（0.075mol/L KCl）

KCl	2.794g
三蒸水	500ml

5. 固定液

甲醇（AR）：冰醋酸（AR）为3:1

现用现配。

6. PBS（pH6.8，1/15 mol/L）

Na$_2$HPO$_4$·12H$_2$O	11.8g（或 Na$_2$HPO$_4$·2H$_2$O　5.92g）
KH$_2$PO$_4$	4.5g
三蒸水	1000ml

7. Giemsa 原液

储存液

Giemsa	1g

甘油（AR） 66ml
甲醇（AR） 66ml

先将 Giemsa 粉剂溶于少量甘油中，在研钵中充分研磨至无颗粒黏糊状，再将全部甘油加入混匀，然后移至烧杯中，在 55～60℃温箱中放置 2h，冷却后加入甲醇，充分搅拌均匀，在室温放置 2～3 周后过滤除去絮状物，储存在棕色瓶中，一般放置 3 周后使用效果更好。

（刘　岚，黄　燕）

二、人类绒毛细胞染色体标本的制备

【实验目的】

1. 熟悉人类胚胎绒毛细胞染色体标本的制备方法。

2. 了解人类胚胎绒毛细胞的培养方法。

【实验原理】

人类绒毛来源于胚胎的胚外中胚层，是受精卵有丝分裂的产物，能准确反映胎儿的遗传学特征。研究表明，绒毛取样不会影响胚胎的发育及胎盘的功能，所以，采集绒毛对其进行染色体分析可发现胎儿染色体是否异常，诊断胎儿是否患有染色体病。目前多于妊娠 11～13 周进行绒毛取材，可早于抽吸羊水进行产前诊断。

绒毛细胞具有增生活跃、分裂周期短、朗格汉斯细胞（Langerhans cell）的自然分裂象多等特点，故可不经培养直接制备染色体标本，但需注意结果可能出现假阳性或假阴性。后来研究发现，如果对绒毛细胞培养后再进行染色体标本制备，分裂象更多，染色体形态更好，假阳性结果出现率低且无假阴性，故目前认为不能以直接法检测结果为最终报告，其结果只作为初步筛查，当出现异常或嵌合型核型时，一定要用培养法复核，培养法若出现少见核型时，应以羊水培养复核。

【实验准备】

1. 实验对象　人类绒毛细胞。

2. 实验试剂　绒毛细胞全培养基、0.25% 胰蛋白酶、胶原酶、秋水仙碱、0.075mol/L KCl 低渗液、1% 枸橼酸钠溶液、甲醇、冰醋酸、Giemsa 原液、PBS（pH6.8）等。

3. 实验仪器　绒毛取样器、镊子、眼科剪、尖嘴钳、培养皿、10ml 培养瓶、超净工作台、恒温培养箱、恒温水浴箱、倒置相差显微镜、离心机、刻度离心管、吸管、试管架、量筒、试剂瓶、载玻片等。

【实验内容与方法】

1. 取材　选择符合产前诊断指征的妊娠 11～13 周妇女，B 超检查确定胚胎大小、胚芽有无心血管搏动、胚芽在子宫内的位置，用以判断取材时间、取样器进入子宫的角度及深度；检查阴道分泌物以判断阴道洁净度，防止取样导致宫内感染；以 1‰ 新洁尔灭冲洗阴道，用卵圆钳固定子宫颈，根据妇科体检及 B 超提示选择合适角度及深度试探性插入绒毛取样器，当有弹性阻挡感且深度符合 B 超所示时，抽出取样器内芯，接上 10ml 注射器，见有少量血液与组织时回抽，抽出约 10ml 绒毛，立即注入盛有无菌生理盐水的玻璃器皿内；用滴管吸取"绒毛样组织"（通常是绒毛和蜕膜同时吸出）于载玻片上，在低倍镜下检查是否为绒毛。绒毛一般呈分枝鹿茸状，周缘有由合体细胞及其微绒毛形成的约 25μm

宽的整齐、平滑、色浅的边带，中央一般可见纤细而呈红褐色的血管。如果未查见绒毛而为蜕膜时，可换方位再行取材。材料也可来源于人工流产的绒毛。

2. 绒毛细胞直接制备染色体标本

（1）清洗：取一干净培养皿，加入预温的（37℃）内含 0.04μg/ml 秋水仙碱的 D-Hanks 液 10ml，将抽出的绒毛置于培养皿中，反复冲洗，去除血污。

（2）低渗：用眼科剪剪碎绒毛后置于离心管中，加入 0.075mol/L KCl 低渗液与 1% 枸橼酸钠溶液 1∶1 混合的低渗液 8ml，加入 10μg/ml 秋水仙碱使其终浓度为 0.04μg/ml，置于 37℃水浴中低渗 20min。

（3）固定

1）预固定：低渗处理结束后，加入 1ml 新配制的固定剂（甲醇∶冰醋酸为 3∶1），用吸管小心吹打、混匀，以 1000r/min 离心 8～10min，吸弃上清液。

2）固定：加入 8ml 固定液，吹打细胞团，制成细胞悬液，室温下固定 20min，以 1000r/min 离心 8～10min，吸弃上清液。

3）再固定：加入 8ml 固定液，轻轻吹打细胞团，制成细胞悬液，室温下静置 15min 或更长时间，以 1000r/min 离心 8～10min，吸弃上清液。

（4）解离：加新配制的 60% 冰醋酸溶液 0.5～1ml 混匀，放置 1～2min，待绒毛枝周围出现浑浊后加入甲醇 3～4ml 混匀，轻轻吹打绒毛枝数分钟，除去较大的绒毛枝，以 1000r/min 离心 8～10min，吸弃上清液。

（5）制片：根据细胞数量的多少适当加入数滴（0.2～0.4 ml）新配制的固定液，吹打细胞制成悬液。用吸管吸取少量细胞悬液，滴 2～3 滴于预冷（1～4℃）的载玻片上，吹散，自然晾干。

（6）染色：用 Giemsa 染液进行常规染色或显带处理。

（7）镜检及染色体分析。

3. 绒毛细胞培养及染色体标本的制作 绒毛具有复杂的生理功能，需要较高的培养条件和染色体标本制作技术才能获得较多的分裂象用于染色体分析。国内外学者对绒毛细胞体外培养方法进行了改良和探索，目前主要是直接培养法、长期培养法、悬浮培养法和原位培养法等。近年来发展起来的原位培养及制片法，细胞丢失少，操作过程中不需离心，操作简便，成功率高，是目前常用的绒毛细胞培养及染色体标本制作方法。以下对培养基、原位培养及制片法作一介绍。

（1）培养基：培养基的选择对提高绒毛细胞培养效果非常关键，有学者提出应用血清代用品代替胎牛血清进行绒毛细胞培养效果更好；应用有生长因子的绒毛细胞全培养基，营养成分更加合理，具有促进绒毛膜细胞的贴壁生长、细胞生长快、周期短、可供分析的分裂多等优点。市售的全培养基，常用的有 CHANG Amnio 培养基，美国 GIBCO 公司的 Amnio Max™-Ⅱ 培养基等。

（2）绒毛细胞原位培养及制片法

1）绒毛细胞培养：将取出的绒毛在生理盐水中洗涤后剪碎，置于含 0.25% 胰蛋白酶的 5ml 培养基的离心管内，以 800～1000r/min 离心 3min 后弃上清液；再加入 1ml 胶原酶Ⅱ，以 800～1000r/min 离心 5min 后弃上清液；每管加入 0.5ml 培养基混匀，分装于 2 个培养瓶中，注意不能铺满瓶底，仅接种于瓶底中央 2～3cm 范围内，然后将其置于 CO_2 培养箱培养，24h 后再向每个培养瓶加入 1.5ml 培养基，继续培养 72h 后每天观察，若观察到梭形细胞克隆则更换培养液，继续培养 24h 后收集细胞。整个过程均需无菌操作。

2）制片：在培养瓶中加入秋水仙碱（终浓度为 0.05μg/ml），混匀，放入 37℃ 培养箱孵育 1～2h，弃培养液，加入 4ml 1% 枸橼酸钠低渗液，继续 37℃ 培养 0.5～1.0h，在倒置相差显微镜下观察，梭形细胞变成圆形时加入 1ml 固定液（甲醇：冰醋酸为 3：1）预固定 2min 后倒掉所有液体，加入 1.5ml 固定液涮壁后倒掉，重新加入固定液 4ml，20min 后倒掉液体再加入 4ml 固定液固定 10min，此步骤再重复 1 次后用尖嘴钳将培养瓶上层撬开，使之成为敞开的平皿，液体甩出干燥后即可进行 Giemsa 常规染色或显带处理，镜检及染色体分析。

【注意事项与常见问题】
1. 取材必须由有经验的妇产科医生进行，严格无菌操作。
2. 染色体标本制作中的注意事项见"人类外周血淋巴细胞的培养及染色体标本制备"。

【作业与思考题】
应用绒毛制作染色体标本有何意义？

（陈绍坤）

三、人类羊水细胞培养及染色体标本的制备

【实验目的】
1. 熟悉人类羊水细胞染色体标本的制备方法。
2. 了解人类羊水细胞的培养方法。

【实验原理】
人类胎儿在母体子宫的羊水中生长和发育，羊水中含有胎儿皮肤、消化道、呼吸道等部位脱落的细胞，对羊水细胞进行遗传学分析，可用于胎儿的产前诊断。羊水中的胎儿脱落细胞大多已衰老、角化，失去分裂能力，欲用羊水细胞制备染色体标本进行产前诊断必须将其进行体外培养，使细胞大量繁殖，获得足够量的分裂期细胞，以便获得较多可供分析的中期细胞用以分析胎儿染色体核型。目前多采用经腹羊膜腔穿刺术抽吸羊水行胎儿染色体分析，最佳孕周为 $16\sim 20^{+6}$ 周，因为此时羊水增长快，羊水中细胞较多，细胞培养易于生长，而且不易损伤胎儿。

【实验准备】
1. 实验对象 人类羊水。
2. 实验试剂 羊水细胞培养基、胎牛血清、青霉素、链霉素、0.25% 胰蛋白酶溶液、秋水仙碱、0.075mol/L KCl 溶液、甲醇、冰醋酸、Giemsa 原液、PBS（pH6.8）等。
3. 实验仪器 穿刺针、酒精灯、10ml 培养瓶、超净工作台、恒温培养箱、恒温水浴箱、倒置相差显微镜、离心机、刻度离心管、吸管、试管架、量筒、试剂瓶、载玻片、吹风机、托盘天平、镊子、烧杯、注射器等。

【实验内容与方法】
1. 羊水细胞的培养
（1）培养基：国内外均有针对羊水细胞的合成培养基出售，这种培养基包括各种氨基酸、维生素、核苷酸、糖类及无机盐，足以维持细胞生长和分裂过程所需的化学物质及能量，如 MEM Eagle 液、Ham's、F10、F12、Tc199、RPMI-l640 和 McCoy5A 等，其中

McCoy5A 效果更为理想。培养时需使用混合培养基，即含 1mmol/L 谷氨酰胺的合成培养基 70%、胎牛血清 30%，每毫升培养基中加入 100U 青霉素和 100μg 链霉素，调节培养基 pH 为 6.8～7.0，抽滤除菌后分装，于 4℃条件保存备用。

（2）取材：选择符合产前诊断指征的妊娠 16～20[+6] 周妇女，由有经验的妇产科医生常规消毒，采用 B 超引导下经腹羊膜腔穿刺术抽取羊水，最初抽取的 1～2ml 羊水弃去，以减少穿刺针上来自母体细胞的污染，换另一注射器抽取羊水 20～30ml，立即分装入 2 个无菌离心管中，以 800～1000r/min 离心 10min，在无菌工作台上吸出上清液，每个离心管中留下约 0.5ml 羊水，用吸管轻轻吹打混匀后制成羊水细胞悬液。

（3）羊水细胞培养

1）原代培养：每个培养瓶中加入混合培养基 1.5～2.0ml，将混匀的羊水细胞悬液 0.5ml 吸入培养瓶内，于 37℃、5% CO_2 的恒温培养箱中静置培养 4～5d，此后在倒置相差显微镜下检查细胞生长情况，至第 7d 换液（无论细胞生长与否）。在无菌条件下，倒出培养瓶中的培养基，加入新鲜的培养基 1.5～2.0ml，继续培养 3～4d，每天镜检 1 次。羊水细胞一般培养 4～5d 后，细胞贴壁生长，7d 左右细胞能生长成一个个小群落，第 11～14d 可制片。

2）原瓶传代培养：当培养瓶中的细胞生长不旺盛，长成几个孤立的细胞岛时，为了使细胞生长均匀、旺盛，可作原瓶传代培养。在无菌条件下，倒去瓶中原有培养基，加入 0.25% 胰蛋白酶溶液 0.5ml，37℃条件下轻轻摇动培养瓶 5min，待细胞表面出现肉眼可见的皱形变化或在倒置相差显微镜下见细胞变圆时，倒掉胰蛋白酶溶液，加入 2ml 混合培养基，用吸管反复吹打，使细胞从瓶壁脱落，均匀分散，然后将培养瓶置于 37℃恒温培养箱中 3～4h，使已脱落的细胞基本贴壁，再轻轻倒掉培养基，加入新鲜的混合培养基 1.5～2.0ml，37℃恒温培养。以后每 2～3d 更换培养基，培养 10～14d 时，细胞长满瓶底 90% 左右可收获制片。

3）盖玻片培养法：在 30mm 已消毒培养皿中放无菌盖玻片 1 张，盖玻片上滴混匀的羊水细胞悬液 1～2 滴，置 37℃、5% CO_2 培养箱内培养 30～60min 后，取出培养皿，在无菌工作台上从盖玻片外加混合培养基 2ml，静置培养 48h 后用显微镜观察细胞贴壁生长情况并定时换液。一般在培养 6～7d 后出现散在的细胞小群落。若有 5～10 个细胞群落分散在盖玻片上，大的细胞群落直径可达 1～3mm，并有正在进行分裂的圆形细胞，这是适于进行染色体制片的标志。若大部分细胞连成片状，并产生细胞接触抑制，这说明细胞生长过度，很难收到足够分析的细胞分裂象，这时必须进行传代培养。若细胞群落太小或太少，可更换培养基，继续培养 3～4d，再进行细胞收集和染色体制片。

2. 羊水细胞染色体标本的制备

（1）终止培养：在培养细胞生长旺盛时，于培养基中加入 10μg/ml 秋水仙碱，使其最终浓度为 0.05μg/ml，继续培养 3～5h 后，摇动培养瓶，将培养基移入离心管中，加 0.25% 胰蛋白酶 5～6 滴于培养瓶中，37℃摇动 5min 左右，再加 2ml 混合培养基，用吸管反复吹打，使细胞从瓶壁脱落，然后将酶解下来的细胞倒入离心管中与原培养基混合，并用 NaCl 溶液冲洗培养瓶，洗下的细胞一并倒入该离心管中，以 800～1000r/min 离心 8～10min，吸弃上清液。

（2）低渗处理：在离心管中加入 37℃预温的 0.075mol/L KCl 溶液 8ml，用吸管轻轻吹打细胞团混匀后，置 37℃恒温水浴箱低渗处理 10～25min。

（3）固定

1）预固定：低渗处理后，加入 1ml 新配制的固定剂（甲醇：冰醋酸为 3 : 1），用吸管小心吹打、混匀，以 800～1000r/min 离心 8min，吸弃上清液。

2）固定：加入 8ml 固定剂，吹打细胞团制成细胞悬液后，室温下固定 20min。以 800～1000r/min 离心 8～10min，吸弃上清液。

3）再固定：加入 8ml 固定液，轻轻吹打细胞团制成细胞悬液后，室温下静置 15min 或更长时间。以 800～1000r/min 离心 8～10min，吸弃上清液。

（4）制片：根据细胞数量的多少适当加入数滴（0.2～0.4ml）新配制的固定液，吹打细胞制成悬液。用吸管吸取少量细胞悬液，滴 2～3 滴于预冷（1～4℃）的载玻片上，立即对准载玻片吹气以助细胞分散并立即将载玻片在酒精灯火焰上来回过几下（勿全烤干），自然晾干。

（5）染色：采用 Giemsa 常规染色或显带处理。

（6）镜检及染色体分析。

【注意事项与常见问题】

1. 必须由有经验的妇产科医生常规消毒，进行 B 超引导下经腹羊膜腔穿刺术抽取羊水。
2. 细胞培养注意事项见第二章第六节"动物细胞原代培养技术"。
3. 染色体标本制作中的注意事项见本章第二节"人类外周血淋巴细胞的培养及染色体标本制备"。

【作业与思考题】

1. 应用羊水细胞制作染色体标本有何意义？
2. 比较人类绒毛细胞染色体标本和羊水细胞染色体标本用于产前诊断的优缺点。

（陈绍坤）

四、正常人类非显带染色体核型分析

【实验目的】

1. 掌握人类染色体常规核型分析的方法。
2. 熟悉人类染色体的数目和形态特征。

【实验原理】

非显带染色体核型分析是染色体研究的一项基本技术，通过核型分析可以了解个体染色体是否正常，判断性别，发现染色体数目和结构畸变等。染色体核型分析的基本步骤是：光镜下进行初步观察分析，找到典型中期分裂象→用显微照相装置拍摄分裂象，放大制成染色体照片（一般加印成一式两份）→逐条剪下染色体→按照国际统一标准进行配对、分组、编号→核定无误后粘贴到报告单制成染色体核型（karyotype）图→分析结果，记录核型。

【实验准备】

1. **实验对象** 常规制备的人类染色体标本。
2. **实验仪器** 光镜、剪刀、镊子、直尺、胶水、香柏油、二甲苯、拭镜纸等。

【实验内容与方法】

1. **显微镜下核型分析** 显微镜下观察人类非显带染色体标本片，在低倍镜下寻找染色体分散良好的中期分裂象，转换到高倍镜下检查分裂象质量，在油镜下进行仔细观察分析（图3-2-1）。可用于核型分析的分裂象的判断标准：单个细胞的染色体在一定范围内分散呈类圆形轮廓，染色体之间没有重叠，染色体长度适中，着色均匀而鲜明，没有其他杂质、细胞碎片等物质的干扰。每个同学观察2～3个分裂象。

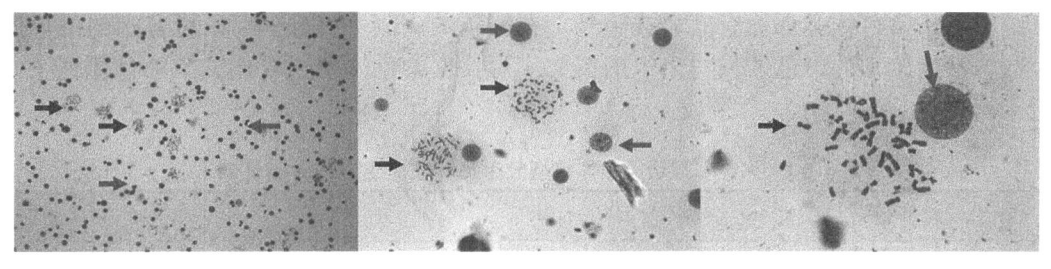

图3-2-1 光镜下人类非显带染色体标本
➡示间期细胞核；➡示中期分裂象

（1）数目分析：计数时可按每个细胞的染色体自然分布将一个分裂象划分为几个区域，分别数出每个区的染色体条数，将各区染色体数目相加计算染色体总数。为了避免重叠和遗漏，也可按显微镜中所观察到的图像，在报告纸上描绘出染色体分布的快速线条图（图3-2-2）。图中应保持各染色体的原有方位和相对长度。计算每个分裂象中染色体数目，确定有无数目异常。

（2）形态结构分析：有丝分裂中期的每条染色体有两条染色单体，通过着丝粒彼此连接。每条染色体以着丝粒为界可分为短臂（用p表示）和长臂（用q表示）。根据着丝粒相对位置不同，可将人类染色体分为中央着丝粒染色体、亚中央着丝粒染色体、近端着丝粒染色体三类（图3-2-3）。在显微镜下观察染色体的长短、形态、次缢痕、随体等，判断有无明显畸变发生。

图3-2-2 染色体分布的快速线条图

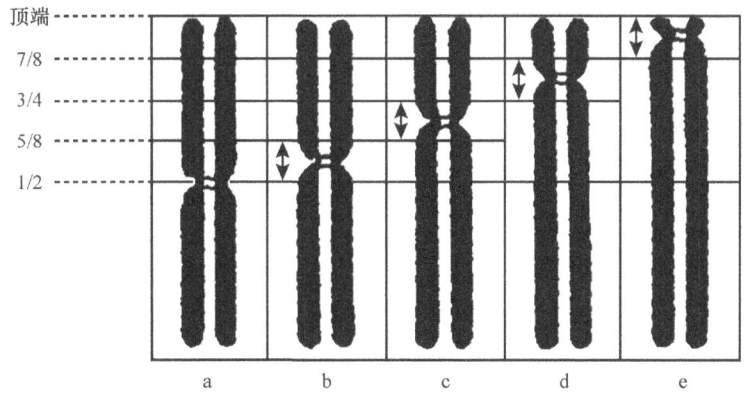

图3-2-3 人类染色体的三种类型图解
a、b.中央着丝粒染色体；c、d.亚中央着丝粒染色体；e.近端着丝粒染色体

（3）分组分析：根据人类非显带染色体核型分组及形态特征（Denver 体制，表 3-2-1），观察中期分裂象。先寻找 A 组（1、2 和 3 号染色体），并在草图上的染色体旁标上序号，然后找出 B 组、G 组（包括 Y）、F 组和 D 组染色体，并在染色体旁标上相应组号，再进行 E 组 16、17 和 18 号染色体的识别，最后鉴定出 C 组染色体，使草图上每条染色体旁都标有序号或组号。在线条的一侧垂直排列写出可鉴别的染色体号数，不能鉴别的染色体只写出组的英文字母，X 染色体列于 C 组，Y 染色体列于 G 组（图 3-2-2）。

表 3-2-1　人类非显带染色体核型分组及形态特征（Denver 体制）

组号	染色体号	形态大小	着丝粒位置	随体	次缢痕	组内鉴别程度
A	1～3	最大	中央着丝粒（1、3号）亚中央着丝粒（2号）	无	1号常见	可鉴别
B	4～5	次大	亚中央着丝粒	无		不易鉴别
C	6～12，X	中等	亚中央着丝粒	无	9号常见	难鉴别
D	13～15	中等	近端着丝粒	有		难鉴别
E	16～18	小	中央着丝粒（16号）亚中央着丝粒（17、18号）	无	16号常见	16号可鉴别 17、18号难鉴别
F	19～20	次小	中央着丝粒	无		不易鉴别
G	21～22，Y	最小	近端着丝粒	21、22号有 Y无		难鉴别（21、22号）Y可鉴别

2. 染色体照片剪贴核型分析　取正常人类中期分裂象照片（一式两份），一张作为对照，另一张作剪贴分析。仔细辨认每条染色体，根据 Denver 体制进行分组、编号，先找出 A、B、D、E、F、G 组，最后辨认 C 组；用剪刀将每条染色体剪下，配对后将每组染色体按照大小顺序依次排列，核实无误后，进行粘贴。粘贴时必须按照统一格式标准将每组（号）染色体依次粘贴在核型分析表的相应位置，注意短臂朝上、长臂朝下，同组染色体着丝粒在一条直线上，最后分析结果，记录核型（图 3-2-4）。

【注意事项与常见问题】

1. 在显微镜下观察，进行核型分析时注意按照先低倍镜、再高倍镜、最后油镜观察的顺序进行。

2. 在油镜下观察完标本片后仅需清洁显微镜镜头，禁止擦拭标本片正面。

3. 进行染色体照片剪贴分析时必须按照国际统一格式进行粘贴。注意粘贴时短臂朝上、长臂朝下，同组染色体着丝粒在一条直线上。粘贴完毕应标注组号（能

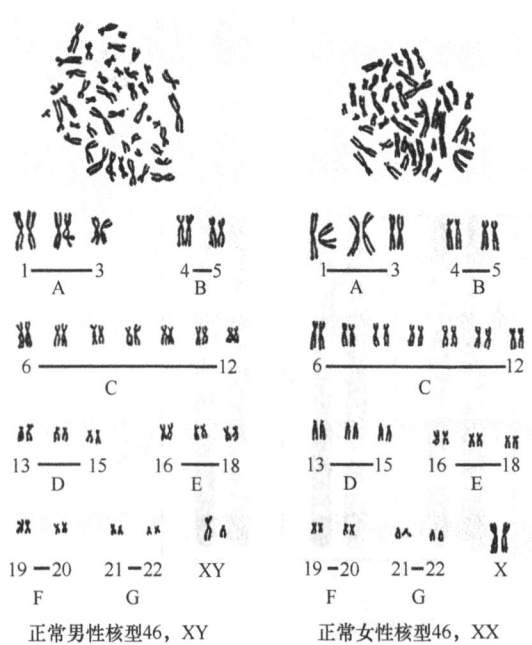

图 3-2-4　正常人类非显带染色体核型

准确辨识的染色体标注编号），最后写出核型。

【作业与思考题】
1. 在油镜下观察，选择1～2个分散较好的非显带染色体标本绘制快速线条图（染色体旁标注染色体序号或组号）。
2. 正常人类非显带染色体核型照片剪贴分析。

【附】各号染色体鉴别要点

A组染色体：包括1～3号染色体，是最大的一组染色体。1号染色体为中央着丝粒染色体，最大，长臂大约距着丝粒1/3处，有时可见一次缢痕，由于次缢痕的存在，长臂的长度可发生一定的变异。2号染色体为亚中央着丝粒染色体，次大，长、短臂易区分开。3号染色体为中央着丝粒染色体，但比1号染色体短约20%。

B组染色体：包括4～5号染色体，长度次于A组，均为亚中央着丝粒染色体。短臂较短，易于与A组、C组相邻序号的染色体相互区分。4、5号两对染色体间不易区分。

C组染色体：包括6～12号和X染色体，中等长度，均为亚中央着丝粒染色体。第6、7、8、11号和X染色体的着丝粒略靠近中央，短臂较长，9、10、12号染色体的着丝粒偏离中央，短臂相对较短；9号染色体长臂上常有一较大而明显的次缢痕；X染色体的大小介于7、8号染色体之间，在女性，有一条X染色体往往边缘呈绒毛状，短臂更为明显。C组染色体在常规非显带标本中很难准确区分。

D组染色体：包括13～15号染色体，均为中等大的近端着丝粒染色体。三对染色体均具有随体，但不一定同时显现，随体的大小也存在个体差异。虽然13～15号染色体的长度递减10%，但在常规非显带标本中难以区分。

E组染色体：包括16～18号染色体，16号染色体为中央着丝粒染色体，在长臂近着丝粒处有一次缢痕，使16号染色体的大小在不同个体有较大变异。17号和18号染色体均是亚中央着丝粒，17号染色体短臂较清楚，18号染色体短臂很短，所以，在质量好的标本一般可准确区分这三对染色体。

F组染色体：包括19号和20号染色体，都是中央着丝粒染色体，体积较小，彼此间不易区分，但容易与其他各组染色体相区分。

G组染色体：包括21号、22号和Y染色体，均为近端着丝粒染色体，体积最小。21号和22号染色体具有随体，但不一定同时显现，这两对染色体在长度上有差异，习惯将较小的一对作为21号。Y染色体具有下述一些特点，易与21、22号染色体相区别：①无随体，长臂一般比21、22号染色体长些；②两条姐妹染色单体长臂常平行靠拢，而21、22号染色体相互叉开；③长臂端部呈绒毛状，模糊不清；④与其他染色体相比，着色往往较深。

（刘　岚，黄　燕）

五、人类染色体G显带技术及G带核型分析

【实验目的】
1. 初步掌握染色体G显带标本的制备技术。
2. 了解人类染色体G显带的带型特征。

【实验原理】
将制备好的染色体标本片用不同方法预处理和用不同染料染色后，使每条染色体

上出现特征性的明暗相间（或深浅相间）的带纹，称为染色体显带技术（chromosome banding technique）。G 显带技术具有显带处理时间较短、带纹分析较好、标本可长期保存和光镜即可观察等优点，是目前染色体检查的常规使用技术。G 显带技术的主要方法是将制备好的染色体标本片经胰蛋白酶等试剂处理后，再用 Giemsa 染色，可使每条染色体上显示出较为恒定、深浅交替的带纹特征。原理主要是由于染色体上不同区带 DNA 结合的蛋白质类型不同，对胰蛋白酶的敏感性也不同。对胰蛋白酶作用不敏感的区带保持正常的核蛋白结构，吸收染料而呈现深着色，而对胰蛋白酶作用敏感的区带呈现浅着色，因此，经胰蛋白酶处理的标本染色体可显示出一定数量的、不同宽度和深浅的带纹。G 显带后每条染色体上的带纹特征具有稳定性和特异性，所以可以作为准确识别每条染色体的标志，也可通过带纹特征发现染色体的一些结构畸变，如缺失、重复、倒位、易位等。

【实验准备】

1. 实验对象 常规方法制备的人类中期染色体标本（标本片龄以不超过 30d 为宜）。

2. 实验试剂 2.5% 胰蛋白酶原液、0.85% NaCl 溶液、蒸馏水、Giemsa 原液、PBS（pH6.8）等。

3. 实验仪器 显微镜、恒温培养箱、烤箱、恒温水浴箱、染色缸、小镊子、玻片架、香柏油、二甲苯、擦镜纸、吸水纸等。

【实验内容与方法】

1. 人类染色体 G 显带标本制备

（1）将常规制备的人类染色体玻片标本（未染色的白片）置于 70℃烤箱中处理 2h，然后转入 37℃培养箱中备用，一般在第 3～7d 进行显带。

（2）取 2.5% 的胰蛋白酶原液 2.5ml 加 NaCl 溶液至 50ml，配成 0.125% 的工作液并用 $NaHCO_3$ 调 pH 至 7.0，放入 37℃水浴箱中预热。

（3）将玻片标本浸入胰蛋白酶溶液中，不断摇动使胰蛋白酶的作用均匀，以 15s、30s、1min、1.5min、2min 不同时间进行预试片，选择最佳时间（片龄越长消化时间应随之延长）。

（4）取出玻片，放入 NaCl 溶液中漂洗 2 次，洗掉胰蛋白酶溶液，甩掉 NaCl 溶液，空气干燥。

（5）染色：将标本浸入 37℃预温的 Giemsa 染液（Giemsa 原液：pH6.8 的 PBS 为 1 : 9）中染色 10～20min。

（6）用自来水冲洗（细水小心冲洗）、吹风机吹干或空气干燥。

2. 人类染色体 G 显带染色体核型分析

（1）镜下分析：首先在低倍镜下找到分散良好、染色体长度适中、带型清晰的分裂象，然后依次在高倍镜、油镜下仔细观察。根据 G 显带各号染色体的特征，依次找出 1～22 号染色体和性染色体，绘成草图。各染色体的位置、形状大小尽量真实（不必绘出带型），并在各染色体旁边标明染色体序号。

（2）G 显带照片分析（图 3-2-5）：在染色体 G 显带显微摄影照片上，用剪刀将染色体沿边缘一一剪下。按照染色体分类标准，配对、分组、编号排列在报告纸上，经反复调整，准确无误后按照格式粘贴。分析结果，辨别核型、性别及正常（或异常），并记录核型。

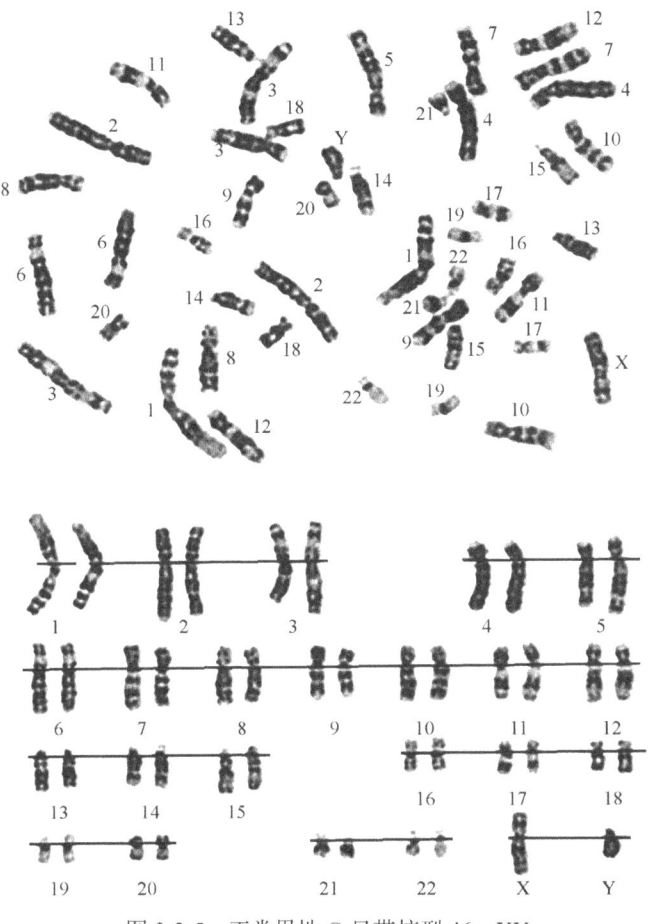

图 3-2-5　正常男性 G 显带核型 46，XY

【注意事项与常见问题】

1. G 显带的好坏，首先取决于染色体本身制片的质量。染色体要较细长，且中期象丰富、分散好，无细胞质背景。

2. 标本保存时间不宜太长。时间越长，细胞对胰蛋白酶处理的抵抗性越强，片龄过长的标本染色后会呈斑点状而非带纹。

3. 胰蛋白酶的作用温度、时间、pH 选择是否恰当是 G 显带成功与否的关键。胰蛋白酶的温度在进行显带之前应当至少稳定 30min。pH 应维持在 7.0 左右（6.8～7.2）。消化时间的长短是显带的关键因素之一。若无把握，可将标本分为 2 段，以不同的时间消化，以寻找最佳消化时间。判断消化适当的方法是观察镜下细胞的颜色，若细胞呈蓝紫色则消化时间过短，细胞趋于或形似"幻影"，则消化时间太长，若细胞色泽为桃红色，说明消化时间较适宜。

【作业与思考题】

1. 讨论制备出良好 G 显带标本操作时需注意哪些问题？

2. 每个同学显微镜下观察 2～3 个分裂象，并绘制快速线条图（染色体旁标注染色体序号或组号）。

3. 正常人类 G 显带染色体照片剪贴分析。

【附】 各号染色体的带型特点及鉴别要点如图3-2-6。

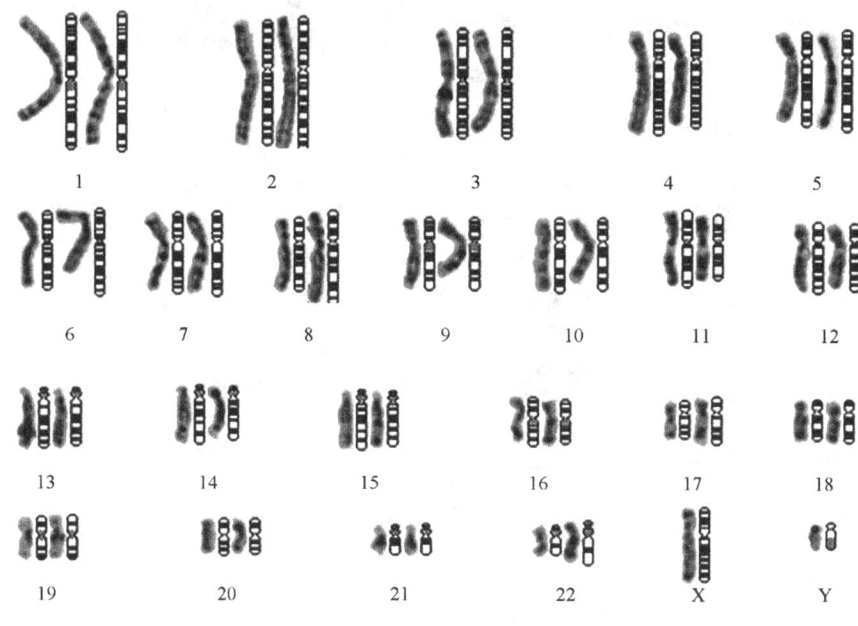

图3-2-6 染色体G显带核型

1. A组 1~3号染色体。

（1）1号染色体

1）短臂：近侧段有2条深带，第2深带稍宽，在处理较好的标本上，远侧段可显出3~4条淡染的深带。此臂分为3个区，近侧的第1深带为2区1带；第2深带为3区1带。

2）长臂：次缢痕紧贴着丝粒，染色浓，其远侧为一宽的浅带，近中段与远侧段各有2条深带，此中段第2深带染色较浓，中段2条深带稍靠近，此臂分为4个区，次缢痕远侧的浅带为2区1带、中段第2深带为3区1带，远侧段第1深带为4区1带。

（2）2号染色体

1）短臂：可见4条深带，中段的2条深带稍靠近，此臂分为2个区，中段2条深带之间的浅带为2区1带。

2）长臂：可见7条深带，第3和第4深带有时融合。此臂分为3个区，第2和第3深带之间的浅带为2区1带，第4和第5深带之间的浅带为3区1带。

（3）3号染色体：在长臂与短臂的近中段各具有1条明显的宽的浅带。

1）短臂：一般在近侧段可见1条较宽的深带，远侧段可见2条深带，其中远侧1条较窄，且着色淡，这是区别3号染色体短臂的显著特征。在处理较好的标本上，近侧段的深带可分为2条深带，此臂分2个区，中段浅带为2区1带。

2）长臂：一般在近侧段和远侧段各有1条较宽的深带，在处理好的标本上，近侧段的深带可分为2条深带，远侧段的深带可分为3条深带，此臂分为2个区，中段浅带为2区1带。该染色体的G显带图有点像蝴蝶结。

2. B组 4~5号染色体。

（1）4号染色体

1）短臂：可见2条深带，近侧深带染色较浅，短臂只有1个区。

2）长臂：可见均匀分布的4条深带，在处理较好的标本上，远侧段的2条深带可各自分为2条较宽的深带。此臂分为3区，近侧段第1和第2深带之间的浅带为2区1带，远侧段2条深带之间的浅带为3区1带。

（2）5号染色体

1）短臂：可见2条深带，其远侧的深带宽且着色浓，此臂仅1个区。

2）长臂：近侧段2条深带，染色较淡，有时不明显，中段可见3条深带，染色较浓，有时融合成1条宽的深带，远侧段可见2条深带，近末端的1条着色较浓，此臂分为3个区，中段第2深带为2区1带，中段深带与远侧深带之间的宽阔浅带为3区1带。

3. C组　6～12号和X染色体。

（1）6号染色体

1）短臂：中段有1条明显宽阔的浅带，形如"小白脸"，是此染色体的特征，近侧段和远侧段各有1条深带，近侧深带紧贴着丝粒。在处理较好的标本上，远侧段的深带可分为2条深带。此臂分为2个区，中段明显而宽的浅带为2区1带。

2）长臂：可见5条深带，近侧1条紧贴着丝粒，远侧末端的1条深带着色较淡；此臂分为2个区，第2和第3深带之间的浅带为2区1带。

（2）7号染色体：着丝粒着色浓。

1）短臂：有3条深带，中段深带着色较淡，有时不明显，远测深带着色浓，形似"瓶塞"。此臂分为2个区，远侧段的深带为2区1带。

2）长臂：有3条明显深带，远侧近末端的1条着色较淡；第2和第3带稍接近。此臂分为3个区，近侧第1深带为2区1带、中段的第2深带为3区1带。

（3）8号染色体

1）短臂：有2条深带，中段有1条较明显的浅带，这是与10号染色体相鉴别的主要特征。此臂分为2个区，中段的浅带为2区1带。

2）长臂：可见3条分界极不明显的深带，此臂分2个区，中段的深带为2区1带。

（4）9号染色体：着丝粒着色浓。

1）短臂：近侧段和中段各有1条深带，在处理较好的标本上，中段可见2条较窄的深带。此臂分为2个区，中段深带为2区1带。

2）长臂：可见明显的2条深带，次缢痕一般不着色，在有些标本上呈现出特有的颈部区。此臂分为3个区，近侧的1条深带为2区1带，远侧的1条深带为3区1带。

（5）10号染色体：着丝粒着色浓。

1）短臂：近侧段和近中段各有1条深带，在有些标本上近中段可见2条深带，但与8号染色体短臂比较，其上深带的分界欠清晰。此臂只有1个区。

2）长臂：可见明显的3条深带，远侧段的2条深带稍靠近，这是与8号染色体相鉴别的一个主要特征，此臂分为2个区，近侧段的1条深带为2区1带。

（6）11号染色体

1）短臂：近中段可见1条深带，在处理较好的标本上，这条深带可分为3条较窄的深带。此臂只有1个区。

2）长臂：近侧有1条深带，紧贴着丝粒。远侧段可见1条明显的较宽的深带，这条深带与近侧的深带之间是1条宽阔的浅带，这是与12号染色体相鉴别的一个明显的特征，在处理较好的标本上，远侧段的这条较宽的深带可分为2条较窄的浅带，两深带之间有1

条很窄的浅带，一般极难辨认，但它是分区的一个界标，在有些标本上近末端处可见1条窄的淡染的深带。此臂分2个区，上述远侧2条深带之间的那条很窄的淡带为2区1带。

（7）12号染色体

1）短臂：中段可见1条深带，此臂只有1个区。

2）长臂：近侧有1条深带，紧贴着丝粒，中段有1条宽的深带，这条深带与近侧深带之间有1条明显的浅带，但与11号染色体比较这条浅带较窄，这是鉴别11号与12号染色体的一个主要特征。在处理较好的标本上，中段这条较宽的深带可分为3条深带，其正中一条着色较浓，在有些标本上，远侧段还可以看到1～2条染色较淡的深带。此臂分为2个区，中段正中的深带为2区1带。

（8）X染色体：其长度介于7号和8号染色体之间，主要特点是长臂和短臂中段各有1条深带，有"一担挑"之名。

1）短臂：中段有一明显的深带，呈竹节状。在有些标本上远侧段还可以看见1条窄的着色淡的深带。此臂分为2个区，中段的深带为2区1带。

2）长臂：看见3～4条深带，近中部1条最明显，此臂分为2个区，近中段的深带为2区1带。

4. D组　13～15号染色体，均为近端着丝粒染色体，可有随体。

（1）13号染色体：着丝粒区深染。长臂，可见4条深带，第1和第4深带较窄，染色较淡；第2和第3深带较宽，染色较浓。此臂分为3个区，第2深带为2区1带，第3深带为3区1带。

（2）14号染色体：着丝粒区深染。长臂，近侧和远侧各有1条较明显的深带。在处理较好的标本上，中段可看见1条着色较浅的深带。此臂分为3个区，近侧深带为2区1带，远侧深带为3区1带。

（3）15号染色体：着丝粒区深染。长臂，中段有1条明显深带；染色较浓，有的标本上近侧段可见1～2条淡染的深带。此臂分为2个区，中段深带为2区1带。

5. E组　16～18号染色体。

（1）16号染色体

1）短臂：中段有1条深带，在较好的标本上可见2条深带，此臂只有1个区。

2）长臂：近侧段和远侧段各有1条深带。有时远侧段的深带不明显，次缢痕着色浓；此臂分2个区，中段深带为2区1带。

（2）17号染色体

1）短臂：有1条深带，紧贴着丝粒，此臂只有1个区。

2）长臂：远侧段看见1条深带，这条深带与着丝粒之间为一明显而宽的浅带，此臂分为2个区，这条明显而宽的浅带为2区1带。

（3）18号染色体

1）短臂：一般为浅带，此臂只有1个区。

2）长臂：近侧和远侧各有1条明显的深带，此臂分为2个区，两深带之间的浅带为2区1带。

6. F组　19～20号染色体。

（1）19号染色体：着丝粒及其周围为深带，其余为浅带。短臂和长臂均只有1个区。

（2）20号染色体：着丝粒区浓染。短臂有一条明显的深带，此臂只有1个区。长臂，中段和远侧段看见1～2条染色较淡的深带，有时全为浅带。此臂只有1个区。此染色体有"头重脚轻"之名。

7. G 组 21～22号和Y染色体，21、22号有随体。

（1）21号染色体：着丝粒区着色淡。其长度比22号短，其长臂上有明显而宽的深带。此臂分2个区，其深带为2区1带。

（2）22号染色体：着丝粒区着色浓。其长度比21号长，在长臂上可见2条深带，近侧的1条着色浓，而且紧贴着丝粒。近中段的1条着色淡，在有的标本上不显现。此臂只有1个区。

（3）Y染色体：长度变化大，有时整个长臂被染成深带，在处理好的标本上可见2条深带。此臂只有1个区。

8. 人类染色体 G 带歌谣

一秃二蛇三蝶飘，四像鞭炮五黑腰。
六号像个小白脸，七盖八下九苗条。
十号长臂三条带，十一低来十二高。
十三十四十五号，三个一样一二一。
十六长臂近点深，十七远端戴脚镣。
十八人小肚皮大，十九中间一点腰。
二十头重脚底轻，二十一像葫芦瓢。
二十二黑头 Y 黑腰，X 染色一担挑。

在理解的基础上熟记歌谣，有助于记忆 G 显带染色体的带纹特征，从而识别各号染色体。

（刘　岚，李　洁）

六、人类染色体姐妹染色单体交换标本的制备和观察

【实验目的】

1. 了解姐妹染色单体交换标本制备技术的基本原理和显示方法。

2. 掌握姐妹染色单体交换的基本特征和计数方法。

【实验原理】

姐妹染色单体交换（sister chromatid exchange，SCE）是指同一条染色体上的两条染色单体所发生的遗传物质的等位点交换。SCE 的发生频率可以反映细胞在 DNA 合成期的受损程度。

5-溴脱氧尿苷（5-Bromo-2-deoxyuridine，5-BrdU）是脱氧胸苷（deoxythymidine，TdR）的类似物，在 DNA 复制过程中，5-BrdU 可取代 TdR 渗入到新复制的 DNA 子链中。DNA 复制是半保留复制，经过第一个复制周期，每条染色体的两条姐妹染色单体的 DNA 双链各有一条有 5-BrdU 渗入；经过两个复制周期后，两条姐妹染色单体中有一条单体的 DNA 双链都由 5-BrdU 取代 TdR，而另一条染色单体 DNA 两股单链中仅有一条渗入了 5-BrdU。利用特殊的分化染色技术对染色体标本进行处理，两股都含 5-BrdU 的 DNA 螺旋化程度较低，降低了与染色剂的亲和力，故 Giemsa 染色后显示浅染；而只有一股单链渗入 5-BrdU 的染色单体染色后显示深染。

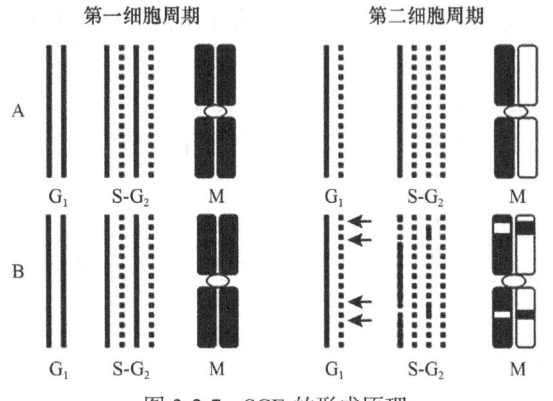

图 3-2-7　SCE 的形成原理
A. 无 SCE；B. 有 SCE

经过 5-BrdU 处理后每条染色体的两条姐妹染色单体着色程度不同，所以如果姐妹染色单体之间存在同源染色体片段交换，在互换处可见一界限明显、颜色深浅对称的交换片段（图 3-2-7）。

现已证明，许多诱变剂和致癌剂都可诱发 SCE，使细胞 SCE 率升高，故 SCE 率是 DNA 损伤的灵敏指标，由于 SCE 分析比染色体畸变分析更灵敏、简单，所以该项技术已成为检验致突变物和致癌剂的一种常用手段。

【实验准备】

1. 实验对象　人类外周血。

2. 实验试剂　RPMI-1640 液体培养基、胎牛血清、肝素（500U/ml）、PHA、秋水仙碱、KCl 低渗液（0.075mol/L）、固定液（甲醇∶冰醋酸为 3∶1，现配现用）、Giemsa 原液、PBS（pH6.8）、青霉素、链霉素、2×SSC、500μg/ml 5-BrdU 液等。

3. 实验仪器　光镜、恒温培养箱、恒温水浴箱、离心机、紫外线灯、培养瓶、刻度离心管、吸管、试管架、注射器、酒精灯、载玻片、吹风机、托盘天平、烧杯、染色缸、黑纸、擦镜纸等。

【实验内容与方法】

1. 人体外周血淋巴细胞的培养及染色体标本的制备

（1）常规法全血培养 24h（参见本章第二节"人类外周血淋巴细胞的培养及染色体标本制备"）。

（2）加入 500μg/ml 5-BrdU 液 0.1ml（5-BrdU 终浓度为 10μg/ml），混匀后继续避光（用黑纸包裹）培养 48h。

（3）收获前 3～4h 加入浓度为 5μg/ml 的秋水仙碱 0.05ml，使其终浓度为 0.05μg/ml，轻摇后继续培养 3～4h。

（4）染色体标本制备：方法同一般染色体制片法（参见本章第二节"人类外周血淋巴细胞的培养及染色体标本制备"）。

（5）标本老化：将标本片在 37℃恒温箱内老化 48h 或 60℃烤片 2h。

2. 差别染色

（1）将老化后染色体标本片标记后放入一平皿中，在玻片上盖一张比玻片稍大的擦镜纸，滴加 2×SSC 溶液于擦镜纸上，保持擦镜纸及标本片湿润。将平皿置于 56℃左右的水浴箱支架上，仅使平皿底部接触水面。

（2）用紫外线灯垂直照射 30min，照射距离为 5～10cm。

（3）照射完毕后用镊子轻轻揭去擦镜纸，用蒸馏水轻轻冲洗玻片去除 2×SSC。

（4）Giemsa 染色 5～10min（现配现用，配制后放置 20min 后使用，注意不要染得太深）。

（5）用自来水细流冲洗去除多余染料，干燥，镜检。

3. SCE 标本的观察与计数

（1）选择染色体分散较好、轮廓清晰、数目完整（46 条）、长短适中的分裂象在油镜下进行观察。

（2）视野中选择处于第二增殖周期的分裂象，即每条染色体的两条染色单体出现差别染色的分裂象进行观察计数（着色浅的染色单体的 DNA 双链均含 5-BrdU）。

（3）交换次数的判定：在染色单体端部出现的交换计为一次 SCE；在染色单体中间出现的交换计为两次 SCE；凡在着丝粒部位发生一次交换，判断不是两条染色单体在着丝粒部发生的扭转，计为一次 SCE，但另列入"着丝粒交换（CME）"一项；如果两臂中部均出现交换或两臂内交换两段则计数为 4 次交换。

（4）每份标本计数 20～30 个分裂象，按以下方法计算 SCE 率：

$$SCE率 = \frac{交换总数}{细胞数} \times 100\%$$

【注意事项与常见问题】

1. 5-BrdU 应现配现用，4℃避光保存。
2. 5-BrdU 是一种强突变剂，使用浓度不宜过高，否则会产生细胞毒性作用。
3. 在选择分裂象时，注意区分各细胞周期的分裂象染色特点。染色体的 2 个单体均为深染的细胞记为第一次分裂周期细胞；染色体 2 个单体染色一深一浅的为第二次分裂周期细胞；染色体的 2 个单体都为浅染的细胞记为第三次分裂周期细胞。
4. 判断染色体在着丝粒部位发生交换时，必须先排除染色单体在此处发生扭转。

【作业与思考题】

1. 简述 SCE 原理并说明 SCE 实验的应用价值。
2. 绘制人类外周血淋巴细胞 SCE 染色体。
3. 选择 20～30 个分散良好的分裂象，计数 SCE 数，计算其频率。

【附】试剂配制

5-BrdU 液（500μg/ml）

5-BrdU	1mg
三蒸水	2ml

混匀后避光 –20℃保存，避免反复冻融使其活性降低。

（刘　岚）

七、核仁形成区与随体联合的银染与观察

【实验目的】

1. 掌握银染染色体镜下识别方法。
2. 熟悉核仁形成区与随体联合的银染技术的原理和方法。

【实验原理】

人类 rRNA 基因位于 5 对近端着丝粒染色体（13、14、15、21、22 号）短臂的次缢痕处，该部位与核仁形成有关，称为核仁组织区（nucleolus organizer region，NOR）。研究发现，使用银染技术可特异性使 NOR 染成黑色，但不是所有的 NOR 均会被银染，只有当位于 NOR 的 18S、28S 核糖体 RNA（rRNA）的基因（rDNA）具有转录活性时，才会被着色，其原因可能是被银染的物质是与 rRNA 转录形成相关的特异性酸性蛋白，而非 rDNA 或 rRNA 自身，因此，NOR 着色频率与细胞中有转录活性 rRNA 基因的数量相一致，正常人银染核仁形成区（Ag-NOR）平均为 5.8/ 细胞。在不同的生理、病理条件下，计算细

中 Ag-NOR 的频率，可以了解 rRNA 基因活性的动态变化。此外，人类近端着丝粒染色体的随体可相向聚集成团，这种现象称为随体联合（satellite association，SA），这种联合可能是导致近端着丝粒染色体不分离或易位的原因。应用银染技术可在发生联合的染色体间观察到银染物质相连。

【实验准备】

1. 实验对象　人类外周血染色体玻片标本（白片）。

2. 实验试剂　0.2% 甲酸溶液、$AgNO_3$、1∶20 Giemsa 染液、5mol/L HCl 等。

3. 实验仪器　恒温水浴箱、显微镜、平皿、牙签、擦镜纸、镊子等。

【实验内容与方法】

1. 标本准备

（1）常规法制片的未染色人类外周血染色体玻片标本（制作方法详见本章第二节"人类外周血淋巴细胞的培养及染色体标本制备"）室温下放置 2～3d。

（2）将标本置于 5mol/L HCl 溶液中常温处理 5min，用蒸馏水冲洗 2～3 次，甩干。

（3）用蒸馏水配制 0.2% 甲酸溶液，将 500mg $AgNO_3$ 溶于 1ml 0.2% 甲酸溶液中，混匀后立即滴 4～5 滴至玻片标本上。

（4）在标本上盖一张比玻片稍小的擦镜纸，用镊子掀动纸片数次，使染液均匀分散在标本上。

（5）将玻片置于 60℃水浴箱中支架上处理 3～5min，直至擦镜纸呈棕黄色终止反应。

（6）用镊子轻轻揭掉擦镜纸，用蒸馏水冲洗残余染液并晾干。

（7）用 Giemsa 染液复染 3min，用流水轻轻冲洗，空气中晾干。

2. 标本的观察分析　染色适中的标本，间期核及染色体为金黄色，油镜下可见某些染色体上出现成对的黑色小点，即为 Ag-NOR。

（1）Ag-NOR 计数：选择标本质量良好，D 组和 G 组染色体完整，银染着色清晰的分裂象。计数 D 组（13、14 和 15 号染色体）和 G 组（21 和 22 号染色体）近端着丝粒染色体 Ag-NOR 的数量，不论单侧或双侧的银染点都计数为一个有银染的染色体。分别计数 30 个细胞，计算其平均值。

（2）SA 计数：凡近端着丝粒染色体之间有银染物质相连的，均计数为 SA。涉及 2 条近端着丝粒染色体的联合，记为 1 个 SA；涉及 3 条近端着丝粒染色体的联合，如未形成闭环的，记为 2 个 SA；3 条染色体联合形成闭环时，记为 3 个 SA；依此类推。分别计数 30 个细胞，计算其平均值。

【注意事项与常见问题】

1. 所使用的 $AgNO_3$ 纯度越纯越好。

2. $AgNO_3$ 工作液应现用现配，放置时间不超过 20min，如果出现浑浊则不能使用。

3. 避免 $AgNO_3$ 溶液污染皮肤和衣物，否则将其染成褐黑色，很难洗掉。

4. 染色时间非常重要。若整张片子色淡，间期核及染色体显示不清，为染色时间不足，在未滴过香柏油的情况下，可以重新续染。若染色时间过长，染色体为棕色，NOR 为黑色，但是 NOR 与染色体之间的反差较低。染色严重过度，可能整张片子均布满黑色沉淀，标本通常丢弃不用。

【作业与思考题】

1. 简述 Ag-NOR 的制备过程和注意事项。

2. 计数 30 个正常人类染色体核型中的 Ag-NOR 和 SA。

（刘 岚）

八、性染色质标本的制备与分析

【实验目的】
1. 掌握人类间期细胞核中性染色质的形成机制。
2. 掌握人类间期细胞核中性染色质的形态特征和分布。
3. 熟悉 X 染色质和 Y 染色质标本的制作方法。

【实验原理】
性染色质（sex chromatin）是指间期细胞核中性染色体的异染色质部分显示出来的一种特殊结构。人类的性染色体有 X、Y 两种，所以性染色质也有 X 染色质和 Y 染色质。

根据 Lyon 假说，人类体细胞中仅有 1 条 X 染色体具有遗传活性，其余 X 染色体则会失去活性在间期细胞核内异固缩形成一种深染的、紧贴核膜内缘的块状结构，此结构即是 X 染色质，也称为 X 小体或 Barr 小体。经过特殊染色，可以在显微镜下观察到 X 染色质，每个 X 染色质代表一条处于固缩状态的 X 染色体。正常女性有 2 条 X 染色体，在其间期细胞核中可见到 1 个 X 染色质，而正常男性只有 1 条 X 染色体，其间期细胞核中无 X 染色质形成，因此，X 染色质的数目为 X 染色体数目减 1，故检测 X 染色质的数目可推测出 X 染色体的数目。当用荧光染料染色时，正常男性间期细胞核中可出现 1 个大小约为 0.3μm 的强荧光小体，称为 Y 染色质或 Y 小体。它是由 Y 染色体长臂远端的异染色质形成的，因此 1 个 Y 染色质代表了 1 条 Y 染色体，而正常女性一般无 Y 染色质出现。

口腔黏膜上皮细胞、发根毛囊细胞、阴道细胞、子宫颈黏膜细胞、羊水细胞及绒毛膜细胞等都可作为性染色质检查的材料。在正常女性的口腔黏膜上皮细胞中，X 染色质的出现率为 17%～40%（出现率的高低与个体不同生理状态有关；在不同的实验室中计数的差别也较大）。在正常女性的发根毛囊细胞中，X 染色质的出现率为 8%～15%。女性胎儿 X 染色质出现率为 6%～20%。正常男性 X 染色质阳性率平均低于 1%。在正常男性的口腔黏膜上皮细胞中，Y 染色质的出现率一般为 20%～30%，高者可达 70% 以上。正常女性间期细胞核中无 Y 染色质或出现率在 2% 以下。同时检查 X 染色质和 Y 染色质，计算不同性染色质的阳性率，可推测个体的性染色体组成情况，辅助诊断某些性染色体病。

【实验准备】
1. 实验材料 口腔黏膜上皮细胞、发根毛囊细胞、羊水细胞、外周血中性粒细胞。
2. 实验试剂 冰醋酸甲紫染液、5mol/L HCl、0.075 mol/L KCl、Giemsa 染液、0.2% 甲苯胺蓝染液、硫堇染液、NaCl 溶液、甲醇、冰醋酸、75% 乙醇、0.5% 盐酸喹卡因荧光染液、PBS（pH6.0）等。
3. 实验仪器 光镜、荧光显微镜、水浴箱、解剖针、刀片、采血针、滴管、离心机、载玻片、盖玻片、染色缸、酒精灯、吸水纸、消毒牙签、电吹风等。

【实验内容与方法】

一、X 染色质标本的制作与观察

1. 实验方法
（1）口腔黏膜上皮细胞 X 染色质标本的制作

1）涂片法

a. 取材制片：受检者漱口后，用消毒牙签钝端刮取口腔黏膜上皮细胞，均匀涂在干净的载玻片上晾干。

b. 固定：将载玻片置于新配制的固定液（甲醇：冰醋酸为3：1）中固定15min，取出后晾干。

c. 水解：将玻片标本置于5mol/L HCl中，室温水解15～20min。用蒸馏水冲洗3～4次，充分洗去残留的HCl，待稍干后进行染色。

d. 染色：将玻片标本置于Giemsa染液中染色10min或用0.2%甲苯胺蓝染液染色5～10min，用细水流冲洗晾干（如用冰醋酸甲紫，则在标本上滴加1～2滴染液染色5～10min）。

2）滴片法

a. 取材：受检者漱口后，用消毒牙签钝端刮取口腔黏膜上皮细胞，将所刮取细胞涮于装有5ml NaCl溶液的离心管中，以1000r/min离心10min。

b. 低渗：弃上清液，加5ml预热后的0.075mol/L KCl混匀，37℃低渗10min，加新配制的固定液（甲醇：冰醋酸为3：1）0.5～1.0ml预固定，以1000r/min离心10min。

c. 固定：弃上清液，加固定液（甲醇：冰醋酸为3：1）5ml，室温固定15min，以1000r/min离心10min。

d. 滴片：弃上清液，加0.2ml固定液混匀后制成细胞悬液，滴2滴于预冷后载玻片上，立即用嘴吹散细胞，将载玻片迅速在酒精灯外层火焰上过3～4次，再用电吹风将标本吹干或让其自然干燥。

e. 水解、染色：同涂片法c、d。

(2) 发根毛囊细胞X染色质标本的制作

1）取材制片：从受检者头部拔取2～3根带有发根的头发，至其基部截取具有完整毛囊组织的部分置于载片中央，加50%的冰醋酸2滴处理8～10min，待毛囊软化后，用刀片轻轻刮下毛囊组织，拔去发干，再用解剖针将毛囊组织捣碎，并均匀涂布于载玻片中央，于酒精灯火焰上远火干燥。

2）固定、水解、染色：同口腔黏膜上皮细胞X染色质标本制作涂片法。

(3) 羊水细胞X染色质标本的制作

1）取材：由专业医生采用经腹羊膜腔穿刺术采集妊娠16～20周羊水8ml，注入离心管，以1000r/min离心10min。

2）固定：弃上清液，收集管底沉淀物，加固定液（甲醇：冰醋酸为3：1）8ml，室温固定30min后，以1000r/min离心10min。

3）滴片：弃上清液，加0.2ml固定液混匀后制成细胞悬液，滴2滴于预冷后载玻片上，立即用嘴吹散细胞，将载玻片迅速在酒精灯外层火焰上过3～4次，再用电吹风将标本吹干或将其自然干燥。

4）染色：将玻片标本采用硫堇染液或0.2%甲苯胺蓝染液染色5～10min，用细水流冲洗晾干。

2. 结果观察（以口腔黏膜上皮细胞为例） 将制好的玻片标本置于低倍镜下观察，找到分散良好、彼此无重叠的口腔黏膜上皮细胞后，移至视野中央，转换高倍镜观察。X染色质通常紧贴于核膜内缘，轮廓清晰，结构致密，染色较深，直径为1μm，呈圆形、三角形或小丘状的小体（图3-2-8）。选择50个细胞核较膨大、核膜完整而无皱褶、核质染色均匀、核周无细菌污染或染料块的细胞观察，统计X染色质阳性的细胞数，计算X染色质的出现率。

二、鼓槌标本的制作与观察

鼓槌为人类女性中性粒细胞分叶核上的球形突出物，由中性粒细胞分叶核形成过程中X染色质向外突出而成，实质即是X染色质，其直径为1.5μm左右，因有一细丝状柄与分叶核相连，形似鼓槌而得名。在正常女性中，中性粒细胞分叶核上的鼓槌出现率为1.5%～6%，而在正常男性一般无鼓槌出现。鼓槌的数目和大小与X染色体的变化有关，如X染色体单体者无鼓槌，X染色体多体者，1个核上有多个鼓槌；X染色体部分缺失者鼓槌较小。

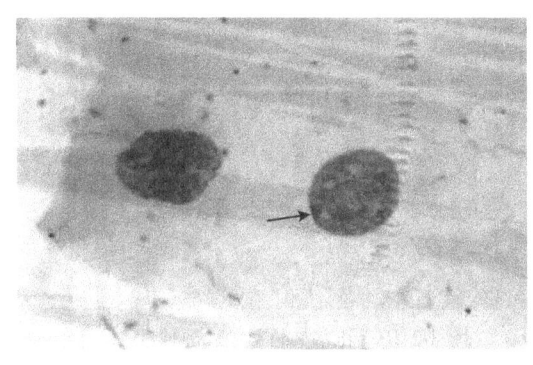

图3-2-8　正常女性口腔黏膜上皮细胞（400×）
（箭头示X染色质）

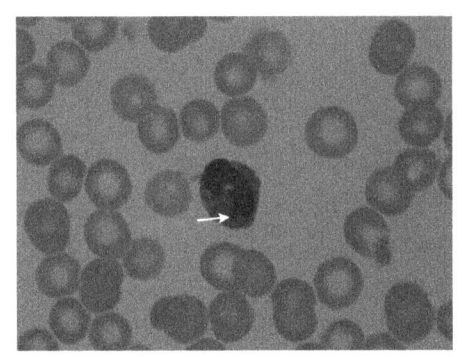

图3-2-9　正常女性中性粒细胞（1000×）
（箭头示鼓槌）

1. 实验方法

（1）取材制片：经消毒处理后，用采血针在受检者指尖或耳垂采血1滴，均匀涂在干净的载玻片上。

（2）固定：将载玻片置于新配制固定液（甲醇：冰醋酸为3：1）固定10min，取出后晾干。

（3）染色：将玻片标本置Giemsa染液中染色10min，用细水流冲洗晾干，镜检。

2. 结果观察　先在低倍镜下找到中性粒细胞的分叶核，再依次换高倍镜、油镜。在油镜下仔细观察，若在分叶核上有一细丝相连的球形突出物，即为鼓槌（图3-2-9）。

三、口腔黏膜上皮细胞Y染色质标本的制作和观察

1. 实验方法

（1）取材制片：受检者漱口后，用消毒牙签钝端刮取口腔黏膜上皮细胞，均匀涂在干净的载玻片中央，晾干。

（2）固定：将载玻片置于新配制的固定液（甲醇：冰醋酸为3：1）中，固定30～50min。

（3）染色：取出玻片标本室温（或电吹风）干燥后，用0.5%盐酸喹卡因荧光染液染色5～10min，用流水冲洗约3min。

（4）分色：用pH6.0的PBS处理5min分色。

（5）封片：滴1滴PBS在载玻片中央，盖上盖玻片，用吸水纸吸去多余缓冲液后用指甲油或液状石蜡封固盖玻片四周。平放暗处约30min后在荧光显微镜下观察。

2. 结果观察　将制好的玻片标本置于荧光显微镜下观察，先在低倍镜下找到分散良好、彼此无重叠的口腔黏膜上皮细胞后，移至视野中央，转换至高倍镜或油镜观察。Y染

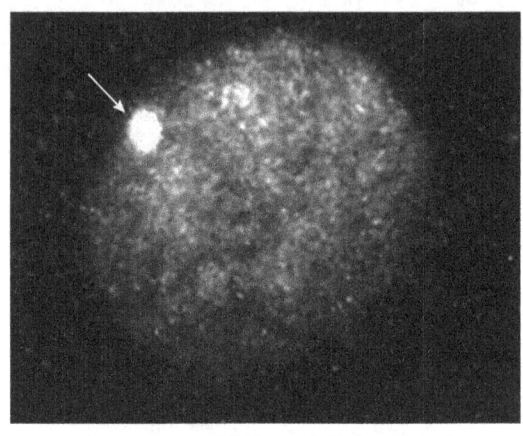

图 3-2-10　正常男性口腔黏膜上皮细胞
（箭头示 Y 染色质）

色质通常靠近核膜边缘或位于核中央，染色较深、呈一强荧光亮点，直径约为 0.3μm（图 3-2-10）。选择 50 个轮廓清晰、核膜完整、核质染色均匀的细胞进行观察，统计 Y 染色质阳性的细胞数，计算 Y 染色质的出现率。

【注意事项与常见问题】

1. 标本要透明，不能太厚，特别是口腔黏膜上皮细胞涂片。

2. 可计数的细胞必须细胞核完整、无缺损、无褶皱、染色均匀。

3. 避开含有大量细菌的区域，因为有时这些细菌会干扰 X 染色质的观察。

4. 观察 X 染色质时要避免与核内其他核质凝集物等混淆，凡位于核中间的浓缩小体都不在计数之内，只有紧贴核膜内缘的清晰、浓染小体，才可判断为 X 染色质。

5. Y 染色质标本制备时荧光染料要现用现配（配好后须置于冰箱保存，保存时间不超过 2 周）。

6. 口腔黏膜上皮细胞涂片易混入细菌及受到其他荧光物质的干扰而造成假阳性，观察 Y 染色质时需要仔细鉴别，反复转动显微镜细调焦，区分出不同平面的细菌、杂质等。

7. 计数 Y 染色质时需避开那些全部都发出荧光的细胞，以及一些虽然具有发光的荧光小点，但这些荧光小点的大小、亮度都很不一致的细胞，因为这些荧光小点可能是细胞中一些常染色体的荧光带，而不是 Y 染色质，要注意加以区别。

8. 制备好的 Y 染色质标本应放于暗处，并及时镜检，放置时间一般不得超过 3h，时间过长后荧光会自动衰减。

【作业与思考题】

1. 实验报告，分别观察并绘制人体 X 染色质和 Y 染色质图。

2. 在观察 X 染色质标本和 Y 染色质标本时有何注意事项？

3. X 染色质和 Y 染色质的检测有何意义？是否可以替代核型分析？

4. 请根据下列性染色质的检查情况推断相应个体的核型（常染色体均正常）：① X 染色质阳性（1 个），Y 染色质阴性（-）；② X 染色质阳性（1 个），Y 染色质阳性（1 个）；③ X 染色质阳性（2 个），Y 染色质阳性（1 个）；④ X 染色质阴性（-），Y 染色质阴性（-）。

【附】试剂配制

1. 冰醋酸甲紫染液

方法一：取 30ml 冰醋酸放入三角瓶中，瓶口加一棉塞，在酒精灯上加热至沸腾，然后加入甲紫 1g 使其溶解，待冷却之后加入蒸馏水 70ml，经振荡后再静置 24h，过滤后置棕色瓶中保存备用。

方法二：直接用甲紫溶液（紫药水）7ml，加入冰醋酸 30ml。

2. 硫堇染液

（1）硫堇饱和液：2g 硫堇溶于 50ml 50% 乙醇中，滤纸过滤。

（2）醋酸钠缓冲液：醋酸钠 9.714g、巴比妥钠 14.714g 溶于去 CO_2 的蒸馏水 500ml 中。

（3）0.1mol/L HCl。

按（1）：（2）：（3）为 40：28：32 的比例将上述三种溶液混合，调 pH 至 5.7。

3. 0.5% 盐酸喹卡因荧光染液 盐酸喹卡因 5g，溶于 100ml pH6.0 的 PBS 或枸橼酸盐缓冲液内，置于棕色瓶内 4℃保存备用。

（余　红）

第三节　细胞增殖的动力学检测

一、生长曲线的测定

【实验目的】
了解培养细胞生长曲线绘制的原理和意义。

【实验原理】
细胞生长曲线是细胞增殖动力学的主要指标之一。生长曲线是测定细胞绝对生长数的常用方法，也是判断细胞活力的重要指标。通常体外培养的细胞在培养初期，细胞有生长活动而无细胞分裂，此为潜伏期；随后，细胞逐渐进入到旺盛分裂的时期，此为对数生长期；当细胞密度达到饱和后，细胞分裂停止，进入平台期；最后细胞退化衰亡。通过连续对培养细胞计数，可得到细胞培养过程中细胞数目的动态变化。以存活细胞数（1×10^4/ml）对培养时间作图，即得到生长曲线。体外培养细胞的生长曲线通常呈"S"形。

【实验准备】
1. 实验对象　传代培养的 HeLa 细胞。
2. 实验试剂　RPMI-1640 培养基（含 10% 胎牛血清和青霉素、链霉素）、0.25% 胰蛋白酶溶液等。
3. 实验仪器　显微镜、超净工作台、试管、吸管、培养皿、血细胞计数器、盖玻片、酒精灯、CO_2 细胞培养箱、24 孔培养板、半对数坐标纸等。

【实验内容与方法】
1. 取对数生长期的培养细胞，用 0.25% 胰蛋白酶消化，将消化后的细胞收集于 10ml 离心管中。
2. 以 1000r/min 离心 5min，弃上清液。
3. 加入 RPMI-1640 培养基制成细胞悬液，吹打均匀后对细胞计数。
4. 根据细胞计数结果调整细胞浓度，以（$2 \sim 5$）$\times 10^4$/ml 浓度接种在 24 孔培养板中。
5. 细胞培养 24h 后开始细胞计数，用胰蛋白酶对其中 3 个孔的培养细胞进行消化，然后镜下计数并取平均值。
6. 按步骤 5 的方法每隔 24h 计数并记录一次，连续计数 7d。
7. 根据记录结果，以单位细胞数为纵坐标，以时间为横坐标，在半对数坐标纸上，将各点连成线，绘制生长曲线。

【注意事项与常见问题】
1. 接种到培养板中的细胞，每个孔的细胞数量应保持一致。
2. 每孔接种的细胞数量应当适量，接种量过少会引起细胞生长周期增长；接种量过多会导致细胞在实验未完成前即需要传代，这两种情况下得到的生长曲线均不能准确反映细胞的生长状况。

【作业与思考题】
绘制细胞生长曲线图。

（蔡延森）

二、有丝分裂指数的测定

【实验目的】
了解有丝分裂指数测定的原理和意义。

【实验原理】
有丝分裂指数是指处于分裂期细胞数占细胞总数的百分比，是细胞增殖动力学的主要指标之一。有丝分裂指数的测定常用盖片法，将细胞染色后用显微镜观察，统计1000个以上细胞中的细胞分裂象数目。

【实验准备】
1. 实验对象 传代培养的 HeLa 细胞。
2. 实验试剂 PBS、RPMI-1640 培养基（含 10% 胎牛血清和青霉素、链霉素）、0.25% 胰蛋白酶溶液、Giemsa 染液、D-Hanks 液、75% 乙醇等。
3. 实验仪器 显微镜、超净工作台、试管、吸管、培养皿、血细胞计数器、盖玻片、酒精灯、CO_2 细胞培养箱、24 孔培养板、半对数坐标纸等。

【实验内容与方法】
1. 取对数生长期细胞，用 0.25% 胰蛋白酶消化后收集于 10ml 离心管中。
2. 以 1000r/min 离心 5min，弃上清液，然后重新加入新鲜 RPMI-1640 培养基，制成细胞悬液。
3. 调整细胞浓度，以（2～5）× 10^4/ml 浓度接种于内有无菌小盖片的培养瓶或 24 孔培养板孔内。
4. 每隔 24h 取出 1 个小盖片，用 D-Hanks 液漂洗后，用 75% 乙醇固定 5min，用 Giemsa 染液染色 10min，用树胶封片。
5. 显微镜高倍物镜下计数，通过观察细胞结构，对分裂期细胞和间期细胞进行识别。
6. 每次观察 1000 个细胞，统计并记录其中处于分裂期细胞数，并按下列公式计算：
$$分裂指数 = 分裂期细胞数 / 细胞总数 \times 100\%$$
7. 以各时间点为横坐标，各时间点细胞的分裂指数为纵坐标，绘制细胞分裂指数曲线图。

【注意事项与常见问题】
1. 接种前，细胞悬液应充分吸打混匀；接种时，每一盖片上加入的细胞总量要保持一致。
2. 培养细胞的分裂指数曲线与生长曲线类似，一般为"S"形，即在培养的初期（1～2d）缓慢上升；3～5d 后快速上升；随着培养时间的延长，增长逐渐下降，并最终趋于停止。

【作业与思考题】
绘制细胞分裂指数曲线图。

（蔡延森）

三、MTT 法对细胞生长状况的检测

【实验目的】
了解 MTT 法测定细胞分裂指数的原理和意义。

【实验原理】

MTT 化学名为 3-（4,5-二甲基-2-噻唑）-2,5-二苯基四氮唑溴盐，商品名为噻唑蓝，是一种黄色染料。外源性 MTT 可透过细胞膜进入细胞内，被活细胞线粒体中的琥珀酸脱氢酶还原为水不溶性的蓝紫色结晶甲瓒（formazan）并沉积在细胞中。在一定细胞浓度范围内，MTT 结晶形成量与细胞数量呈直线正相关。结晶物可被 DMSO 溶解，用酶联免疫检测仪在 570nm 波长处测定其光吸收值，以此来推断活细胞数量。

【实验准备】

1. 实验对象　传代培养的 HeLa 细胞。

2. 实验试剂　RPMI-1640 培养基（含 10% 胎牛血清和青霉素、链霉素）、5mg/ml MTT 溶液（MTT 溶液 500mg，溶于 100ml 的 PBS 或无酚红的培养基中，pH7.4，4℃避光保存）、0.25% 胰蛋白酶溶液、DMSO 等。

3. 实验仪器　显微镜、超净工作台、酶标仪、离心机、摇床、试管、吸管、培养皿、血细胞计数器、盖玻片、酒精灯、CO_2 细胞培养箱、96 孔培养板、半对数坐标纸等。

【实验内容与方法】

1. 将处于对数生长期的贴壁细胞以 0.25% 胰蛋白酶消化、洗涤后，用新鲜 RPMI-1640 培养基制成细胞悬液，调节浓度至 $1×10^3/ml \sim 1×10^6/ml$。

2. 用微量加样器将不同浓度的细胞悬液接种于 96 孔培养板中，每浓度作 3 个平行孔对照，每孔 200μl。边缘孔不加细胞悬液，仅加培养基作为空白对照。

3. 在合适条件下培养细胞 6～48h。

4. 每孔加 20μl MTT 溶液后，继续培养 2～4h。

5. 在显微镜下观察细胞内是否出现紫色点状沉淀。当紫色点状沉淀清晰可见时，包括空白对照组在内的所有孔中加入 150μl DMSO，置摇床上低速振荡 10min，使结晶充分溶解。

6. 在酶标仪上选择 570nm 波长，测定各孔的光吸收值，记录结果。空白对照组的吸收值应接近于 0。

7. 计算每个浓度 3 个平行对照孔的平均值，减去空白对照孔的平均值后，即得到各浓度细胞的光吸收值。以每毫升细胞数为横坐标，吸光值为纵坐标绘制细胞分裂指数曲线。

【注意事项与常见问题】

1. MTT 法只能用来测定细胞的相对数和相对活力，但不能测定细胞绝对数。

2. 为避免血清干扰，可以选择浓度小于 10% 的胎牛血清培养基进行实验。

3. 如果不使用 96 孔培养板，培养基超过 100ml，MTT 按照 10% 的比例加入。

4. 注意细胞悬液一定要混匀，避免每组浓度平行对照孔中的细胞数量不准。

【作业与思考题】

根据 MTT 法绘制细胞分裂指数曲线图，并与盖片法得到的曲线图相比较。

（蔡延森）

四、克隆（集落）形成实验

【实验目的】

1. 掌握细胞克隆（集落）形成实验的基本原理及测定细胞集落形成率的方法。

2. 熟悉细胞克隆（集落）形成的基础实验方法。

【实验原理】

细胞克隆（集落）形成实验是检测培养细胞增殖能力的有效方法之一。单个细胞在体外增殖 6 代以上，其后代所组成的细胞群体，称为集落或克隆。每个克隆含有 50 个以上细胞，大小为 0.3～1.0mm。集落形成率（colony forming efficiency）表示细胞的独立生存能力，可以通过计算集落形成率测定细胞的增殖能力：

$$集落形成率 = \frac{集落数}{接种细胞数} \times 100\%$$

常用细胞集落形成的方法有平板集落形成实验和软琼脂集落形成实验。

【实验准备】

1. 实验对象　HeLa 细胞。

2. 实验试剂　RPMI-1640 培养基、胎牛血清、PBS、0.25% 胰蛋白酶溶液、固定液、Giemsa 染液、琼脂等。

3. 实验仪器　血细胞计数器、60mm 培养皿、10ml 移液管、小烧杯、10ml 吸管橡皮头、超净工作台、37℃ CO_2 培养箱、倒置相差显微镜、离心机、水浴锅等。

【实验内容与方法】

1. 平板集落形成实验　本方法适用于贴壁生长的细胞。

（1）细胞悬液制备：对指数生长期细胞，用 0.25% 胰蛋白酶消化，制成单细胞悬液。

（2）细胞计数：将制备的单细胞悬液以 1000r/min 离心 8min，弃上清液，用含有 10% 胎牛血清的新鲜 RPMI-1640 培养基将细胞重新悬浮。利用血细胞计数器对悬液计数，并用培养基调整细胞浓度，待用。

（3）细胞接种：根据细胞增殖能力，将准备好的细胞悬液倍比稀释。一般以每皿 50、100、200 个细胞接种到培养皿中，然后以"十"字方向轻轻晃动培养皿，使细胞分散均匀。

（4）细胞培养：将接种好的培养皿放入 CO_2 培养箱，静置培养 2～3 周。当培养皿中出现肉眼可见的集落时，终止培养。

（5）细胞染色：取出培养皿，弃去培养基，用 PBS 小心浸洗 2～3 次，加固定液（甲醇：冰醋酸为 3∶1）固定 15min，弃固定液，晾干，再用 Giemsa 染液染色 10min，用流水缓慢冲洗，空气干燥。

（6）观察、计数集落数。

2. 软琼脂集落形成实验

（1）细胞悬液制备：同上。

（2）细胞计数：同上。

（3）制备底层琼脂：将完全融化的 5% 琼脂，高压灭菌后冷却至 40℃，与预热的含有血清的培养基按照 1∶9 比例混合，加入 60mm 培养皿，每皿含 0.5% 琼脂培养基 2～3ml，水平摇匀放置，室温冷却凝固。

（4）制备上层琼脂：将完全融化的 2.5% 琼脂，高压灭菌后冷却至 40℃，与预热含有血清的培养基按照 1∶9 比例混合，制成 0.25% 半固体琼脂培养基，配好后置于 40℃水浴中保温，防止凝固。

（5）细胞接种：将细胞浓度调整到 1×10^5/ml，取 0.1ml 细胞悬液，加入 5ml 40℃的上层琼脂液中，混匀后迅速取 0.5ml 加入铺有底层琼脂的培养皿中，在室温下水平放置

10min，凝固后放入 CO_2 培养箱培养 2～3 周。

（6）观察计数：定期观察培养过程中集落的形成情况；在显微镜或倒置相差显微镜下观察计数大于 50 个细胞的集落数，并计算集落形成率。

【注意事项与常见问题】

1. 细胞悬液中单个分散细胞应多于 90%。

2. 平板培养早期尽量不要晃动培养皿，以免细胞脱落，导致实验误差增加。

3. 平板培养期间应及时更换新鲜培养基，保持培养物获得充足的营养成分。

4. 接种细胞密度不宜过高。

【作业与思考题】

肿瘤研究中如何应用集落形成实验？

（周　傲）

第四节　细胞凋亡的检测

一、凋亡细胞的荧光显微镜观察

【实验目的】

1. 掌握荧光显微镜下凋亡细胞的形态变化。

2. 熟悉 Hoechst 33342 和吖啶橙 - 溴化乙锭染色方法。

【实验原理】

细胞发生凋亡时，细胞核中染色质 DNA 出现缺口甚至断裂，致使染色质凝聚、边缘化，甚至呈现 DNA 碎片。利用与 DNA 结合的荧光染料染色后，在荧光显微镜下可观察到上述变化。

Hoechst 是与 DNA 特异结合的活性染料。Hoechst 33342 能够穿过完整的细胞膜（活细胞或固定细胞）而对细胞没有太大的细胞毒作用，其倾向于同 DNA 小沟处富含 AT 的序列结合。在荧光显微镜紫外光激发时，Hoechst-DNA 发出亮蓝色荧光。Hoechst 33342 在凋亡细胞中的荧光强度比在正常细胞中高。

吖啶橙（acridine orange，AO）是吖啶的衍生物之一，它是一种荧光染料，当与 DNA 结合时，最大激发波长为 502nm，最大发射波长为 525nm（绿色）；当它与 RNA 结合时，最大激发波长变为 460nm（蓝色），最大发射波长为 650nm（红色），它可与细胞（活细胞和死细胞）DNA 和 RNA 的碱基和磷酸基团结合，它与双链 DNA 的结合方式是嵌入双链之间，而与 RNA 则由静电吸引堆积在其磷酸根上。其与高度聚合的 DNA 结合，吸收荧光物质的位置较少，在蓝光（波长约为 502nm）激发下，细胞核发亮绿色荧光（波长约为 525nm）；而与低聚合度 RNA 结合，能和荧光物质结合的位置多，核仁和细胞质 RNA 发橘红色荧光（波长 > 580nm）。吖啶橙的阳离子也可以结合在蛋白质、多糖和膜上而发荧光，但细胞固定阻抑了这种结合，从而主要显示 DNA、RNA 两种核酸。溴化乙锭（ethidium bromide，EB）插入双链核酸碱基对之间，复合物在紫外光的激发下，产生红色荧光，但只能对失去细胞膜完整性的细胞染色。

【实验准备】

1. 实验对象　HeLa 细胞。

2. 实验试剂 凋亡诱导剂、固定液（4%多聚甲醛）、PBS、消化液（0.02% EDTA）、Hoechst 33342 染液、AO 染液、EB 染液、蒸馏水等。

3. 实验仪器 荧光显微镜、倒置相差显微镜、超净工作台（实验前紫外线照射消毒 30min）、离心机、37℃ CO_2 培养箱、计数板、微量移液器、10ml 吸管、吸管橡皮球、10ml 离心管、微量移液器吸头、载玻片、盖玻片等。

【实验内容与方法】

一、Hoechst 33342 染色悬浮细胞

1. 培养细胞，诱导凋亡（在超净工作台中进行）。

2. 收集细胞：用滴管轻轻吹打，收集已脱落的细胞至离心管，加入 3～4ml 0.02% EDTA 消化未脱壁细胞并收集。以 1000×g 离心 5min，弃上清液。

3. 37℃ PBS 漂洗并重悬细胞。

4. 4℃ 固定液固定 5min，（500～1000）×g 离心 5min，弃上清液。

5. 用蒸馏水冲洗，以（500～1000）×g 离心 5min，弃上清液。

6. 调整细胞数为（0.5～2.0）×10^6/ml。

7. 取 100μl 细胞悬液，加入 1μl Hoechst 33342 染液染色 10min。

8. 将 10μl 染色的细胞悬液涂于载玻片上，加盖玻片。

9. 观察结果：在荧光显微镜下观察，正常细胞的细胞核呈均匀蓝色。凋亡细胞的细胞核染色质凝聚且边缘化，并可呈现 DNA 荧光碎片。

二、AO-EB 染色悬浮细胞

1. 培养细胞，诱导凋亡（在超净工作台中进行）。

2. 收集细胞：用滴管轻轻吹打，收集已脱落的细胞至离心管，加入 3～4ml 0.02% EDTA 消化未脱壁细胞并收集。以 1000×g 离心 5min，弃上清液。

3. 37℃ PBS 漂洗悬浮细胞。

4. 4℃ 固定液固定 5min，以（500～1000）×g 离心 5min，弃上清液。

5. 用蒸馏水冲洗，以（500～1000）×g 离心 5min，弃上清液。

6. 调整细胞数为（0.5～2.0）×10^6/ml。

7. 取 25μl 细胞悬液滴于载玻片上，加入 1μl AO-EB（1∶1）染液，轻微混合。

8. 直接用盖玻片封片。

9. 观察结果：在荧光显微镜下观察，正常细胞的细胞核呈较均匀绿色荧光。由于凋亡细胞细胞膜的通透性增加，EB 透过膜性结构（细胞膜和核膜），细胞质减少呈红色；核为浓染的红色碎片（核碎裂）或凋亡小体。细胞坏死时，细胞膜的完整性早期即被破坏，细胞体积明显增大，呈不均匀的橙红色荧光。

【注意事项与常见问题】

1. Hoechst 33342 染液应 4℃ 避光保存。与荧光染料 Hoechst 33342 相似的染料还有 Hoechst 33258 和 4,6-二脒基-2-苯基吲哚（DAPI），观察条件和结果判读与 Hoechst 33342 染液相同。Hoechst 33342 染液可以染活细胞或固定过的细胞，对于正在培养的细胞，可以直接染色进行观察（不进行固定）。

2. EB 为强诱变剂，有中度毒性，操作时应戴手套。EB 污染物及废弃液应单独存放。

3. AO-EB 染色不需固定。若在染色前先进行固定，将破坏细胞完整的膜性结构，会使

细胞呈均匀的红色，不能区分正常细胞、凋亡细胞或坏死细胞。

4. 上述两种染色法尽管可以用来进行凋亡比例的计算，但主观性较强；若进行定量分析，应尽量采用 Annexin V 法。

【作业与思考题】

1. 什么是细胞凋亡？细胞凋亡与细胞坏死有何区别？

2. Hoechst 33342 和 AO-EB 荧光染色的原理是什么？

【附】试剂配制

1. Hoechst 33342 染液　Hoechst 33342 1mg，加入蒸馏水 1ml 混匀。

2. AO 染液　吖啶橙 100μg，加入 PBS 1ml 混匀。

3. EB 染液　溴化乙锭 100μg，加入 PBS 1ml 混匀。

4. 固定液（4% 多聚甲醛）　在通风橱中称取 4g 多聚甲醛，加入 PBS 至 100ml 混匀，拧紧瓶口，在 65℃水浴箱中加热 2h，储存于 4℃冰箱中，可保存两周。

（周　勇，黄　燕）

二、凋亡细胞的琼脂糖凝胶电泳检测

【实验目的】

1. 熟悉琼脂糖凝胶电泳的过程。

2. 熟悉 DNA 的提取过程及凋亡细胞的 DNA 经琼脂糖凝胶电泳后的带形。

【实验原理】

DNA 琼脂糖凝胶电泳是鉴定细胞发生凋亡时 DNA 断裂的方法之一。细胞发生凋亡时，细胞内源性的核酸内切酶被激活，将染色质 DNA 在核小体单位之间的连接处断裂，形成相差 180～200bp 的大小不等的寡核苷酸片段，在琼脂糖凝胶电泳上呈现梯状电泳图谱。提取凋亡组织或细胞的 DNA，经琼脂糖凝胶电泳，分离不同长度的 DNA 片段，再经 EB 染色，在紫外线灯下观察，可见特征性的梯状条带。

【实验准备】

1. 实验对象　HeLa 细胞。

2. 实验试剂　凋亡诱导剂、裂解液、PBS、蛋白酶 K 溶液（20mg/ml）、RNA 酶溶液（10mg/ml）、酚/氯仿/异戊醇（25∶24∶1）、3mol/L 醋酸钠溶液（pH5.2）、无水乙醇、70% 乙醇、电泳缓冲液（TAE）、TE 缓冲液、琼脂糖、EB（10mg/ml）、6× 上样缓冲液等。

3. 实验仪器　恒温水浴箱、电泳仪、微波炉、离心机、电泳槽、紫外凝胶成像仪、微量移液器、10ml 吸管、500ml 锥形瓶、微量移液器吸头、1.5ml EP 管等。

【实验内容与方法】

1. 收集已诱导凋亡的细胞至 1.5ml EP 管中，以 $600 \times g$ 离心 5min，弃上清液。

2. 用 4℃ PBS 冲洗并重悬细胞，以 $1000 \times g$ 离心 2min，弃上清液。

3. 加入 497.5μl 裂解液和 2.5μl 蛋白酶 K 溶液重悬细胞。56℃水浴 3h（或 37℃过夜），其间轻摇几次。

4. 加入酚/氯仿/异戊醇（25∶24∶1）500μl，轻摇 5min，以 $12\,000 \times g$ 离心 5min，将水相移至新 1.5ml EP 管中。重复抽提一次。

5. 加入 1/10 体积的醋酸钠溶液（3mol/L），2.5 倍体积的无水乙醇，上下颠倒混匀，冰浴10~15min。以12 000×g离心10min，弃上清液。

6. 用70%乙醇洗涤，晾干。

7. 加入TE缓冲液30~50μl，RNA酶溶液5μl，37℃水浴30~60min。

8. 取8μl上述液体，加入2μl 6×上样缓冲液，上样于含EB（终浓度为0.5μg/ml）的1%琼脂糖凝胶，将凝胶体放入加有0.5×TAE电泳缓冲液的电泳槽中电泳（电压≤5V/cm），在紫外凝胶成像仪中观察结果。

9. 观察结果：DNA经琼脂糖凝胶电泳后出现梯状条带，可以判定细胞出现凋亡。正常细胞的基因组完整，加样孔附近有一亮带。坏死细胞DNA断裂是无规律性的，形成弥漫片状图谱。

【注意事项与常见问题】

1. 酚有强腐蚀性，能引起烧伤，氯仿有致癌作用，对皮肤、眼睛、黏膜和呼吸道有刺激性，所以与酚/氯仿/异戊醇相关的操作应戴手套，穿白大衣在化学通风橱内操作，其废弃物应有专门的容器。

2. EB为强诱变剂，有中度毒性，操作时应戴手套。EB污染物及废弃液应单独存放。

3. 梯状条带是细胞凋亡较晚期的事件，而且只有当凋亡细胞在总的细胞中达到一定的比例时才能出现。

【作业与思考题】

1. DNA提取过程中，如何提高DNA的纯度？

2. 如果凋亡细胞未出现梯状电泳图谱，应如何鉴定其死亡性质？

【附】试剂配制

裂解液（母液）

A. 0.5mol/L Tris-HCl（pH8.0）：称取15.1425g Tris，加入150ml蒸馏水，加入HCl调pH至8.0，定容至250ml。

B. 0.1mol/L EDTA或EDTA-Na_2（pH8.0）：称取7.3062g EDTA或8.455g EDTA-Na_2，加入200ml蒸馏水，调pH至8.0，定容至250ml。

C. 5mol/L NaCl：称取29.22g NaCl，加入90ml蒸馏水，定容至100ml。

D. 100g/L SDS：称取10g SDS，加入100ml蒸馏水。

裂解液（1000ml工作液） 加入上述溶液A 200ml，加入溶液B 250ml，加入溶液C 100ml，加入溶液D 100ml，用双蒸水补足至1000ml。

（周　勇）

三、凋亡细胞的电子显微镜观察

【实验目的】

1. 了解凋亡细胞在透射电子显微镜（transmission electron microscope，TEM）下的形态变化。

2. 了解培养细胞透射电子显微镜样品的制备方法。

【实验原理】

凋亡细胞除染色质发生变化外，其亚细胞结构也出现相应的变化，如核破裂、形成电子密度增强的膜包体、细胞膜芽生出泡、凋亡小体形成等，这些变化在分辨率较高的电子显微镜下能很好地显示。电子显微镜形态学观察是迄今为止判断细胞凋亡最经典、最可靠的方法，被认为是确定细胞凋亡的金标准。

电子显微镜使用电子束来对样品成像，将分辨率由光镜的 0.2μm 提高到约 0.2nm，可为细胞死亡类型提供最确切的证据。电子束与样品中的原子相互作用可产生弹性散射和非弹性散射，弹性散射和非弹性散射联合作用产生了最终的图像。用铅、铀和锇等重金属对生物样品的特定区域进行染色，可以增加该区域的弹性散射，加强图像的对比度。

【实验准备】

1. 实验对象 已诱导凋亡的细胞。

2. 实验试剂 PBS、消化液（0.02% EDTA）、琼脂糖、乙醇/树脂（1∶1）、树脂、蒸馏水、4% 多聚甲醛、1% 锇酸（二甲胂酸钠缓冲液配制）、乙酸双氧铀、枸橼酸铅、梯度乙醇（30%、50%、70%、80%、90%、100% 乙醇）等。

3. 实验仪器 透射电子显微镜、超薄切片机、恒温烤箱、离心机、微波炉、铜网、染缸、10ml 吸管、吸管橡皮球、10ml 锥形离心管、500ml 锥形瓶、塑料棒芯、胶囊等。

【实验内容与方法】

1. 制备琼脂离心管 用蒸馏水将琼脂糖配成 20g/L 溶液，加热溶解。灌入 10ml 锥形离心管，其中央竖放一个下端尖细的棒芯，凝固后抽出棒芯，备用。

2. 收集细胞 消化液消化细胞，将消化的贴壁细胞收集入离心管，以 $1000×g$ 离心 5min，弃上清液。4℃ PBS 冲洗并悬浮细胞，将其加入琼脂离心管。以 $2000×g$ 离心 15min，弃上清液。

3. 加入适量的 4% 多聚甲醛固定 15min 后取出离心管中的琼脂块，用刀修出含细胞团的琼脂块（可放入含 4% 多聚甲醛的小瓶，在 4℃下长期保存）。

4. 4℃ PBS 冲洗 3 次，每次 15min。

5. 4℃ 锇酸（1%）固定 30min。

6. 4℃ PBS 冲洗 3 次，每次 15min。

7. 脱水 30% 乙醇、50% 乙醇、70% 乙醇、80% 乙醇、90% 乙醇、100% 乙醇（Ⅰ）和 100% 乙醇（Ⅱ）各 2min。

8. 浸透 浸入 1∶1 的乙醇/树脂中 60min。浸入 100% 的树脂中 2 次，每次 1h。

9. 包埋 胶囊置于 60℃ 恒温烤箱中 2h，将包埋剂灌入胶囊并放置标签；将含细胞团的琼脂块移至胶囊的中央，静置，使其自然沉降至胶囊的底部，置于 60℃ 恒温烤箱中 48h。

10. 超薄切片 通过超薄切片机获得 70～90nm 的超薄切片。

11. 选择合适的铜网作为支持物，附着切片。

12. 用枸橼酸铅溶液和乙酸双氧铀 50% 乙醇饱和溶液各染色 15min。

13. 在透射电子显微镜下观察。

14. 观察结果 正常细胞核膜完整，无细胞核碎片；细胞膜完整，无出泡现象；线粒体形态规则。早期凋亡细胞的核染色质边集于核膜周边呈新月形。随着凋亡进展，可观察到核固缩、电子密度增加、核形不规整；进而发生核破裂，形成电子密度增强的膜包体；细胞体积变小，细胞质浓缩且气泡化；细胞器完好或轻度增生，线粒体轻度肿胀且数目稍有增加；细胞膜完整，可出现芽生出泡现象。晚期凋亡细胞可见凋亡小体。

【注意事项与常见问题】

多聚甲醛、二甲胂酸钠和锇酸吸入、摄入或经皮肤吸收有毒，相关操作应戴手套及防护镜，在通风橱中进行。

【作业与思考题】

1. 简述细胞发生凋亡时细胞形态的改变。
2. 凋亡细胞的电子显微镜观察结果与荧光显微镜观察结果有何异同？

【附】试剂配制

1. 0.2mol/L PBS（储备液） 甲液，$Na_2HPO_4·2H_2O$ 35.61g 加蒸馏水至 1000ml 混匀；乙液，$NaH_2PO_4·2H_2O$ 27.60g 加蒸馏水至 1000ml 混匀。

2. 工作液（pH7.2） 甲液 36.0ml+ 乙液 14.0ml 混匀。

3. 工作液（pH7.4） 甲液 40.5ml+ 乙液 9.5ml 混匀。

4. 枸橼酸铅溶液 硝酸铅 1.33g，枸橼酸钠 1.76g，双蒸水 30ml，放入 50ml 容量瓶中，用力振荡 30min，使溶液呈乳白色。加入 1mol/L NaOH 溶液 8ml，溶液变透明后用双蒸水定容至 50ml。该溶液易与空气中的 CO_2 反应而产生沉淀，使用与保存时，应尽量减少与空气的接触，若稍有白色沉淀即舍弃。

5. 乙酸双氧铀 50% 乙醇饱和溶液 乙酸双氧铀 2g，50% 乙醇 100ml。置于棕色瓶避光保存，充分摇动 10min，静置 1～2d 使未溶解部分自然沉淀，使用时取上清液。

（周　勇）

四、凋亡细胞的原位末端标记法检测

【实验目的】

1. 掌握细胞凋亡的形态学特征。
2. 熟悉凋亡细胞的原位末端脱氧核糖核酸转移酶标记法。

【实验原理】

细胞发生凋亡时，激活的细胞内源性核酸内切酶作用于染色质核小体间的 DNA，使其产生缺口甚至断裂。末端脱氧核苷酸转移酶（terminal deoxynucleotidyl transferase，TdT）能催化 DNA 链的 3'-OH 端加脱氧核糖核苷三磷酸（dNTP）的聚合反应。将地高辛偶联于 dUTP（Dig-dUTP），在 TdT 的催化下，Dig-dUTP 的核苷酸加合到 DNA 缺口处或断端形成的 3'-OH 上，同时释放出焦磷酸。使用辣根过氧化物酶标记的地高辛抗体，通过抗原抗体反应与地高辛结合，使用 3',3- 二氨基联苯胺（DAB）显色，凋亡细胞的细胞核呈棕黄色，从而可以在光镜下观察到着色的凋亡细胞。

【实验准备】

1. 实验对象 HeLa 细胞。

2. 实验试剂 凋亡诱导剂、PBS、4% 多聚甲醛、消化液（0.02% EDTA）、3% H_2O_2（避光保存）、蛋白酶 K、孵育液、5×TdT 反应缓冲液、TdT（4U/μl）、Dig-dUTP（40～80μmol/L）、辣根过氧化物酶偶联的地高辛抗体（5U/ml）、10×DAB-H_2O_2 显色液、双蒸水、苏木精染液等。

3. 实验仪器 光镜、湿盒、计数板、微量移液器、10ml 吸管、吸管橡皮球、10ml 离心管、微量移液器吸头、封口膜、载玻片、盖玻片、滴管等。

【实验内容与方法】

1. 样品处理，将载玻片预先用多聚赖氨酸或 APES（3- 氨丙基 -3- 乙氧基甲硅烷）进行处理。

2. 制备细胞涂片，培养细胞，凋亡诱导剂诱导凋亡，0.02% EDTA 消化细胞，制成细胞悬液。将细胞悬液移至离心管，以 $1000×g$ 离心 5min，弃上清液。用 PBS 冲洗细胞 2 次，制备细胞悬液，调整细胞数为 $(1～5)×10^4$/ml。取 100μl 细胞悬液，用细胞涂片离心机以 $1000×g$ 离心 2min，制成细胞涂片。用 4% 多聚甲醛 -0.1mol/L PBS（pH7.4）室温固定 1h。

3. 用 PBS 冲洗 3 次，每次 5min。

4. 用新鲜配制的 3% H_2O_2 室温处理 10min，用来封闭内源性过氧化物酶活性。用 PBS 冲洗 2 次，每次 3min。

5. 将蛋白酶 K 室温处理 30s，用 PBS 冲洗 3 次，每次 3min。

6. 加 30μl 孵育液，用封口膜覆盖，室温孵育 10min。取下封口膜，用纸巾吸去水。

7. 4μl 5×TdT 反应缓冲液 + 1μl TdT + 1μl Dig-dUTP + 14μl 双蒸水，混匀后滴加在标本上，用封口膜覆盖，37℃孵育 2h。取下封口膜，用 PBS 冲洗 3 次，每次 2min。

8. 加 50μl 5U/ml 辣根过氧化物酶偶联的地高辛抗体，用封口膜覆盖，37℃孵育 30min。取下封口膜，用 PBS 冲洗 3 次，每次 2min。

9. 用 10×DAB-H_2O_2 显色液显色 5～10min，镜下控制时间。用大量水清洗。

10. 用苏木精（或甲基绿）轻度复染 30s 至 3min。用大量水清洗。

11. 常规脱水、透明、封片。在光镜下观察。

12. 观察结果：凋亡细胞的细胞核中出现棕黄色或棕褐色颗粒，细胞核的形状不规整，大小不一。正常细胞的细胞核在苏木精复染后呈蓝色，核相对较大，形态、大小较为一致。

【注意事项与常见问题】

多聚甲醛、DAB 有毒性，进行相关操作应戴手套，在通风橱进行，废弃物和废液应单独存放。

【作业与思考题】

1. 凋亡细胞的原位末端标记检测法的优点和缺点是什么？
2. 如何把握 DAB 的显色时间和条件？

【附】试剂配制

1. 孵育液 含有以下成分：100mmol/L 二甲胂酸钾（pH7.2），2mmol/L 氯化钴（$CoCl_2$），0.2mmol/L 二硫苏糖醇（DTT），150mmol/L NaCl，0.05% 牛血清白蛋白（BSA）。

2. 5×TdT 反应缓冲液 含有以下成分：500mmol/L 二甲胂酸钾（pH7.2），10mmol/L $CoCl_2$，1mmol/L DTT。

3. 10×DAB-H_2O_2 显色液 含有以下成分：0.1mol/L Tris-HCl（pH7.6），0.4% DAB，-20℃避光保存，用前稀释 10 倍并加入 H_2O_2。

（周　勇）

五、凋亡细胞的流式细胞法检测

【实验目的】

1. 熟悉凋亡细胞在乙醇固定后的碘化丙啶染色过程。
2. 熟悉使用流式细胞术分析碘化丙啶荧光所得的直方图。

【实验原理】

细胞凋亡在细胞学上发生一系列特征性变化，如细胞周期停滞、细胞膜表面蛋白质分子表达的水平及类型发生改变、细胞膜皱缩等引起光散射性质发生相应的变化。凋亡早期细胞对前向散射（forward scatter，FSC）的能力显著下降，凋亡晚期细胞对 FSC 和侧向散射（side scatter，SSC）的能力均降低，因此，通过流式细胞仪检测细胞光散射的改变可以获得凋亡细胞的一些信息。

经染色后每一细胞结合的 DNA 特异染料碘化丙啶（propidium iodide，PI）与其 DNA 含量成正比，而细胞受激发后发射的荧光强度与结合 PI 的量成正比。利用此特点，流式细胞仪可将处于不同细胞周期的细胞分开。凋亡细胞的染色质凝聚，DNA 被裂解，在制备样品过程中，低分子的 DNA 片段扩散，加之凝聚的染色质排斥染色，致使凋亡细胞的可染性降低，在直方图的 G_0/G_1 期峰前出现亚二倍体区。

【实验准备】

1. 实验对象 HeLa 细胞。

2. 实验试剂 凋亡诱导剂、PBS（pH7.2，4℃保存）、消化液（0.02% EDTA）、PI 染液、RNA 酶（10mg/ml）、无水乙醇（冰箱保存）等。

3. 实验仪器 流式细胞仪、离心机、400 目尼龙筛网、微量移液器、10ml 离心管、微量移液器吸头等。

【实验内容与方法】

1. 收集细胞 凋亡诱导剂诱导细胞凋亡后，用滴管轻轻吹打，收集已脱落的细胞至离心管。加入 3～4ml 0.02% EDTA 消化未脱壁细胞并收集。以 $1000 \times g$ 离心 5min，弃上清液。

2. 用 4℃ PBS 冲洗 2 次，制成 2×10^6/ml 细胞悬液。

3. 加入冷无水乙醇（乙醇：细胞悬液为 7∶3），4℃固定 12h 以上。

4. 用 4℃ PBS 冲洗 2 次。

5. 用 500μl PBS 重悬细胞，加入 RNA 酶（终浓度为 0.1mg/ml）。

6. 用 400 目尼龙筛网过滤。

7. 加 PI 染液 800μl，4℃处理 30min。

8. 用流式细胞仪分析。

9. 观察结果 细胞碎片的 FSC、SSC 和荧光通道 2（fluorescent light channel 2，FL2）光信号都很低。凋亡细胞的 SSC 光信号高，FL2 光信号中等。凋亡细胞在直方图的 G_0/G_1 期峰前出现亚二倍体区。在 FSC 对 SSC 的散点图上，与正常细胞相比，凋亡细胞的 FSC 光信号降低，SSC 光信号可高可低（由细胞所处的凋亡时期不同所致）。

【注意事项与常见问题】

1. 由教师或实验员操作流式细胞仪。

2. PI 吸入、摄入或经皮肤吸收均有害，操作时注意戴手套、穿白大衣，在通风橱内进行相应的操作。

3. 检验样品前，通过调整流式细胞仪的阈值排除细胞碎片。

【作业与思考题】

1. 凋亡细胞的流式细胞法检测的原理是什么？

2. 如何分析经流式细胞术分析 PI 荧光所得直方图？

【附】试剂配制

1. 10mg/ml RNA 酶 10mg RNA 酶溶于 1ml PBS 中。

2. 1 mg/ml PI 5mg PI 溶于 5ml PBL 中。

3. 2% Triton X-100　0.5ml Triton X-100 与 25ml PBS 混匀。

4. PI 染液　取 1mg/ml PI 500μl，2% Triton X-100 1ml，10mg/ml RNA 酶 100μl，加 PBS 8400μl 定容至 10ml，4℃保存。

（周　勇）

第五节　细胞工程技术

一、细胞融合

【实验目的】

1. 掌握细胞融合的方法。
2. 熟悉细胞融合的形态特征及融合率计算方法。
3. 了解细胞融合的原理。

【实验原理】

细胞融合是指 2 个或 2 个以上的细胞合并成 1 个双核或多核细胞的现象。在自然情况下，体内和体外培养的细胞可发生自然融合，如受精过程及某些病变组织中的多核细胞等。人工诱导法则是在特殊融合诱导因素的作用下，细胞膜发生一定变化，促使 2 个或 2 个以上的细胞聚集、融合。诱导细胞融合的主要方法有：生物诱导法，如灭活的仙台病毒；化学诱导法，如聚乙二醇（polyethylene glycol，PEG）；物理法，如高压脉冲。目前细胞融合技术已成为细胞遗传学（如基因定位、染色体分析等）、细胞免疫（单克隆抗体等）、肿瘤和新品种培育等方面的重要研究手段之一。

PEG 是一种高分子化合物，它可改变各类细胞的膜结构，使 2 个细胞接触点处质膜的脂类分子发生重组，由于两细胞接口处双分子层质膜的相互亲和及彼此的表面张力作用，而使细胞融合成一体。

【实验准备】

1. 实验对象　鸡血细胞。

2. 实验试剂　PEG、Alsever 液、GKN 溶液、D-Hanks 液、0.85% NaCl 溶液、双蒸水、0.2% 亚甲蓝溶液等。

3. 实验仪器　光镜、离心机、恒温水浴箱、酒精灯、载玻片、盖玻片、刻度离心管、吸管等。

【实验内容与方法】

一、制备 50% PEG 溶液

称取 1g PEG（WM=4000）放入试管内，在酒精灯上进行熔化，待冷至 60℃左右迅速加入 1ml 预热的 GKN 溶液混匀，制成 50% 的 PEG 溶液，放入 37℃水浴中待用。

二、鸡血细胞制备

在鸡翼下静脉抽取 2ml 鸡血，加入 8ml Alsever 液，使血液与 Alsever 液的比例为 1:4，混匀后可在冰箱中存放 1 周。取此储存鸡血 1ml 加入 4ml 0.85% NaCl 溶液，混匀，以 1000r/min，离心 5min，小心弃去上清液。加入 0.85% NaCl 溶液至 5ml，混匀后以 1000r/min，离心 5min，弃上清。重复上述条件，再离心洗涤 1 次。

三、细胞融合

收集最后 1 次离心沉淀的血细胞，加入适量的 GKN 溶液，按压积红细胞体积配成 10% 的红细胞悬液。取上述细胞悬液以血细胞计数器计数，用 GKN 溶液将其调整为 1×10^6/ml。取以上悬液 1ml 至试管中，逐滴加入 0.5～0.8ml 预热的 50% PEG 溶液，边加边振荡混匀，置于 37℃水浴中温浴 2min；再缓慢滴加 5ml D-Hanks 液以终止 PEG 的作用，轻轻吹打混匀，于 37℃水浴中静置 5min，离心 5min，弃上清液，除去 PEG，加入 2～3ml D-Hanks 液，温育。

四、制片

于温育 5min、10min、20min、30min 时取 1 滴融合细胞悬液于干净载玻片上，加 1 滴 0.2% 亚甲蓝溶液染色，盖片，镜下观察融合过程。

五、观察

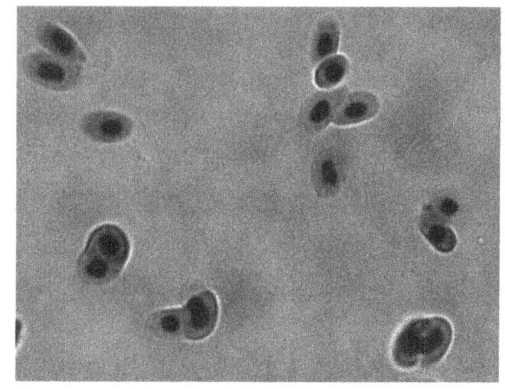

图 3-5-1　细胞融合过程

1. 未融合的鸡血细胞　1 个细胞仅含 1 个细胞核。

2. 融合细胞（图 3-5-1）

（1）2 个细胞的细胞膜之间相互接触、粘连。

（2）2 个或多个细胞接触部位的细胞膜崩解，部分融合形成哑铃形或花瓣形，两细胞间的细胞质相通，形成细胞质通道。

（3）通道扩大，2 个细胞连成一体。

（4）细胞合并完成，形成 1 个含有 2 个或多个核的圆形细胞。

六、融合率计算

融合率指在显微镜下，已发生融合细胞的细胞核数目与该视野内所有细胞（包括已发生融合和未发生融合细胞）的细胞核数目之比，即：

$$融合率=\frac{融合细胞核数}{细胞核总数}\times100\%$$

【注意事项与常见问题】

1. 细胞融合效果与 PEG 的分子量及浓度成正比，但 PEG 的分子量越大，浓度越高，其对细胞的毒性也就越大，因此，实验时常常采用分子量为 1000～4000，浓度 40%～60% 的 PEG，以达到两者兼顾的目的。

2. 因 PEG 对细胞有毒性，所以必须严格控制 PEG 处理时间，以 2～3min 为宜。

3. PEG 与 DMSO 并用，可提高融合效率。

4. 在 pH8.0～8.2 和高 Ca^{2+}（1.27～1.80mmol/L）条件下可提高融合率。

【作业与思考题】

1. 绘制所观察到的细胞融合情况图。

2. 计算孵育 30min 时细胞的融合率（至少数 100 个细胞核）。

3. 细胞融合率受哪些因素的影响？

4. 在进行细胞融合实验时，要注意哪些问题？

【附】试剂配制

1. Alsever 液 葡萄糖 2.05g，枸橼酸钠（$C_6H_5Na_3O_7 \cdot 2H_2O$）0.89g，枸橼酸（$C_6H_8O_7 \cdot H_2O$）0.05g，NaCl 0.42g，溶于 100ml 蒸馏水中，调 pH 至 7.2，过滤灭菌或高压灭菌 10min，置 4℃冰箱内保存。

2. GKN 溶液 NaCl 8.0g，KCl 0.4g，$Na_2HPO_4 \cdot 2H_2O$ 1.77g，$NaH_2PO_4 \cdot H_2O$ 0.69g，葡萄糖 2g，酚红 0.01g，溶于 1000ml 双蒸水中。

（曾永秋）

二、DNA 转染实验

转染（transfection）是指真核细胞主动或被动导入外源 DNA 片段而获得新表型的过程，利用该技术，可研究基因的表达调控和基因治疗等。

人工介导的外源基因进入细胞的方法主要有：电穿孔法、显微注射法、病毒介导法、磷酸钙沉淀法、脂质体转染法。各种方法的特点如下：电穿孔法虽转染效率较高但易导致细胞死亡；显微注射法只能逐个注射，适合转基因动物的制备；病毒介导法（重组腺病毒）主要用于不易转染的原代或传代细胞，但对插入的片段大小有限制（< 8kb）；磷酸钙沉淀法对质粒 DNA 的质量要求较高且需要较严格的实验条件；脂质体转染法最简便，能转染质粒、核酸蛋白复合物和其他形式的核酸，是被广泛使用的转染方法。

绿色荧光蛋白（green fluorescent protein，GFP）是由 Morise 等在 1974 年从发光水母中提纯的一种吸收蓝光或紫外光后能发出绿色荧光的天然蛋白质。结构上含有 β 折叠和 α 螺旋，似"桶状"，负责发光的基团位于桶中央，故 GFP 可被形象地比喻为一个装有色素的"油漆桶"。装在"桶"中的发光基团对蓝光特别敏感，当它受到蓝光照射时，会吸收蓝光的部分能量，然后发射出绿色的荧光。此外，GFP 无种属特异性，不干扰细胞生长和功能，可耐受光漂白，利用这一特性，生物学家可以用 GFP 来标记几乎任何生物分子或活体细胞，然后在蓝光照射下进行显微镜观察，进行基因的表达、调控和亚细胞定位等方面的研究。

根据实际需求，本实验将学习用磷酸钙沉淀法、脂质体转染法和重组腺病毒法将绿色荧光蛋白表达质粒（pCMV-GFP）转染到细胞内并进行相关检测。

方法一 磷酸钙沉淀法

【实验目的】

1. 掌握磷酸钙沉淀法的原理和方法。

2. 规范荧光显微镜使用，注意超净工作台和样品处理等无菌操作过程。

【实验原理】

磷酸钙沉淀法是基于磷酸钙-DNA 复合物的形成，将 DNA 导入真核细胞的转染方法。磷酸钙有利于促进外源 DNA 与靶细胞表面的结合，当磷酸钙-DNA 复合物黏附在细胞膜后，DNA 能通过胞饮的方式进入细胞内，而且被转染的 DNA 既可以游离在细胞质中又可以整合到靶细胞的染色体中，故既可瞬时表达又可以产生有不同基因型和表型的稳定克隆，可被广泛用于转染多种不同类型的细胞。

【实验准备】

1. 实验对象 HeLa 细胞、0.1×TE（pH8.0）溶液稀释的 pCMV-GFP。

2. 实验试剂　PBS（pH 7.05）、2×HEPES 溶液（pH 6.96）、0.25% 胰蛋白酶溶液、2.0mol/L $CaCl_2$ 溶液、含 10% 胎牛血清的 DMEM 完全培养基（pH 7.2）、无菌双蒸水等。

3. 实验仪器　1.5ml 离心管、微量移液器、2ml 移液器、培养皿、吸头、吸管、CO_2 培养箱、倒置相差显微镜、荧光显微镜（波长为 450～490nm）等。

【实验内容与方法】

一、细胞传代

1. 弃掉 HeLa 细胞培养皿中的培养基，用 1ml 无菌 PBS 洗涤 2 次。

2. 加入 1000µl 37℃预热的 0.25% 胰蛋白酶消化液，消化 1～2min，用手轻拍培养瓶壁，观察到细胞完全从壁上脱落下来为止。

3. 加入 1000µl 的含血清培养基终止反应。

4. 用 1000µl 枪头多次均匀吹吸，使细胞完全分散开。

5. 将细胞悬液转入离心管中，以 300×g 离心 5min，弃上清液。

6. 用新鲜含血清的培养基重悬细胞，计数后选择 $0.8×10^5$ 个细胞加入 35mm 培养皿。

7. 补充合适体积的含血清培养基，加入培养皿中，轻轻吹打使细胞均匀分布。

8. 将培养皿转入 37℃ 5% CO_2 培养箱中培养，待第 2 天转染。

二、细胞转染

1. 转染前，取出培养皿，放置倒置相差显微镜下观察，待细胞生长至 70% 左右，挑取生长旺盛、细胞间有少量空隙的细胞（细胞要求圆滑，>20µm×40µm，在培养瓶里不能太密集，以梭形角稍稍接触为宜，大约 2/3 铺底），吸出并弃掉培养液，用 4ml 无菌 PBS 洗涤 2 次备用。

2. DNA 沉淀液准备，在 0.1×TE（pH8.0）溶液中调整 pCMV-GFP 浓度至 0.5～1.0µg/µl。在 1.5ml 离心管中依次加入无菌双蒸水 427.5µl、上述备用 pCMV-GFP 10µl，充分混匀，强烈振荡下加入 500µl 的 2×HEPES 溶液，最后缓慢滴加 62.5µl 2.0mol/L $CaCl_2$ 溶液（注意：此处滴加 $CaCl_2$ 溶液需尽量缓慢，同时不断轻轻敲击管壁，以免形成沉淀结块）。

3. 在室温下放置 5min，出现轻度浑浊，20～30min 后，形成细微的沉淀颗粒（注意：当沉淀粗大或结块时会影响细胞吞噬作用，导致转染失败）。

4. 将上述形成的沉淀颗粒 1ml 加至待转染的细胞表面，在室温下静置 10min，然后放置于 37℃ 5% CO_2 培养箱中孵育 30min，其间不断倾斜培养皿使每一部分细胞都与 DNA-磷酸钙复合物充分接触。

5. 吸出并弃掉沉淀物，加入新鲜完全培养基，继续在 37℃、5% CO_2 培养箱中孵育 24h。

6. 24h 后，在 450～490nm 波长激发光下用荧光显微镜观察细胞的转染效率和荧光强度。

7. 记录并分析实验结果。

三、观察和记录

1. 定性分析　荧光显微镜观察，在转染后 24h，记录 HeLa 细胞的转染效率和荧光强度（表 3-5-1），并进行相应的细胞荧光表达率数学统计分析（表 3-5-2）。

表 3-5-1 细胞转染率和荧光强度记录表

	视野编号		
	1	2	3
细胞总数			
荧光细胞数			
转染效率			
平均转染效率			

表 3-5-2 细胞荧光表达率数学统计分析表

	实验组					组间均值	组间偏差
	1	2	3	4	5		
平均转染效率							

2. 定量分析（选做） 流式细胞检测，取上述转染过 GFP 的细胞（同时应有未转染 GFP 的细胞作为对照）。

（1）细胞传代同上，取 2×10^6 个细胞，用 0.01mol/L PBS 洗涤细胞（以 $300 \times g$ 离心 5min 弃上清液）。

（2）用 500μl 预冷的 0.01mol/L PBS 重悬细胞，加入 500μl 2% 多聚甲醛溶液，混匀后放置在冰盒中 20min（注意不要超过 1h，低浓度的多聚甲醛及更短时间的固定能保留较多的 GFP 荧光信号）。

（3）以 $300 \times g$ 离心 5min 弃上清，加入 2ml PBS 重悬细胞，以 $300 \times g$ 离心 5min 后弃上清，加入 1ml 70% 乙醇（将细胞管在涡旋仪上轻轻振荡，逐滴加入 70% 乙醇），迅速混匀后可放置于 4℃下固定破膜过夜。

（4）以 300g 离心 5min 充分弃去乙醇（用移液器吸去乙醇），加入 1ml 终浓度为 50μg/ml 碘化丙啶（PI）染色液（含 RNA 酶），混匀后 37℃避光孵育 30min。

（5）放置在冰盒中尽快用流式细胞仪获取检测（如有絮状物，建议用 200 目尼龙网过滤后再上机检测）。

【注意事项与常见问题】

1. 整个转染过程均要求无菌操作。

2. 质粒 DNA 中不能含有杂质蛋白、RNA 和酚（确保 $A_{260}/A_{280} > 1.8$），制备的 DNA 质粒应保持无菌，并在 $0.1 \times TE$（pH8.0）溶液中保存。

3. 由于成团的 DNA 不能有效黏附细胞表面，在磷酸盐溶液中加入 DNA-$CaCl_2$ 复合物的过程中需均匀用力吹打，确保形成尽可能细小的沉淀。

4. HEPES 缓冲液的 pH 必须严格限定在 6.96，此外盐离子浓度、反应温度和时间等都应严格控制。

5. 根据文献[①]提示：转染后培养 6h 进行甘油休克（即时配制 30% 甘油，加入 $2 \times$ HEPES，

[①] 陈晓，蒋捍东，路新枝，等，2005. 一种用磷酸钙法高效转染 HEK 293T 细胞方法的建立 [J]. 中国海洋大学学报（自然科学版），35（5）:807-810+814.

以 1∶1 比例混合成 15% 甘油）效果比不经培养直接进行休克的转染效率高 584.4%，甘油休克时间为 4.5h 的转染效率比不用甘油休克的转染效率高 130.8%。

【作业与思考题】

1. GFP 具有哪些优点？举例说明其应用范围。
2. 哪些因素影响磷酸钙沉淀法的转染效率？为什么？

【附】试剂配制

1. 0.1×TE（pH8.0）溶液　1.0mmol/L Tris-HCl（pH8.0）；0.1mmol/L EDTA（pH8.0）。

2. 2×HEPES（pH6.96）　50mmol/L HEPES 5.96g；280mmol/L NaCl 8.0g；10mmol/L KCl 0.37g；1.5mmol/L Na_2HPO_4 0.106g；2% 葡萄糖 1.0g；加入超纯水 480ml，精调 pH 至 6.96，定容至 500ml，再测定 pH 并调准。用 0.22μm 过滤器过滤除菌后储存于 4℃ 条件备用。

3. 2.0 mol/L $CaCl_2$ 溶液　称取 10.8g $CaCl_2·6H_2O$ 溶于 20ml 超纯水中，用 0.22μm 过滤器过滤除菌，分装成 1.0ml 小份，-20℃ 条件保存备用。

4. 含 10% 胎牛血清的 DMEM 完全培养基　DMEM 培养基中补加 10% 胎牛血清、100U/ml 青霉素、100mg/L 链霉素、2mmol/L 谷氨酰胺、0.3mmol/L 次黄嘌呤和胸腺嘧啶核苷、0.1mmol/L 甘氨酸和脯氨酸、pH 调定为 7.2。

方法二　脂质体转染法

【实验目的】

掌握脂质体转染质粒 DNA 的原理和方法。

【实验原理】

脂质体（liposomes）是由脂双层组成的、内部为水相的闭合囊泡结构。在脂质体的水相和膜内可包裹多种物质（蛋白质、DNA、RNA 等）。阳离子脂质体外表面通常带正电荷，能与核酸带负电荷的磷酸根通过静电作用将 DNA 分子包裹入内，形成 DNA-脂质复合体，当脂质体与转染细胞的膜相接触时，其脂双层能与细胞膜融合或通过细胞的内吞作用（偶尔也通过直接渗透作用），使脂质体水相内的 DNA 进入细胞，形成包涵体或进入溶酶体，其中部分 DNA 能从包涵体内释放，进入细胞质中，再进一步入核调控基因的转录和表达。目前已有较多的商品化脂质体试剂盒。

【实验准备】

1. 实验对象　HeLa 细胞、pCMV-GFP。

2. 实验试剂　脂质体（FuGENE®HD）、Opti-MEM 无血清培养液、含 10% 胎牛血清的 DMEM 完全培养液等。

3. 实验仪器　35mm 培养皿、1.5ml 离心管、20μl 移液器、100μl 移液器、1000μl 移液器、吸头、吸管、滤纸、离心机、天平（配平离心用）、超净工作台、CO_2 培养箱、荧光显微镜（波长为 450～490nm）等。

【实验内容与方法】

一、细胞传代（同上）

二、脂质体转染

1. A 液　pCMV-GFP 2μg［根据核酸形式（线性或超螺旋）不同，用量适当调整］加入 50μl Opti-MEM 无血清培养基，轻轻混匀，室温静置 5min。

2. B 液　脂质体使用前轻轻混匀，将 5μl FuGENE® HD 脂质体加入 50μl Opti-MEM 无

血清培养基，轻轻混匀。

3. 选择合适的混合比例（脂质体体积：DNA 质量为 1:1～1:2）来转染细胞。在一个 1.5ml 灭菌离心管中加入上述 B 液，将溶液 A 逐滴加入 B 液中，吹打混匀（A 液应在 5min 内同 B 液混合，时间过长会降低脂质体活性）。

4. 将混合液在室温放置约 15min。

5. 吸去细胞培养板中的培养基，用 4ml 无菌 PBS 或无血清培养基清洗 3 次。

6. 加入混合液，将细胞放回培养箱中培养 4～5h。

7. 根据细胞种类决定是否移除混合液，之后加入含 10% 胎牛血清的 DMEM 完全培养基继续培养 24h。

8. 24h 后，在 450～490nm 光波长激发下用荧光显微镜观察 HeLa 细胞的转染效率和荧光强度。

9. 记录、分析实验结果。

三、观察和记录

记录 HeLa 细胞的转染效率和荧光强度，与磷酸钙沉淀法比较分析实验结果。

【注意事项与常见问题】

1. 细胞在转染前 24h 传代，待细胞密度达 60%～75% 汇合时可进行转染，若转染前细胞生长不足 12h，细胞不能很好地吸附在培养皿上，与脂质体接触时易脱落，影响转染效果。

2. 血清和细胞外基质复合物（如硫酸蛋白聚糖）等会抑制转染过程，故在添加 DNA-脂质体混合液前，需用无菌 PBS 或无血清培养液充分洗涤待转染细胞。

3. 用阳离子脂质体转染时，尽量不要使用聚丙烯试管，两者较易发生非特异性结合，从而影响转染效果。

4. GFP 的表达受多种因素影响（如转染时稳定性、pH 和观察时间）。在较低温度培养时，GFP 荧光较强（如 33℃培养较 37℃培养时荧光强，较高温度可能影响 GFP 三肽环状结构形成）。转染后细胞于 33℃ 5% CO_2 条件下培养，在培养液为碱性时荧光较强，培养液为酸性时荧光较弱。GFP 的荧光强度在转染后 48h 最强（可能有两方面的因素：GFP 的表达量、细胞的生长状态），所以在实验中应严格控制转染时以上 3 点，可以获得较好实验结果。

【作业与思考题】

1. 比较磷酸钙沉淀法和脂质体转染法转染各自的优缺点。

2. 脂质体转染过程中需要注意什么？

方法三 重组腺病毒法

【实验目的】

掌握重组腺病毒包装和转染原理、方法和检测过程。

【实验原理】

重组腺病毒（adenovirus，Ad）是一种复制缺陷的腺病毒载体系统。目前常用的腺病毒载体是人腺病毒 5 型（Ad5），其基因组是 36kb 长的线性双链 DNA，通过病毒自身的纤维（fiber）和细胞表面的受体（如 CAR 受体）结合被内吞入细胞，然后从内吞体（endosome）转移到细胞质和细胞核内，借助细胞的转录和翻译体系启动病毒的复制和组装，最终导致细胞死亡从而释放出更多的病毒粒子，其具备以下几个优点：感染范围广，几乎所有细胞系、原代细胞和部分组织都能感染；感染效率高，通常能达到99%左右；对外源DNA容载能力大（8kb）；不整合基因组，适用于瞬时表达体系；滴度高，可直接进行动物活体注射，目前被广泛应用于基础生命科学研究、基因治疗试验等领域。

神经干细胞（neural stem cell，NSC）是一类具有多分化潜能（能分化为神经细胞、星形胶质细胞、少突胶质细胞），能自我更新和克隆性增殖的一群细胞。在NSC移植研究中，通过转染携带GFP基因的腺病毒（Ad5/GFP）后，对NSC进行示踪标记，能实时跟踪和区分植入的NSC和宿主细胞，从而观察GFP的表达规律及转染对NSC的活力、增殖、分化等的影响。

通常对于一些按常规方法难以转染甚至无法转染的细胞，通过病毒介导能大大提高基因的转导效率，病毒转染通常包括以下4个步骤：①构建病毒表达载体（若需要）；②包装提纯病毒；③感染靶细胞；④采用荧光显微镜观察或流式细胞术检测。

【实验准备】

1. 实验对象　新生SD大鼠。

2. 实验试剂　B-27® 添加剂，DMEM/F12（1:1）培养液，重组人碱性成纤维细胞生长因子（h-bFGF），重组人表皮生长因子（h-EGF），神经上皮干细胞蛋白（nestin）单抗，胶质原纤维酸性蛋白（GFAP）单抗，β-Ⅲ tubulin单抗，生物素标记的羊抗小鼠IgG、山羊抗鼠FITC-IgG荧光二抗、封闭山羊血清、辣根过氧化物酶（HRP）标记的卵白素、DAB、多聚赖氨酸、多聚甲醛、胎牛血清等。

3. 实验仪器　CO_2 培养箱、荧光倒置相差显微镜、分光光度计、低温高速离心机等。

【实验内容与方法】

1. NSC的分离、培养及鉴定　取新生SD大鼠置于0.5%碘伏中消毒，取脑，分离海马，剥离脑膜血管，将海马组织移入含有2% B27®添加剂的DMEM/F12（1:1）培养液中，尽量将组织剪碎，轻轻吹打制成细胞悬液，用400目筛网过滤，用锥虫蓝染色，细胞计数，以 2×10^6/孔接种到6孔培养板内，最后加入h-EGF（终浓度为20μg/L）和h-bFGF（终浓度为20μg/L），置于37℃ 5% CO_2 平衡湿度培养箱中。每2～3d半量换液1次，每7～10d传代1次。对第3代培养7d的细胞用nestin免疫荧光染色法进行鉴定，用荧光倒置相差显微镜观察拍照。

nestin免疫荧光染色法具体步骤为：① 4%多聚甲醛固定10～15min；② 0.01mol/L PBS洗涤5min，3次；③用含10%封闭山羊血清的PBS稀释液重悬细胞，并在37℃孵育30min；④加入nestin单抗（小鼠单抗1:500稀释），4℃过夜，阴性对照组仅加相同体积的0.01mol/L PBS稀释液，其余步骤相同；⑤用0.01mol/L PBS洗涤5min，3次；⑥加山羊抗鼠FITC-IgG荧光二抗（1:200），37℃，孵育1h；⑦用0.01mol/L PBS洗涤5min，3次，荧光倒置相差显微镜拍照观察。

2. Ad5/GFP转染NSC　把第3代培养7d的细胞按 2×10^5/孔接种到24孔培养板，每孔加入含h-bFGF（终浓度为20μg/L）和h-EGF（终浓度为20μg/L）的DMEM/F12培养液1ml，转染前1d半量换液。实验分为5组，感染复数（multiplicity of infection，MOI）分别为0:1（对照组）、10:1、20:1、50:1、100:1，每组设8孔。根据感染复数计算加入所需腺病毒悬液的体积数，在EP管中将所需的腺病毒悬液与无血清的DMEM/F12培养液混合，将混合液按照分组分别加入每组细胞中，每孔加0.2ml。

将 24 孔培养板置于 37℃ 5% CO_2 培养箱中培养，4h 后用含 10% 胎牛血清的 DMEM/F12 清洗细胞 2 次，弃病毒残液，补加 1ml 含 10% 胎牛血清的 DMEM/F12 培养液。每 8h 观察 GFP 的表达情况，常规半量换液。转染后 48h，在 200 倍荧光显微镜下，随机选取 5 个视野，分别计算绿色荧光阳性细胞百分比，用以代表 Ad5/GFP 对 NSC 的转染效率。

3. Ad5/GFP 体外转染对神经干细胞增殖的影响　分别在第 7d、第 14d、第 21d 细胞传代时各取 100μl（实验组和对照组），用锥虫蓝染色并计算细胞活力，计算公式为：细胞活力（%）=（细胞总数 – 死细胞数）/ 细胞总数 ×100%。并在 100 倍显微镜下，各组选取培养板 4 角的 4 个区域及中央 1 个区域进行神经干细胞的计数，用 nestin 免疫荧光染色法对培养的细胞进行鉴定。

4. Ad5/GFP 体外转染对神经干细胞分化的影响　将传代 1 次的对照组和转染组的神经干细胞和培养液移入离心管，以 $300 \times g$ 离心 5min 后，弃旧液，加含 1% 胎牛血清 DMEM/F12 培养液悬浮细胞种于铺有多聚赖氨酸（100mg/L）的 24 孔培养板中诱导分化，在第 14d 行免疫细胞化学反应。

免疫细胞化学具体步骤：① 4% 多聚甲醛固定 15min；② 0.01mol/L PBS 洗涤 5min，3 次；③ 3% H_2O_2 封闭 15min；④以 $300 \times g$ 离心 5min，弃旧液，用含 10% 封闭山羊血清的 PBS 稀释液重悬细胞，并在 37℃孵育 30min；⑤分别加入 β-Ⅲ tubulin 抗体（小鼠单抗 1∶1000 稀释）或 GFAP 抗体（小鼠单抗 1∶500 稀释），4℃孵育过夜（阴性对照组仅加相同体积的 0.01mol/L PBS 稀释液，其余步骤相同）；⑥ 0.01mol/L PBS 洗涤 5min，3 次；⑦加适量生物素标记的羊抗小鼠 IgG，37℃孵育 30min；⑧ 0.01mol/L PBS 洗涤 5min，3 次；⑨加辣根过氧化物酶（HRP）标记的卵白素，使其与生物素标记的抗原 - 抗体免疫复合物结合，DAB-H_2O_2（0.05%～0.01%）显色，在荧光倒置相差显微镜下拍照。

每组任选 3 孔，每孔随机选择 5 个视野，在荧光倒置相差显微镜 400 倍视野下计算细胞总数、β-Ⅲ tubulin 和 GFP 阳性细胞数，同时计算阳性细胞数占细胞总数的百分比；借此区分神经元、星形胶质细胞，以鉴定转染 Ad5/GFP 对 NSC 多分化潜能的影响。

5. 统计学处理　计量资料以 $\bar{x} \pm s$ 表示，用单因素方差分析及两两比较检验；计数资料应用 χ^2 检验。数据应用 SPSS10.0 进行统计学处理。检验水准：$\alpha = 0.05$。

6. 观察和记录

（1）NSC 细胞在培养 2d 后的形态，nestin 免疫荧光化学染色后的细胞特征。

（2）使用荧光显微镜观察腺病毒转染效率和 GFP 荧光强度，并详细记录相关结果。

【注意事项与常见问题】

1. 由于各种细胞对腺病毒的易感性差异较大，设置感染复数（MOI）梯度对准确掌握所需腺病毒悬液的体积数很关键。

2. 目前常用的转染病毒有片段大小的限制（8kb），其包装细胞通常选用 293T。

【作业与思考题】

1. 重组腺病毒转染为何要检测细胞的增殖和分化情况？

2. 综合对比 3 种转染方法，你认为重组腺病毒法转染的优势是什么？

3. 查阅相关资料，试述慢病毒和腺病毒转染各有何特点？

（张　俊）

三、显微注射技术

【实验目的】

1. 熟悉细胞核移植的基本操作步骤。
2. 了解细胞核移植的应用范围和意义。

【实验原理】

显微注射技术是指在显微镜下操作的微量注射技术，可将细胞的某一部分（如细胞核、细胞质或细胞器）或外源物质（如外源基因、DNA 片段、信使核糖核酸、蛋白质等）通过玻璃毛细管拉成的细针，注射到细胞质或细胞核内，是研究各种生物分子的作用、制作转基因动物、克隆动物等的重要技术。

核移植（nuclear transplantation）技术是哺乳动物克隆的核心组成部分，核移植是通过显微注射技术将一个体细胞的细胞核，移植到去核的卵母细胞或去核的卵子内，组建成新的重组体，使供体细胞核在卵细胞细胞质中发生发育程序重编程（reprogramming），然后移植于受体动物，在其体内发育成一个新的个体。世界上第一只成年体细胞克隆动物"Dolly"开启了核移植研究的热潮。

本实验中，大鼠成纤维细胞需要与受体卵细胞的周期同步，有利于重组胚胎中供体核的重塑，促进核移植胚胎的发育。具体做法是将大鼠成纤维细胞预先培养到对数生长期后，去掉培养液，加入含 0.5% 胎牛血清的 1640 培养液中培养 3～5d，备用。此时，$G_0 \pm G_1$ 期细胞占细胞总数的 75% 左右（极低浓度胎牛血清的培养液只能维持细胞处于某种状态，而不发生增殖）。

【实验准备】

1. **实验对象** 同步化处理的大鼠成纤维细胞、供卵雌鼠。
2. **实验试剂** 胎牛血清、矿物油、0.25% 胰蛋白酶、PBS、Ml6 培养液、0.1% 透明质酸酶、细胞松弛素 B（cytochalasin B，CCB）、75% 乙醇等。
3. **实验仪器** 凹载玻片、眼科手术器械、持卵器、移卵管、去核针、注核针、体视显微镜、CO_2 培养箱、细胞电融合仪、超净工作台、显微操作仪等。

【实验内容和方法】

一、收集卵母细胞

1. 将供卵雌鼠以颈椎脱臼法处死，用 75% 乙醇浸泡 5min，腹卧位固定于鼠板上，由腰后背部横向剪开皮肤，用大镊子向头部撕开。

2. 分别剪开背部两侧腹腔，将肠移至一侧，由脂肪垫捏住卵巢。在子宫角处切断，将卵巢和输卵管移入平皿，以 PBS 洗去血液和残渣。

3. 体视显微镜下，在含有 0.1% 透明质酸酶的培养液中，用锋利的镊子或针破开膨大的输卵管壶腹部。卵丘-卵母细胞复合体将释放入培养液，在酶的作用下缓慢分离。

4. 当卵分离后，立即将卵母细胞转移至 Ml6 培养液洗涤 3 次，显微镜下挑选有明显第一极体的卵母细胞进行去核。

二、卵母细胞的盲吸法去核

1. 将有明显第一极体的卵母细胞放入含 10μg/ml 细胞松弛素 B 的 Ml6 培养液中孵育 15min，移至显微操作仪上。

2. 用持卵器在第一极体的对侧固定卵母细胞，调整去核针的斜口靠近第一极体，刺破透明带，进入卵周隙，吸出第一极体及附近细胞质，吸出细胞质总量的 1/4～1/3。

3. 将去核后的卵母细胞在 37℃ 5% CO_2 培养箱中培养 30min，凡具有完整细胞结构、细胞质未离散的卵母细胞可判断为去核成功。

三、核移植

1. 将同步化处理后的大鼠成纤维细胞用 0.25% 胰蛋白酶进行常规消化，用 Ml6 培养液悬浮。

2. 用移卵管转移同步化的成纤维细胞至凹载玻片，将卵母细胞移入同一液体，覆盖矿物油，防止蒸发。

3. 显微镜操作台上，用持卵器固定去核的对面，用注核针在液体中反复吸取供体细胞，使供体细胞膜破溃，然后将供体细胞核由去核口注入细胞质。

四、重组胚胎的激活

使用细胞电融合仪，1800V/cm 电压，30sm 脉冲激活重组胚胎。

五、重组胚胎的培养

将激活后的核移植重组胚胎移入 Ml6 培养液，在 37℃ 5% CO_2 培养箱中培养。

六、观察与记录

1. 培养 48h 后，观察重组胚胎的卵裂情况。
2. 培养 72h 后，观察重组胚胎的继续发育，部分是否发育至桑葚胚。

【注意事项与常见问题】
1. 提前准备同步化处理的大鼠成纤维细胞，并解释其意义。
2. 提前准备供卵雌鼠，熟练掌握其操作流程。
3. 观察实验过程中的去核效率。

【作业与思考题】
不同物种之间（如人和鼠）的核移植能否发育至桑葚胚？试述原因。

（张　俊）

四、染色体提前凝集标本的制备

【实验目的】
1. 掌握细胞融合和染色体提前凝集标本的制备方法。
2. 熟悉间期细胞三个不同时相提前凝集染色体的形态特征。
3. 了解提前凝集染色体的诱导原理和成熟促进因子的作用。

【实验原理】
细胞融合是指在自然条件下或用人工方法（生物、物理或化学方法）使两个或两个以上的细胞合并形成一个细胞的过程。细胞融合目前已被广泛应用于生物学和医学研究的各个领域。细胞融合的诱导物很多，常用的主要有灭活的仙台病毒、PEG 和电脉冲，其中被广泛应用的是 PEG 法，PEG 的促融机制尚不明确，可能是由细胞磷脂的酰键及极性基团在结构上发生重排而发生（具体实验方法参见本章第五节"细胞融合"）。

在间期细胞中，遗传物质（DNA）以染色质的形式存在，染色体仅在分裂期（M

期）中出现，其中促进染色体凝集的促成熟因子（maturation promoting factor，MPF）在染色质凝集过程中发挥重要作用。当 M 期细胞和间期细胞融合后，在 MPF 等的作用下可以使间期细胞出现类似于有丝分裂期的形态特征，如染色质凝集、核膜崩解、核仁消失等，所以 M 期细胞和间期细胞（G_1、S、G_2）经融合处理后，能诱导 G_1、S、G_2 期细胞的染色质提前浓缩成染色体，形成的这种染色体称为超前凝聚染色体（prematurely condensed chromosome，PCC）。

在形态方面，M 期细胞和 G_1 期细胞融合后，后者的染色质会凝聚成单股细而长的超前凝聚染色体（G_1-PCC）。在早 G_1 期，染色体短且粗，在晚 G_1 期，染色体细而长。S 期正处于 DNA 复制时期，大量的复制单元分阶段不同时地启动，通常正在复制区域染色质高度解螺旋，未被凝聚故不可见，此时在光镜下，只能看到尚未进行复制或复制完成后重新凝聚部分，所以 M 期细胞诱导 S 期细胞的染色质凝聚（S-PCC）呈粉末状或粉碎颗粒状，其中颗粒状部位是染色质螺旋化程度高的部位，颗粒之间则有纤细的染色质丝相连，此时可根据颗粒的单股或双股区分染色质是否已经复制，判断早 / 晚 S 期。G_2-PCC 形态已接近 M 期染色体，姐妹染色单体也紧密靠拢，但其螺旋化程度较低，染色较浅，染色体更细长。

此外，MPF 无种属特异性，即不仅同种 MPF 可诱导染色质提前凝聚，不同种的 MPF 也可诱导 PCC 产生。目前染色体超前凝聚技术已成功应用于细胞周期分析、正常细胞和肿瘤细胞染色体的微细结构研究及预测某种血液病的病程、预后及复发的临床实践等方面。

【实验准备】

1. 实验对象 HeLa 细胞。

2. 实验试剂 PEG（MW=1000）、RPMI-1640 培养基（无血清）、完全 RPMI-1640 培养基（含 10% 胎牛血清）、5% D-Hanks 缓冲液、秋水仙碱（10μg/ml）、0.25% 胰蛋白酶、0.075mol/L KCl、甲醇 - 冰醋酸（3∶1）现配液（又称 Carnoy 固定液）、Giemsa 染液等。

3. 实验仪器 一次性滴管、5ml 刻度离心管、载玻片 / 盖玻片、血细胞计数器、低速离心机、恒温培养箱、光镜、超净工作台等。

【实验内容与方法】

1. 收集培养的 M 期 HeLa 细胞，取一瓶处于对数生长期的 HeLa 细胞。

2. 向 RPMI-1640 培养基中加入 10μg/ml 秋水仙碱使终浓度为 0.04μg/ml，在 37℃ CO_2 培养箱内继续培养 12h，使大量生长的细胞被阻断于 M 期。

3. 每组取一瓶经上述处理的细胞，以平行于细胞生长面的方向反复振摇，使培养液不断冲刷细胞层（或用吸管吹打），M 期细胞因变成球形容易脱离瓶壁而悬浮。

4. 将含有 M 期细胞的培养基移入离心管中，以 $300 \times g$ 离心 5min，弃上清液，加入 5ml 5% D-Hanks 缓冲液，用吸管吹打成细胞悬液。

5. 收集培养的 HeLa 细胞，取一瓶生长良好的 HeLa 细胞，弃上清液。

6. 加入少量 0.25% 胰蛋白酶消化 2～3min，弃去胰蛋白酶消化液。

7. 加入 5ml 5% D-Hanks 缓冲液，用吸管吹打成单个悬浮细胞备用。

8. 50% PEG 制备

（1）称取 0.5g PEG（MW=1000），倒入离心管中。

（2）在酒精灯上加热使之熔化（约为 0.5ml）。

（3）加入等体积预热的 0.5ml 5% D-Hanks 缓冲液混匀，放在 37℃水浴条件下待用。

9. 细胞融合

（1）将上述两种细胞倒入一个离心管中充分混匀。以 $300 \times g$ 离心 5min，弃上清液，再小心地吸尽残液。

（2）用指弹法分散细胞，在 37℃水浴条件下吸取 0.5ml 50%PEG，逐滴加入离心管内，并不断地轻轻摇动，整个过程约 90s，然后迅速加入 5ml 5% D-Hanks 缓冲液以终止 PEG 的作用，在 37℃水浴条件下静置 5min。

（3）以 $300 \times g$ 离心 5min，弃去上清，加入 2ml 含 10% 胎牛血清的 RPMI-1640 培养基，同时用有针头的注射器垂直加入 $10\mu g/ml$ 的秋水仙碱 1 滴，轻轻吹打成悬液，37℃水浴温育 $30 \sim 60min$。

10. 制备 PCC 标本

（1）细胞温育后，以 $300 \times g$ 离心 5min，弃上清液，加入 10ml 0.075mol/L KCl 低渗液轻轻制成悬液。

（2）在 37℃处理 25min 左右，终止时加入 1ml Carnoy 固定液进行固定，以 $300 \times g$ 离心 8min，弃上清液。

（3）指弹离心管底部使细胞分散，加入 10ml Carnoy 固定液固定 30min。

（4）以 $300 \times g$ 离心 5min，弃去上清液时保留 0.2ml，用吸管轻轻吹打成悬液。

（5）取预冷的载玻片制作一张片，烤干后，用 Giemsa 染液染色 15min 左右，用水冲洗，干燥后镜检。

11. 结果观察 在低倍镜下，找到 M 期与 I 期细胞融合而诱导产生的 PCC 图像，由于处于 I 期不同时相的细胞均能与 M 期细胞融合而被诱导产生 PCC，因此有三种不同形态特点的超前凝聚染色体：G_1 期 PCC、S 期 PCC 和 G_2 期 PCC。

形态特点分别是：① G_1 期 PCC 为单线染色体，细长，着色浅呈蓬松的线团状；② S 期 PCC 由于染色体解旋，DNA 以多点进行复制，复制后的部分着色较深，以双线染色体片段形式存在，故呈粉碎颗粒状结构；③ G_2 期 PCC 因 DNA 复制完毕，所以可见凝聚的双线染色体，但较 M 期染色体细长。

12. 观察与记录 低倍镜下可见未融合的间期细胞、已融合的双核和多核间期细胞、未融合的 M 期细胞，以及 M 期和间期随机融合而诱导产生的不同形态的 PCC，在油镜下进一步观察各期的 PCC。

（1）G_1-PCC：DNA 未复制，为单线状。

（2）早 G_1 期：扭曲状的单股粗线状染色体，较短。

（3）晚 G_1 期：细长而浅染的单股染色体，整个染色体部分呈线团状。

（4）S-PCC：因 DNA 由多个部分开始复制，形态为粉末状。

（5）早 S 期：浅染的粉末状，其中散在有一些深染成对的染色体片段。

（6）晚 S 期：深染的双线染色体片段增多并延长。

（7）G_2-PCC：为双线染色体，说明 DNA 复制已完成。

（8）早 G_2 期：较细长的双线染色体。

（9）晚 G_2 期：较粗短的双线染色体，但比中期染色体细长，边缘光滑。

【注意事项与常见问题】

1. 为了保证融合率，加 PEG 之前应尽可能地弃尽上清液；在滴加 50% PEG 时，应缓慢、逐滴加入，每加1滴应轻弹管底以使之与细胞充分混匀。

2. 在加完 PEG 并静置 1min 后，用培养液稀释 10 倍，手法要轻。在 37℃培养箱中培养较长时间（30～60min），一般可获得高比例 PCC。

【作业与思考题】

查阅相关文献说明 MPF 功能的重要性，并举例其具体应用范围。

（张　俊）

五、单克隆抗体的制备

【实验目的】

1. 掌握单克隆抗体制备的基本原理。
2. 熟悉单克隆抗体的优点和实验成功的关键点。
3. 了解单克隆抗体制备的操作方法。

【实验原理】

单克隆抗体是由单一致敏 B 细胞产生的高度均一、仅针对某一特定抗原表位的抗体，通常采用杂交瘤（hybridoma）技术制备。杂交瘤技术是在细胞融合技术的基础上，将具有分泌特异性抗体能力的致敏 B 细胞和具有无限繁殖能力的骨髓瘤细胞融合为致敏 B 细胞杂交瘤细胞，其既具备致敏 B 细胞产生特异性抗体的能力，又保留了瘤细胞长期增殖的特性。通过稀释和筛选，可以获得产生单克隆抗体的杂交瘤细胞。

应用融合剂如 PEG，将能够无限增殖传代的骨髓瘤细胞（如纯系小鼠的 SP 2/0 等）和经抗原致敏且能分泌某种抗原的淋巴细胞（如免疫后的小鼠致敏 B 细胞）进行融合，得到的杂交细胞称为致敏 B 细胞杂交瘤细胞。经 HAT 选择培养基的选择，只有融合成功的杂交瘤细胞能继续生长，通过免疫学检测和单细胞培养，最终获得既能产生单一抗体，又能不断增殖的杂交瘤细胞系。杂交瘤细胞系经扩大培养，再接种于小鼠腹腔，可在其腹水中获得高效价的单克隆抗体。

HAT 选择培养基筛选，只使杂交瘤细胞生长，未融合的骨髓瘤细胞和脾脏致敏 B 细胞不能增殖，其原理为：HAT 选择培养基含有次黄嘌呤（H）、氨基蝶呤（A）和胸腺嘧啶核苷（T）。正常细胞合成 DNA 有主路和旁路两条途径，氨基蝶呤能阻断正常细胞 DNA 合成主路中二氢叶酸转变为四氢叶酸的途径，故正常细胞在 HAT 选择培养基中只能利用次黄嘌呤和胸腺嘧啶核苷的 DNA 旁路合成途径生存，但由于骨髓瘤细胞系是经筛选过的基因突变缺陷型即次黄嘌呤核糖转移酶缺陷型（HGPRT$^-$）或胸腺嘧啶核苷激酶缺陷型（TK$^-$）。没有与致敏 B 细胞融合的骨髓瘤细胞由于 DNA 合成主路被氨基蝶呤阻断，又不能利用旁路合成 DNA，故不能生长存活，另外致敏 B 细胞其增殖能力较为有限也会正常自然死亡。只有杂交瘤细胞由于含有来自亲代致敏 B 细胞 HGPRT$^+$ 的补偿，使其能利用次黄嘌呤或胸腺嘧啶核苷合成 DNA，可以大量增殖并最终被筛选出。

8-氮鸟嘌呤（8-GA）筛选骨髓瘤细胞系（HGPRT$^-$）变异株，其基本原理为：HGPRT$^+$ 骨髓瘤细胞能通过 DNA 合成的旁路途径将 8-GA 变为单磷核苷酸，进一步加工后形成有毒的 DNA 原料并掺入到 DNA 和 RNA 中，导致 HGPRT$^+$ 细胞的死亡，但 HGPRT$^-$ 不能通过旁路途径将 8-GA 变成有毒的 DNA 原料，所以经 8-GA 筛选后的 SP 2/0 细胞都是 HGPRT$^-$ 株。

【实验准备】

1. 实验对象 BALB/c 雌性小鼠（8～12 周龄）、骨髓瘤细胞系（SP2/0 细胞）。

2. 实验试剂 绒毛膜促性腺激素（抗原——免疫小鼠用）、完全 RPMI-1640 培养基（含 10% 胎牛血清）、含 20% 胎牛血清的 PRMI-1640 培养基、无血清 RPMI-1640 培养基、HAT 培养液、HT 培养液、锥虫蓝染液、PEG（MW=1000）、Giemsa 染液、秋水仙碱、0.075mol/L KCl 溶液、3∶1 甲醇-冰醋酸固定液、1∶1 甲醇-冰醋酸固定液等。

3. 实验仪器 96 孔细胞培养板，血细胞计数器，200 目纱网（灭菌），5cm、10cm 平皿（灭菌），眼科剪和镊子（灭菌），吸管（灭菌），10ml 离心管，50ml 离心管，一次性注射器，微量加样器，低速离心机，超净工作台，CO_2 培养箱，倒置相差显微镜等。

【实验内容与方法】

一、免疫小鼠

1. 将抗原（绒毛膜促性腺激素）配成浓度为 100μg/ml 的溶液，加等量弗氏完全佐剂充分乳化。

2. 将 1ml 上述乳化的抗原/佐剂混合液由腋窝皮下注射到 BALB/c 小鼠腹腔。

3. 2 周后再用同浓度的等量抗原/弗氏不完全佐剂混合液，在小鼠腹腔再次免疫。

4. 2～4 周后（融合前 3～4d）腹腔注射 50μg 不加佐剂的抗原加强免疫。

5. 3d 后以颈椎脱臼法处死小鼠，用 75% 乙醇浸泡尸体 5min。在无菌条件下取出脾脏置于无菌平皿中，剔除周围结缔组织，用无血清 RPMI-1640 培养基冲洗。用无菌剪刀将脾脏充分剪碎，用玻璃匀浆器轻轻研磨组织使其成糊状，用 5～10ml 无血清 RPMI-1640 培养基制成细胞悬液。经 200 目无菌纱网过滤入平皿中，制成脾细胞悬液，移入离心管。

6. 以 $300 \times g$ 离心 5min，弃上清，用无血清 RPMI-1640 培养基清洗并离心 2 次。用 10ml 完全 RPMI-1640 培养基悬浮细胞，取样计数，用锥虫蓝染液检测活细胞率（应＞80%），调整细胞浓度至 $(0.5～2) \times 10^8$/ml，冰浴备用。

二、准备骨髓瘤细胞

1. 取经 8-GA 选择培养基筛选出的 HGPRT 基因变异株（HGPRT⁻），用含 20% 胎牛血清的 RPMI-1640 培养基扩大培养 SP 2/0 细胞。

2. 在融合当天镜检选择生长旺盛、细胞形态规则、大小均匀、轮廓清晰的骨髓瘤细胞作融合备用。

3. 用胰蛋白酶消化并收集瘤细胞，以 $300 \times g$ 离心 5min，弃上清。用无血清 RPMI-1640 培养基清洗 2 次，计数并用锥虫蓝染液检测活细胞率（应＞95%），调整细胞浓度至 $(1～5) \times 10^5$/ml。

三、准备饲养层细胞

在细胞体外培养过程中，单个或少数分散细胞通常很难存活和增殖，必须加入其他活细胞共同培养，通常采用小鼠腹腔巨噬细胞作为饲养细胞。

1. 取 BALB/c 小鼠 1 只，颈椎脱臼处死，用 75% 乙醇消毒腹壁。

2. 腹腔注射 5ml HAT 培养液，轻揉腹部。

3. 抽取腹腔液（含腹腔巨噬细胞），以 $300 \times g$ 离心 5min，弃上清液。用 HAT 培养液清洗 1 次，然后用 HAT 培养液调整细胞浓度至 2×10^5/ml。加入 96 孔细胞培养板中，每孔加 0.1ml，置于 37℃ 5% CO_2 培养箱中过夜，次日用。

四、细胞融合

1. 取 2ml 骨髓瘤细胞和 10ml 脾细胞在 50ml 离心管中混合，以 $300 \times g$ 离心 5min，尽可能弃上清液（沉淀细胞尽量少含水分，以免使 PEG 稀释）。轻弹管底，使沉淀细胞略微松动，置于 37℃ 水浴锅中预温。

2. 取 1ml 50% PEG（37℃ 预温），用滴管沿管壁逐滴缓慢加入，边加边轻轻用吸管吹打混匀，1min 内加完。37℃ 静置 90s。

3. 于 5min 内缓慢滴加完 2ml 37℃ 预温的无血清 RPMI-1640 培养基，终止融合，轻轻温和混匀，以免破坏新形成的融合细胞。

4. 迅速以 $300 \times g$ 离心 5min，弃上清液。加 12ml HAT 培养液轻轻混匀后滴加于预先铺有饲养细胞层的 96 孔细胞培养板中，每孔加 50μl，置于 37℃ 5% CO_2 培养箱中孵育。

五、融合细胞的培养和杂交瘤细胞的克隆化培养

1. 融合细胞培养 3d 后，用倒置相差显微镜观察生长状况。未融合细胞的细胞质中出现粗颗粒，细胞逐渐固缩破碎，开始死亡。杂交瘤细胞则开始成堆生长，分裂增殖。

2. 间隔 2～3d 测定 pH，观察污染和杂交瘤克隆生长情况，此过程需要动作迅速，以防 pH 和温度变化影响克隆生长。从融合开始，每隔 3～4d 半量替换 HAT 培养液，补充营养和核酸合成旁路的原料（次黄嘌呤和胸腺嘧啶）。至第 10～14d，以 HT 培养液逐步替代 HAT 培养液进行半量替换。

3. 当细胞克隆长至 1/3 孔时，收集上清液，采用 ELISA 法检测抗体特异性和滴度（＞10 000），选出杂交瘤细胞生长旺盛、抗体反应强的细胞进行克隆化培养。如阳性孔细胞克隆大，可吸出一部分移入已加有巨噬细胞的培养瓶中继续培养，多余细胞冷冻保存。

4. 采用有限稀释法（limiting dilution）进行克隆化。取杂交瘤细胞于刻度离心管中，计数活细胞。取细胞悬液 0.5ml，加 HT 培养液至 5ml，每次作 10 倍稀释，直至杂交瘤细胞的终浓度为 5～10 个 /ml。取 0.1ml 细胞悬液于预先铺有饲养层细胞的 96 孔细胞培养板中（克隆前 1d 铺板），使每孔理论上含有 0.5～1 个细胞。

5. 将上述 96 孔细胞培养板置于 37℃ 5% CO_2 培养箱中培养，每 2～3d 半量换液，隔天观察并记录细胞生长情况。9～10d 检测培养液上清。将分泌特异性抗体强的杂交瘤细胞再次挑出，按上述方法做第 2、3 次克隆化培养。一般当每孔平均有 1 个细胞时，约有 35% 的孔有细胞生长。经 3 次克隆化的杂交瘤细胞其特异性抗体检出阳性率可达 100%。一般要求经 5 次以上的克隆化和连续 3 次特异性抗体检出阳性率为 100% 后扩大培养，正式建株。

注意：阳性克隆的筛选应尽早进行。通常在融合后 10d 作第 1 次检测，过早容易出现假阳性，过迟阳性克隆较易丢失。检测方法应灵敏、准确，而且简便、快速。具体应用的方法应根据抗原的性质，以及所需单克隆抗体的功能进行选择。常用的方法有：放射免疫试验（RIA）、ELISA 和免疫荧光法等，其中 ELISA 最简便，RIA 最准确。阳性克隆的筛选应进行多次，均阳性时才确定为阳性克隆进行扩增。

六、杂交瘤细胞的鉴定

采用染色体数目计数的方法鉴定杂交瘤细胞。

1. 取杂交瘤细胞 1×10^5/ml，加入秋水仙碱 0.2μg/ml，37℃ 培养 4h。

2. 取出后，以 300×g 离心 8min，弃上清液，加入 0.075mol/L KCl 溶液 6～8ml，立即用吸管将细胞团吹散打匀，室温下静置 30min。

3. 低渗处理细胞后，以 300×g 离心 8min，弃上清液，沿管壁加入 6～8ml 新配制的 3∶1 甲醇-冰醋酸固定液，立即用吸管吹打混匀。静置固定 30min，以 300×g 离心 8min，弃上清液，然后重复固定、离心。

4. 加新配制的 1∶1 甲醇-冰醋酸固定液再固定 20min，以 300×g 离心 8min，弃上清液。

5. 加适量（约 5 倍细胞体积）的 1∶1 甲醇-冰醋酸固定液，制成细胞悬液，滴片、自然干燥，用 Giemsa 染液进行染色，镜检并计染色体数目。小鼠淋巴细胞染色体为 40 条，骨髓瘤细胞染色体约为 60 条，故杂交瘤细胞染色体数约为 100 条。

七、观察记录

按实验步骤的要求详细记录和观察。

1. 记录小鼠免疫的时间和次数，细胞生长时间，换液的时间和次数。

2. 观察细胞生长和细胞融合情况及杂交瘤细胞染色体的变化等。

【注意事项与常见问题】

1. PEG 的纯度要求很高，一般选择供气相层析用级别，使用前应作细胞毒试验。

2. 用于杂交瘤的培养液多采用 RPMI-1640 和 Eagle 液（DMEM）作为培养液。

3. 本实验应严格无菌操作，避免细菌、真菌，特别是支原体的污染。

4. 饲养层细胞（巨噬细胞）加入的量和时间对杂交瘤细胞的生长影响显著，应结合不同的抗原系统、不同的实验条件，通过反复实验而定。

5. 由于杂交瘤细胞克隆中可混有不分泌抗体的克隆，且其生长速度快于分泌抗体的克隆，故应及早进行抗体检测和克隆化培养以鉴定。

6. 饲养层细胞通常选用小鼠胸腺细胞和小鼠腹腔细胞（主要含巨噬细胞）。常用小鼠的腹腔细胞，不仅可吞噬清除死细胞，而且可供给杂交瘤细胞必要的生长条件，但不能用激活的巨噬细胞。

【作业与思考题】

1. 试述单克隆抗体在临床和科研中的应用有哪些？

2. 简述用 HAT 培养基筛选杂交瘤细胞和用 8-GA 筛选缺陷型细胞株的原理。

3. 在杂交瘤细胞的鉴定过程中，为何使用 1∶1 甲醇-冰醋酸固定液处理？

【附】试剂配制

1. 完全培养液 含 RPMI-1640 培养液 80ml、胎牛血清 20ml、青霉素 10 000U、链霉素 10 000g、谷氨酰胺 2mmol，用 5.6% $NaHCO_3$ 调整 pH 至 7.2。

2. HAT 培养液 常用两种储存液，100×HT 和 100×A，稀释配制 HAT 培养液。

（1）100×HT：称取次黄嘌呤 136.1mg 和胸腺嘧啶核苷 38.8mg，加细胞培养用水至 100ml。若溶解不佳，加热（70℃）助溶。100×HT 储存液中，次黄嘌呤浓度为 10mmol/L，胸腺嘧啶核苷浓度为 1.6mmol/L。用 0.22μm 滤膜过滤除菌，分装，-20℃保存，可保存 1 年。

（2）100×A：称取氨基蝶呤 1.76mg，溶解于细胞培养用水中。加 1mol/L NaOH 0.5ml 助溶，然后用 1mol/L HCl 将 pH 调回至中性，定容至 100ml。注意勿调成酸性，因为氨基蝶呤对酸敏感。100×A 储存液中氨基蝶呤的浓度为 0.04mmol/L。用 0.22μm 滤膜过滤除菌，分装，-20℃保存，可保存 1 年。

（3）将 100×HT 和 100×A 各按 1∶100 比例加到含胎牛血清的完全培养基中，即成 HAT 培养液，其中各成分的最终浓度分别为：H，1×10^{-4}mol/L；A，4×10^{-7}mol/L；T，1.6×10^{-5}mol/L。

3. HT 培养液 HAT 培养液中不加氨基蝶呤即成。

4. 50% PEG 溶液 称取一定量 PEG（WM=1000）放入烧杯，高压灭菌 20min，待冷却至 50～60℃时，加入等体积预热至 50℃的无菌培养液（RPMI-1640），混匀，调 pH 至 7.0～7.4，置 37℃备用。

（张　俊，李　洁）

第四章 研究性实验

一、遗传毒理效应检测

【实验目的】

1. 掌握安全毒理评价和环境监测相关实验技术的原理和方法。

2. 培养学生在查阅文献的基础上,自主设计、完成实验,并对实验结果进行分析和讨论的能力。

【实验原理】

遗传毒理学(genetic toxicology)是用遗传学方法研究环境因素对遗传物质的损害及其毒理效应的遗传学分支学科。遗传毒理效应主要表现为:①致突变效应,环境因子诱发细胞基因突变、染色体畸变等导致遗传病发病率增加;②致畸效应,环境因子作用于胚胎细胞,干扰基因的正常作用,从而影响胚胎细胞分化和器官系统发育导致胎儿发育畸形;③致癌作用,环境因子诱发生殖细胞或体细胞基因突变、染色体畸变,导致恶性肿瘤发生。

致畸变物质作用于细胞周期 G_1 期和 S 期时,可以诱发染色体畸变,作用于 G_2 期时,诱发染色单体畸变。细胞可出现染色体数目改变、染色体臂断裂及重排等结构改变,如缺失、重复、倒位、易位、环状染色体、双着丝粒染色体等。通过染色体核型分析技术,特别是高分辨染色体核型分析技术,能检测到染色体数目和结构畸变。

姐妹染色单体交换(SCE)是染色体复制过程中同一条染色体上的两条染色单体发生的同源性等位点片段之间的交换。现已证明,许多诱变剂和致癌剂都可诱发 SCE,使细胞 SCE 率升高,故 SCE 率可作为 DNA 损伤的灵敏指标。

微核是染色体畸变的另一种表现形式,是有丝分裂后期丧失着丝粒的染色体片段在间期细胞的细胞质中形成的一个或多个圆形或杏仁状结构。微核折光率及细胞化学反应和主核一样,也具有合成 DNA 的能力,但其游离于主核之外,大小在主核的 1/3 以下。微核检测是一种快速简便地检测环境中致畸、致癌物对生物潜在遗传性危害的技术。微核检测已被用于同位素对机体影响的监护,血液病的早期诊断,肿瘤诊断,化疗与放疗的监护,以及食物、药物、化妆品遗传毒性的评估等方面。

染色体畸变、SCE、微核等检测技术可以直接利用人或动物的细胞进行检测,是检测诱变物质对人类或其他高等生物的遗传危害的理想方法。已经证实,染色体畸变率、SCE 率、微核率等的数值与作用因子的剂量呈正相关,该类技术以其稳定、简便、经济的特性,在化学物质的安全性评估,环境的现场监测,遗传毒性与疾病,肿瘤的遗传病学调查等方面被广泛应用。

【实验内容与方法】

1. 查阅文献,确定研究题目和研究目标

(1)相关的文献数据库和网站推荐:万方医学网 http://www.wanfangdata.com.cn、中国知网 http://www.cnki.net/、维普网 http://www.cqvip.com/、美国国立医学图书馆生物医学数据库 http://pubmed.ncbi.nlm.nih.gov/、中国中医科学院图书馆 http://www.cintcm.ac.cn、中医药在线 http://www.cintcm.com。

（2）实验技术方法的书籍推荐

1）杨建一，2010.医学细胞生物学与遗传学实验指导[M].第2版.北京：科学出版社.

2）王金发，何炎明，刘兵，2011.细胞生物学实验教程[M].第2版.北京：科学出版社.

3）程晓丽，贺颖，齐华，等，2007.细胞生物学与医学遗传学实验指导[M].郑州：郑州大学出版社.

4）金龙金，李红智，刘永章，等，2005.细胞生物学与遗传学实验指导[M].杭州：浙江大学出版社.

2. 研究技术的选择

（1）实验材料：可以选择小鼠进行体内实验，使用待测物质处理动物后，取骨髓细胞进行检测，也可选择人正常细胞系或外周血培养淋巴细胞体外培养实验。

（2）实验方法：染色体畸变实验。采用小鼠体内实验，应使用待测物质处理动物后，取骨髓细胞进行检测；体外培养细胞应直接使用待测物质处理。收获细胞前需经秋水仙碱处理，获得的细胞经低渗、固定、制片、染色后用显微镜观察染色体畸变情况。

SCE实验：使用待测物质处理动物后，取骨髓细胞进行检测前需活体注射5-BrdU。体外培养细胞经待测物质处理后，收获细胞前直接在培养基中加入5-BrdU并培养一定时间。常规染色体制备技术，37℃恒温箱内老化48h或60℃烤片2h，使用2×SSC溶液处理，用紫外线灯垂直照射，再使用2×SSC溶液清洗后，用Giemsa染液染色观察。

微核实验：小鼠体内实验，使用待测物质处理动物后，取骨髓细胞进行检测；体外培养细胞经待测物质处理后，直接做细胞涂片。染色后用显微镜观察。骨髓细胞中某些细胞可能出现一个以上微核，仍按一个细胞计数。正常小鼠嗜多核细胞微核率为5‰以下，超过该值则为异常。

（3）阳性对照：用环磷酰胺作为阳性对照。

【注意事项与常见问题】

1. 遗传毒理实验一般应设阳性对照和阴性对照，后者包括空白对照和溶剂对照。

2. 受试化学物的上限浓度一般应达到一定的毒性浓度和（或）饱和浓度，否则阴性结果不予认可，因为在提高受试浓度后很可能获得阳性结果。

3. 观察的样本数因实验而异，如SCE体外试验（SCE test *in vitro*）每档浓度应观察30个分化染色合适的、染色体展开良好的细胞，而染色体畸变分析每档浓度至少需要观察100个细胞的核型，微核实验则要观察统计2000～3000个细胞。

【作业与思考题】

通过查阅文献设计遗传毒理效应检测的实验，实验报告按照论文格式和要求撰写。

参考格式：

标　题

姓名_____　年级_____　专业_____　班级_____　学号_____

摘要

关键词

正文

1 材料和方法

1.1 材料

1.2 药品试剂

1.3 方法
1.3.1
1.3.2
1.3.3
……
2 结果
2.1
2.2
2.3
……
3 讨论
4 参考文献

（刘 岚）

二、流式细胞术在生物医学研究中的应用

【实验目的】

1. 熟悉利用流式细胞仪进行特定活细胞群的分离和纯化的原理和方法。

2. 了解流式细胞仪定量分析鉴定活细胞表面表达的特异分子的原理。

【实验原理】

流式细胞仪（flow cytometer）可在一组混合的细胞群中加入特异针对特定靶细胞表面分子的荧光标记单克隆抗体，这种抗体与靶分子结合后可停留在特定细胞的表面，形成荧光素标记抗体标记的靶细胞。将含有被标记细胞的细胞群混悬在一定容积的上样缓冲液中，通过流式细胞仪的进样吸管孔，细胞悬液会以单细胞排列的微细流束方式通过仪器。在仪器激光束照射下，细胞上的荧光就会被激活并发出对应的荧光，通过敏感的光电倍增管即可检测到荧光。根据测得的散射光可得到细胞大小及颗粒状态的信息，而荧光的发射强度则提供了结合在细胞上的抗体信息，进而反映了该细胞表面相应分子的表达情况。

流式细胞仪分离装置中，返回到计算机的信号可产生一种电荷，这种电荷以特定准确的时间通过流式细胞仪的吸管孔，在与吸管孔的液体流相遇时，可将液体流打碎成只含一个细胞的微滴。含有电荷的微滴会从主液体流中偏移，穿过一双极板，带正电荷的微滴被吸引至阴极，而带负电荷的微滴被吸引至阳极，以这种方式，特定的细胞亚群由于标记着不同荧光素标记抗体而带有不同电荷，从而将目的细胞从混合的细胞群中分拣出来。

在现代生物医学研究中占据重要地位的免疫细胞，是多样不均一的一组细胞群体。各个特定的细胞亚群其细胞表面表达有各自特异的表面标志分子。利用流式细胞术可以鉴定和分离免疫细胞亚群。

【实验准备】

1. 实验对象　细胞样品来源于淋巴细胞或外周血的白细胞。

2. 实验试剂　荧光标记单克隆抗体常用的有异硫氰酸荧光素（fluorescein isothiocyanate，FITC）和藻红蛋白（phycoerythrin，PE）标记的单克隆抗体，封闭抗体是抗Fc受体抗体（免疫细胞表面一般表达有Fc受体，能和抗体的Fc段结合，封闭抗体的作用就是阻断荧

光标记的单克隆抗体 Fc 段与免疫细胞表面 Fc 受体结合所产生的非特异性结果）、FACS 缓冲液等。

3. 实验仪器　荧光流式细胞仪（FACS）、细胞培养箱、超净工作台等。

【实验内容与方法】

1. 单细胞悬液的制备　将 $1\times10^5 \sim 1\times10^7$ 个细胞移入 1.5ml 离心管中以 3000r/min 离心 5min，弃上清液；加入 FACS 缓冲液 100μl 悬浮细胞。

2. 封闭细胞表面 Fc 受体　加入抗 Fc 受体抗体 0.5μl（0.5mg/ml），水浴 3min。

3. 细胞与荧光素标记抗体结合　加入荧光素标记抗体 1μl（0.5mg/ml），水浴 30min。

4. 洗细胞去除游离的荧光素标记抗体　加入 FACS 缓冲液 350μl，轻轻混匀，以 3000r/min，离心 5min，弃上清液，重复此步骤 2 次。

5. 上样前处理　取 100μl 仪器缓冲液加入步骤 4 获得的细胞沉淀中，轻轻混匀悬浮细胞，将细胞悬液移入 FACS 专用管中，准备进行仪器检测和分析。

【注意事项与常见问题】

1. 细胞的活性和状态，FACS 不但可探测细胞表面的荧光，也可探测细胞内的荧光，因此，如果要检测细胞表面的分子，一定要保证细胞的活性，还应尽可能保持细胞静止，通常在 4℃条件下进行操作，否则，荧光素标记抗体进入死细胞内，会产生非特异结果。

2. 封闭抗体的应用是必不可少的，因为大多数的免疫细胞表面都表达有 Fc 受体。细胞与抗体相互作用后，一定要用 FACS 缓冲液洗 2～3 次，以除去游离的抗体。

【作业与思考题】

1. FACS 的工作原理是什么？
2. 本实验中用到了哪些抗体，工作原理是什么？

【附】试剂配制

FACS 缓冲液　1×PBS 950ml、FCS 40ml、10% 叠氮钠溶液 10ml 混匀。

（郭　凯）

三、肿瘤细胞凋亡诱导剂的筛选

【实验目的】

1. 掌握乳腺癌细胞株 MCF-7 肿瘤细胞的培养。
2. 熟悉细胞凋亡常用的检测技术和方法。
3. 引导学生检索、阅读文献，培养学生的开拓创新能力。

【实验原理】

细胞凋亡（apoptosis）是 1972 年由 Kerr 教授根据形态学特征首先提出来的，是一种由基因控制的细胞主动的、程序性的死亡。细胞凋亡与组织器官的发育、机体正常生理活动的维持、某些疾病的发生及细胞癌变等过程均有密切的关系。目前已发现，不少肿瘤的发生均是由细胞凋亡受阻引起的，如淋巴瘤、乳腺癌、前列腺癌、卵巢癌和慢性白血病，因此，以选择性地诱导肿瘤细胞凋亡为目标的理论和技术已经成为治疗恶性肿瘤的主要策略之一。实际上，目前临床上采用的大多数化疗药物和生物治疗剂均是通过诱导细胞凋亡来清除肿瘤细胞的。

【实验内容与方法】

利用体外培养的人乳腺癌细胞株 MCF-7，在培养基中加入不同的生物成分，培养一段时间后，检测肿瘤细胞的凋亡情况，判断加入的生物成分能否诱导 MCF-7 肿瘤细胞的凋亡及诱导凋亡的效果。

1. 查阅文献

2. 供试生物成分的选择 喜树碱、生物碱、三尖杉碱、黄酮等生物活性物质。

3. 研究技术

（1）人乳腺癌细胞株 MCF-7 的细胞培养。

（2）细胞凋亡的观察与检测

1）形态学观察法：利用各种染色法可观察到凋亡细胞的各种形态学特征。用能与 DNA 结合的荧光染料 DAPI 染色后，可以观察细胞核的形态变化。利用 Giemsa 染色法可以观察到染色质固缩、趋边、凋亡小体形成等形态。利用 AO 染色，用荧光显微镜观察，活细胞核呈黄绿色荧光，细胞质呈红色荧光。锥虫蓝染色对反映细胞的完整性、区别坏死细胞有帮助，如果细胞膜不完整、破裂，锥虫蓝染料进入细胞，细胞变蓝，即为坏死细胞；如果细胞膜完整，细胞将不为锥虫蓝染色，则为正常细胞或凋亡细胞。

2）DNA 凝胶电泳：细胞发生凋亡，DNA 断裂点均有规律地发生在核小体之间，出现 180～200bp DNA 片段，凝胶电泳呈现 DNA ladder 条带。

3）原位末端转移酶标记技术：细胞凋亡中，染色体 DNA 双链断裂或单链断裂会产生大量的黏性 3′－OH 末端，可在 TDT 的作用下，将脱氧核糖核苷酸和荧光素、过氧化物酶、碱性磷酸酶或生物素形成的衍生物标记到 DNA 的 3′－OH 末端，从而可进行凋亡细胞的检测，这类方法称为脱氧核糖核苷酸末端转移酶介导的原位末端转移酶标记（terminal deoxynucleotidyl transferase-mediated nick end labeling，TUNEL）。正常的细胞几乎没有 DNA 断裂，因而没有 3′－OH 形成，很少能够被染色，TUNEL 能准确地反映细胞凋亡典型的生物化学和形态特征，可用于石蜡包埋组织切片、冰冻组织切片、培养的细胞，并可检测出少量的凋亡细胞，因而在细胞凋亡的研究中被广泛采用。

4）流式细胞术：目前在基础研究中，凋亡细胞的定量分析主要依靠流式细胞术。流式细胞术可以检测细胞凋亡在生化代谢及分子水平的表现，同时阐明凋亡细胞与细胞周期的关系，具有快速、特异性强、灵敏度高的特点。

【实验报告】

实验报告按照论文格式和要求撰写（格式参考本章"遗传毒理效应检测"）。

（马明义）

四、SRY 基因检测及其在性别鉴定中的应用

【实验目的】

1. 掌握 SRY 基因检测的方法。

2. 熟悉聚合酶链反应技术的原理及影响因素。

3. 熟悉琼脂糖凝胶电泳技术。

【实验原理】

Y 染色体作为男性专有的染色体，其上的基因被认为与性别分化有着密切的关系。迄

今为止，SRY（Y染色体性别决定区，sex-determining region of Y）基因是Y染色体上唯一被公认的性别决定基因，该基因定位于Yp11.3，只含1个外显子，编码204个氨基酸残基的特异DNA结合蛋白，该蛋白质能激活抗中肾旁管物质调节途径，导致抗中肾旁管物质表达，使前身米勒管退化，生成男性生殖系统。长久以来，性别异常时遗传性别的判断一直是一个难题，SRY基因的检测将有助于产前诊断外生殖器发育畸形、尿道下裂性别判断不清、性反转个体及性连锁单基因遗传病胎儿遗传性别的判断。

聚合酶链反应（polymerase chain reaction，PCR）是20世纪80年代发展起来的一种体外核酸扩增系统，具有快速、灵敏和操作简单等优点。本实验根据SRY基因的序列，设计合成特异的引物，经PCR扩增仪的变性、退火和延伸3个步骤多次循环，形成与模板链互补的新DNA链，预计扩增产物片段的长度为470bp。

DNA在琼脂糖凝胶中泳动时有电荷效应和分子筛效应。琼脂糖凝胶电泳是分离、纯化和鉴定DNA片段常用的方法。DNA在高于等电点pH的溶液中带负电荷，在电场中向正极移动，相同数量碱基对的双链DNA几乎具有等量的净电荷，因此它们能以同样的速度向正极方向移动。对一般线性DNA而言，其电泳迁移率与相对分子质量的对数（相对分子质量以碱基对即bp数表示）成反比，即相对分子质量小者泳动快，大者泳动慢。每次电泳均以已知相对分子质量的DNA片段作为标准，采用EB染色，在紫外线灯下观察，推断未知片段的大小。荧光染料EB能与凝胶中的DNA结合，在紫外光的激发下发出橘红色的荧光，从而可以观察到DNA电泳情况。

【实验内容与方法】

一、实验内容

1. 在临床相关科室收集外生殖器发育畸形及尿道下裂性别判断不清个体的外周血标本，用常规酚-氯仿法提取基因组DNA。

2. SRY基因PCR扩增引物的设计和合成，SRY-F：5′gaatattcccgctctccgga 3′；SRY-R：5′gctggtgctccattcttgag 3′。

3. PCR扩增、PCR扩增产物的电泳及结果的判读。

二、方法提示

1. 酚-氯仿法基因组DNA的提取

（1）取1ml全血（2%EDTA，1/10体积抗凝）于5ml离心管中。

（2）加入3ml红细胞裂解液，充分混匀，4℃裂解30min。

（3）以4000r/min（约$3000 \times g$离心力，下同）离心。

（4）弃上清液，加2ml红细胞裂解液，充分混匀，再次以4000r/min离心10min。

（5）弃上清液，分别加入0.3ml核裂解液、20μl蛋白酶K溶液、15μl 20% SDS，混匀。

（6）37℃水浴过夜，或56℃水浴2h。

（7）加入6mol/L NaCl 0.1ml，剧烈振荡2min。

（8）以4000r/min离心10min。

（9）取上清液到一离心管中，再以4000r/min离心10min。

（10）取上清液，加入2倍体积预冷的无水乙醇（-20℃），混匀，可见絮状的DNA沉淀。

（11）以 4000r/min 离心 10min，去除乙醇，用 70% 乙醇洗涤 2 次。

（12）自然干燥或置于 37℃烤箱烘干，加 600μl TE 缓冲液溶解。

2. SRY 基因的 PCR 扩增

（1）在 0.2ml EP 管中分别加入下列各成分（总体积为 25μl）：双蒸水 16.8μl、10×buffer 2.5μl、dNTP 2μl、MgCl$_2$ 25mmol/L 2μl、引物 SRY-F 和 SRY-R 各 0.5μl、Taq DNA 聚合酶 0.2μl、模板 DNA 1μl。混匀后瞬时离心。

（2）PCR 扩增：94℃预变性 5min，35 个循环（94℃变性 30s，57℃复性 30s，72℃延伸 30s），72℃补延伸 5min，18℃ 5min。

3. SRY 基因 PCR 扩增产物电泳　琼脂糖是从海藻中提取的长链状多聚物，加热至 90℃左右，可形成清亮、透明的液体，冷却至 45℃以下时，即可固化形成凝胶。不同浓度的凝胶有不同大小的孔径，为使迁移率和分子的大小成正比，以便凝胶电泳能比较正确地测出相对分子质量并进行比较，应根据需要选择不同浓度的凝胶。一般来说，相对分子质量越大，选用凝胶的浓度应越小。

（1）称取适量的琼脂糖粉，加入一定体积的电泳缓冲液，在微波炉中将琼脂糖颗粒完全溶解。

（2）待凝胶液冷却至 50~60℃，加入 EB（终浓度约为 0.5mg/L），混匀。

（3）将温热的凝胶倒入胶模中，放上梳子。凝胶的厚度为 3~5mm，倒胶时要尽量避免产生气泡，若有气泡可用吸管小心吸去。

（4）凝胶自然冷却至完全凝结，小心移去梳子后再将胶和胶模放入电泳槽中，点样孔应置于阴极一端。加入电泳缓冲液，使液面高出凝胶表面 1~2mm。

（5）将样品与上样缓冲液混匀，用微量移液器将样品依次加入点样孔内。上样缓冲液不仅能提高样品的密度，使样品沉到点样孔底，还能使样品带色，便于上样、估计电泳时间和判断电泳位置。

（6）盖上电泳槽盖通电，根据凝胶的长度按 5V/cm 确定电泳时的电压，恒压电泳 20min，DNA 片段向阳极移动。

（7）电泳完毕，关闭电泳仪。取出凝胶，采用 Gel Doc1000 凝胶成像分析系统观察并保存电泳结果。

4. 结果判读　正常男性 DNA 标本经 PCR 扩增后，在紫外线灯下可见 470bp 条带，即为扩增出的 SRY 基因产物（图 4-1）。为保证基因诊断结果的准确、可信，PCR 扩增过程中必须设置阳性对照（以正常男性 DNA 为模板）和阴性对照（以正常女性 DNA 为模板）。只有阳性对照出现目的片段，阴性对照无目的片段，待检测标本基因检测的结果才是真实的。

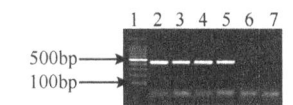

1. 100bp Marker；2、3、4. 待检标本 SRY 阳性；5. 正常男性 SRY 阳性对照；6. 正常女性 SRY 阴性对照；7. 待检标本 SRY 阴性

图 4-1　SRY 基因扩增产物

【实验报告】

实验报告按照论文格式和要求撰写（格式参考本章"遗传毒理效应检测"）。

（马明义）

五、苯丙酮尿症的筛查

【实验目的】

1. 熟悉细菌抑制筛选试验（Guthrie 试验）筛查苯丙酮尿症的原理和方法。
2. 了解尿三氯化铁反应筛查苯丙酮尿症的原理和方法。

【实验原理】

苯丙酮尿症（phenylketonuria，PKU）是一种比较常见的氨基酸代谢病，呈常染色体隐性遗传。经典型PKU（占95%～99%）是由 *PAH* 基因突变导致肝脏苯丙氨酸羟化酶（phenylalanine hydroxylase，PAH）缺乏所致，非经典型PKU（占1%～5%）由生物蝶呤代谢缺陷引起。两类PKU都会使苯丙氨酸不能正常转化为酪氨酸，而在体内异常蓄积，通过旁路代谢产生大量的苯丙酮酸及其衍生物苯乳酸、苯乙酸等，进而引起相应损害。患儿出生时一般无显著异常，随着摄入含苯丙氨酸的食物，3～6个月时逐渐开始出现症状，若不经治疗，病情随年龄增长而加重。如能早期明确诊断，及时给予低苯丙氨酸饮食等治疗措施，可控制病情的发展，所以，在新生儿中开展PKU筛查对控制本病的发展具有重要意义。PKU新生儿筛查方法很多，如定性的尿三氯化铁反应、半定量的 Guthrie 试验，以及近年来能准确定量的荧光光度法、酶定量法、高效液相色谱法等。具体方法的选用需根据方法的特异性、准确性、灵敏性，以及方法是否方便、快速、经济等综合考虑。目前，较为常用的筛查方法仍是 Guthrie 试验。本实验主要应用尿三氯化铁反应和 Guthrie 试验对 PKU 进行筛查。

尿三氯化铁反应：PKU 患者血液中含大量苯丙酮酸，超过肾小管的重吸收能力，而由尿液排出，所以，可通过对尿液的检测来筛查该病。在酸性条件下，三氯化铁中的 Fe^{3+} 可与尿液中的烯醇式丙酮酸反应生成蓝绿色螯合物，但由于烯醇式丙酮酸不太稳定，所以产生的颜色褪色快。磷酸盐对该实验有影响，应先将其转变成磷酸铵镁沉淀除去。三氯化铁反应除能对 PKU 进行检测外，还可以对组氨酸血症、枫糖尿症、酪氨酸血症等多种能产生酮酸的氨基酸代谢病进行检测。

Guthrie 试验：枯草杆菌营养缺陷型芽孢需要苯丙氨酸作为底物才能正常生长。若是在枯草杆菌的培养基中加入苯丙氨酸的代谢拮抗物 β-2-噻吩丙氨酸就会抑制苯丙氨酸的生成而导致枯草杆菌的生长受到抑制，但当苯丙氨酸或其代谢物在血液中含量足够高时，可克服 β-2-噻吩丙氨酸的抑制作用，而使枯草杆菌正常生长，所以，在加入 β-2-噻吩丙氨酸和枯草杆菌芽孢的培养基上，放上待检的浸血滤纸片，当血片中苯丙氨酸的含量高到能中和 β-2-噻吩丙氨酸的抑制作用时，菌斑才能生长，且菌斑生长环的直径一般与血片中苯丙氨酸的含量成正比，与标准品的菌环相比，就可半定量分析测定标本中苯丙氨酸的浓度。通过改变培养基中的抑制剂还可将 Guthrie 试验用于其他先天性代谢病的筛查，如枫糖尿病、同型胱氨酸尿症、组氨酸血症、半乳糖血症等。

【实验准备】

1. 实验对象 患者和正常人的尿液、血液。

2. 实验试剂 100g/L $FeCl_3$ 溶液（$FeCl_3$ 1g 加 10% 冰醋酸 10ml，振荡混匀）、磷酸盐沉淀剂（$MgCl_2$ 2.2g、NH_4Cl 1.4g、浓氨水 2.0ml，加蒸馏水至 100ml，振荡混匀）、氨基酸-盐溶液、培养基质（加有拮抗剂 β-2-噻吩丙氨酸）、细菌芽孢悬浮液（枯草杆菌 ATCC6633）、苯丙氨酸标准血片等。

3. 实验仪器　离心机、水浴箱、恒温孵育箱、高压灭菌锅、离心管、试管、移液管、吸管、烧杯、量筒、直径为 3mm 打孔器、培养皿、无菌镊子、S&S903 滤纸等。

【实验内容与方法】

一、尿三氯化铁反应

(一) 实验方法

1. 取正常人和受检者新鲜尿液各 4ml，分别装入 2 支干净试管中，再各加入 1ml 磷酸盐沉淀剂，吸打混匀，室温下静置 3min，若出现沉淀，离心除去。

2. 加入浓 HCl 溶液 2～3 滴使尿液酸化，再加入 $FeCl_3$ 溶液 2～3 滴，摇匀，每加入 1 滴均立刻观察颜色变化。

(二) 结果判定

若尿液呈现蓝绿色，并持续 2～4min 不褪色，即为阳性反应。若尿液不显色，或绿色很快褪去，或显现其他颜色均为苯丙酮酸阴性。

二、细菌抑制筛选试验 (Guthrie 试验)

(一) 实验方法

1. 将受检者末梢血滴于 S&S903 滤纸，让血液饱和滤纸，室温自然晾干。

2. 将加入 β-2-噻吩丙氨酸 0.3ml（浓度为 0.01mol/L）的培养基质置于 50～55℃水浴中，加入枯草杆菌 ATCC6633 细菌芽孢悬浮液 2ml，混匀，趁热注入培养皿中，静置待凝胶形成，凝胶应厚薄均匀、平整光洁、厚度为 3～5mm。

3. 用打孔器分别将待检滤纸血片和含不同浓度苯丙氨酸的苯丙氨酸标准血片打成直径为 3mm 的圆片，按照加样模板所示，用无菌镊子将其放在含 β-2-噻吩丙氨酸和细菌芽孢悬液的琼脂糖培养基表面。

4. 给培养皿加盖，在 37℃下孵育 16～18h。

5. 观察待检滤纸血片周围的浑浊圆形带，若有细菌斑生长，测量其直径，并与苯丙氨酸标准血片的细菌环相比较，估计出待检滤纸血片中苯丙氨酸的浓度。

(二) 结果判定

以苯丙氨酸超过 4mg/dl 为阳性。

【注意事项与常见问题】

一、尿三氯化铁反应

1. 尿液应新鲜，收到标本后立即检测。
2. 尿液反应最适 pH 为 2～3。
3. 本实验干扰因素多，受检者服用含酚类药物、氯丙嗪或直接胆红素增高等均可造成假阳性。
4. 不适宜用于出生 2 个月内小儿的检测。

二、细菌抑制筛选试验 (Guthrie 试验)

1. 滤纸血片应在室温下充分干燥。
2. 标本血片不宜放在琼脂糖培养基边缘处。

3. 保证该法准确性的关键环节是选定特定的培养基和培养时间，让全部枯草杆菌的生长体在最短的时间内转化成休眠体（芽孢）。

4. 一般取出生 72h 后并喂足高蛋白奶 6 次以上的新生儿足跟内（外）侧缘末梢血。

5. 待检干滤纸血片若不能立即检测，应将其密封于塑料袋内，并放入 2～8℃冰箱内保存，7d 内检测。

【作业与思考题】

1. 实验报告：①记录尿三氯化铁反应中尿液颜色变化情况，并分析结果，得出结论；②记录 Guthrie 试验中待检血滤纸片周围浑浊圆形带的直径，并判断血样中苯丙氨酸浓度。

2. 尿三氯化铁反应和 Guthrie 试验筛查苯丙酮尿症的原理各是什么？

3. 实验过程中可采取哪些措施减少假阳性和假阴性结果的出现？

4. Guthrie 试验与尿三氯化铁反应相比较具有哪些优点？

【附】试剂配制

1. 细菌芽孢悬浮液制备 将枯草杆菌 ATCC6633 接种于马铃薯-琼脂糖培养基上培养 1d 后，取出纯菌落接种于新的马铃薯-琼脂糖培养基上，37℃培养 12d 后，用 5ml NaCl 溶液将培养基上的菌苔洗脱，倾入试管内，65℃水浴 30min，使枯草杆菌成为芽孢，离心 10min，弃去上清液。再加入 NaCl 溶液 5ml，混匀，离心，弃去上清液，重复洗涤 3 次后再次 65℃水浴 30min，使其完全变成芽孢，储存于冰箱备用。用时将细菌芽孢液稀释成悬液（1×10^6/ml），置于 4℃保存，每次配制 200ml 培养基时加入 2ml 悬液。

2. 氨基酸-盐溶液 K_2HPO_4 30.0g、KH_2PO_4 10.0g、NH_4Cl 5.0g、NH_4NO_3 1.0g、Na_2SO_4 1.0g、L-谷氨酸 1.0g、L-天冬酰胺 1.0g、L-丙氨酸 1.0g、$MgSO_4 \cdot 7H_2O$ 100mg、$MnCl_2 \cdot 4H_2O$ 10mg、$FeCl_3 \cdot 6H_2O$ 10mg、$CaCl_2$ 5mg。

以上试剂依次溶于 900ml 蒸馏水中，pH6.8～7.0，分装成 90ml 一瓶，灭菌备用。

3. 培养基质的配制 100ml 3% 的琼脂于 50～55℃下加热融化，加入已预热至 50～55℃的氨基酸-盐溶液 90ml，10% 蔗糖 10ml，0.01mol/L β-2-噻吩丙氨酸 0.3ml，放滤纸血片前应加入细菌芽孢悬浮液 2ml。

（余 红，胡华婷）

六、遗传病的产前诊断

【实验目的】

1. 初步掌握遗传病的产前诊断实验设计方案。

2. 通过对具体遗传病的产前诊断设计，培养运用遗传学现代技术解决医学实际问题的能力。

【研究背景】

产前诊断（prenatal diagnosis）又称宫内诊断，是对胚胎或胎儿在出生前是否患有某种遗传病或先天畸形作出准确的诊断，从而为遗传病风险家庭提供充足可靠的信息，使其在妊娠期作出适当的选择。产前诊断和选择性终止妊娠是目前防治遗传病、先天畸形患儿出生最为有效而可行的方法。

产前诊断适用于风险高、危害大且已有相应产前诊断方法的遗传病，如染色体病、特定酶缺陷所致的遗传代谢病、明显形态改变的先天畸形等。应在遗传筛查和遗传咨询的基础上严格筛选产前诊断的对象，并充分掌握相关临床资料，如家族史、生育史等，还需明确待诊疾病的发病机制、遗传基础、临床特点等。

产前诊断的方法包括非创伤性方法和创伤性方法两大类。目前产前诊断的取材方法还是以创伤性方法为主，包括羊膜腔穿刺、绒毛吸取术、脐带穿刺、胎儿镜等，取到的胎儿相关样本可根据情况进一步进行生物化学、细胞遗传学或分子生物学的检测，其中以羊膜腔穿刺和绒毛吸取术两种取材方法最为常用。每种产前诊断方法都有自己的适应证和优缺点，在具体操作时选用何种方法，除应考虑待诊疾病本身的遗传基础、发病机制外，还应充分注意所选方法的准确性、特异性、敏感性及费用高低、诊断时间长短等问题，从而确定出最佳诊断方案。

产前诊断是在遗传咨询的基础上进行的，其本身也是遗传咨询的一个环节。遗传咨询医生要对产前诊断结果作出准确判断，应将实验检测结果与遗传咨询中了解到的家族相关情况及疾病本身的遗传特性结合起来，作出综合判断，最后应根据诊断结果对家族成员进行生育指导。

【实验内容与方法】

一、咨询案例

下面是两个遗传咨询案例，请分别针对案例中的具体情况设计相应的产前诊断方案，写出实验设计报告。

案例1

张某，女，31岁，商场收银员，妊娠16周，担心所孕胎儿患唐氏综合征，前来进行遗传咨询。经询问得知，张某的一表姐曾生育一智力低下儿子，经某医院诊断为唐氏综合征，具体核型不详。张某孕前检查各项优生指标均正常，孕期无感冒服药史，无有毒有害物质接触史。张某的丈夫，32岁，司机，有烟酒嗜好，在妻子怀孕前半年已戒酒，减少吸烟量。两人染色体核型检查均正常，家族中无其他遗传病患者。根据张某的情况，建议做孕中期唐氏综合征产前筛查（唐筛）。筛查结果张某风险值为1/200（唐氏综合征风险切割值为1/270）。根据上述资料，张某唐筛风险值高于唐氏综合征风险切割值，其所孕胎儿具有患唐氏综合征的高风险，建议进行产前诊断。

案例2

王某，女，28岁，教师，其丈夫钱某，29岁，教师，两人均为广西人，无不良嗜好，自觉身体健康，非近亲婚配。王某的姨妈患有α-珠蛋白生成障碍性贫血（HbH）病，一直未婚，钱某的家族中未发现类似患者。王某现妊娠7周，担心胎儿的健康前来咨询。医生建议两人进行珠蛋白生成障碍性贫血（地中海贫血）携带者筛查，最后明确诊断王某基因型为α^0地中海贫血杂合子$\alpha^A\alpha^0$（αα/--），钱某基因型为α^+地中海贫血杂合子$\alpha^A\alpha^+$（αα/α-）。据此推断，王某所孕胎儿的情况如下：1/4概率正常，1/4概率为α^0地中海贫血杂合子，1/4概率为α^+地中海贫血杂合子，1/4概率为HbH病患儿，再发风险为高风险，建议进行产前诊断。

二、方法提示

1. 诊断方案的选择 设计过程中应主要考虑到选取何种诊断材料及诊断的具体方法。

（1）诊断材料的选取应考虑：所选材料是否能真实反映胎儿的疾病情况，是否适用于相应诊断方法，取材技术的安全性、最佳取材时间、孕妇及家属的接受度等因素。

（2）诊断方法的选取应考虑：案例中提供的需产前诊断疾病发病的遗传机制，不同产前诊断方法自身的诊断特点、适应证、敏感性、经济与否、诊断时间长短等因素，从而确定一个最佳的、可行的诊断方案。

（3）在设计过程中还应注意如何降低实验结果的假阳性率和假阴性率，增加准确性、提高成功率。

2. 相关资料收集

（1）查阅文献。

（2）参考书推荐

1）余海燕，王晓东，刘兴会，2015.出生缺陷的产前诊断与围生期处理[M].成都：四川大学出版社．

2）Evans MI，Johnson MP，Yaron Y，等，2010.产前诊断[M].段涛，胡娅莉，吕时铭，主译．北京：人民卫生出版社．

3）杨建一，2010.医学细胞生物学与遗传学实验指导[M].第2版．北京：科学出版社．

4）边旭明，2008.实用产前诊断学[M].北京：人民军医出版社．

5）王修海，单长民，杨康鹃，2008.医学遗传学实验指导[M].第2版．北京：科学出版社．

6）陆国辉，2002.产前遗传病诊断[M].广州：广东科技出版社．

【实验报告】

实验报告中应包括：选取的诊断材料和诊断方法；所用仪器、试剂；具体方法和步骤；注意事项；结果判断等内容。

参考格式：

标　题

姓名_____　年级_____　专业_____　班级_____
完成时间_____
案例
设计总体思路
正文
1 诊断材料和方法
1.1 诊断材料
1.2 主要实验试剂
1.3 主要实验仪器
1.4 方法
1.4.1
1.4.2
1.4.3
……
1.5 注意事项
1.5.1

1.5.2
1.5.3
……
2 结果
3 遗传指导
4 参考文献

（余　红）

七、遗传咨询

【实验目的】
1. 熟悉遗传咨询的一般过程和方法。
2. 掌握遗传病再发风险的估算及系谱分析方法。
3. 培养综合运用遗传学基本原理分析、解决医学实际问题的能力。

【实验原理】
遗传咨询（genetic counselling）是遗传病患者及其家属与咨询医生或临床遗传学专家就某种遗传病的发生原因、再发风险、诊断和防治措施等问题进行的商谈交流过程。通过遗传咨询，可以为患者及其家系提供所患疾病的病情、病因等相关知识和信息，减轻其心理负担和压力，同时，在此基础上提出可供选择的诊断、治疗、预防方案，并协助其实施，以获得最佳防治效果。遗传咨询可分婚前咨询、产前咨询和一般遗传咨询等，是减少遗传病患儿的出生，从而降低群体遗传病发病率最有效的方法之一。

遗传咨询一般分为以下几个步骤：①询问病史、进行体格检查和实验室检查、收集家族史及绘制系谱图；②根据第一步获取的资料及实验室检查结果，诊断疾病及判断该病是否为遗传病；③根据系谱分析判断疾病的遗传方式；④回答咨询者所提出的遗传学问题，如遗传病的发生原因、诊断、治疗、预防及再发风险评估等；⑤通过与患者及其家属的商谈交流，提出指导性意见，帮助其在充分知情同意的前提下自主选择风险管理措施。与此同时，遗传咨询还强调为咨询者介绍所患疾病的相关医疗救助渠道、疾病自助团体、科学研究现状等信息，并为舒缓与适应疾病带来的情感、家庭及社会等压力提供持续的心理支持。

【实验内容与方法】
1. 教师简单介绍遗传咨询的方法及注意事项。
2. 教师组织学生分组讨论、分析病例。
3. 学生对病案进行分析讨论、绘制系谱、判断遗传方式及其特点。运用遗传学理论进行分析、预测相关个体的再发风险、提出对应的指导措施。
4. 完成实验报告。

病案1

姓名：蔡某　　性别：男　　出生日期：1983年1月12日
民族：汉　　　地址：贵州省
主诉：现年36岁，妻子28岁，两人表型均正常，非近亲婚配，结婚6年。婚后生育了一软骨发育不全患儿，现年4岁。询问该病的发病原因，是否为遗传病？有无有效治疗措施？再次生育风险如何？应该如何预防？

病案 2

姓名：李某　　性别：男　　出生日期：1968 年 3 月 23 日
民族：汉　　地址：云南省

主诉：现年 51 岁，患家族性多发性结肠息肉症 30 年，3 年前恶变为结肠癌，手术治疗，现术后复发。询问该病是否为遗传病？其子女将来患病的风险如何？有无有效治疗措施？应该如何预防？

病案 3

姓名：向某　　性别：男　　出生日期：1991 年 4 月 12 日
民族：汉　　地址：四川省

主诉：现年 28 岁，其祖母患亨廷顿（Huntington）舞蹈症，其叔父 39 岁也患此病，他的父亲 52 岁并无此病。询问自己将来会不会患该种疾病？他可以结婚生育后代吗？择偶需要注意哪些问题？如将来结婚生育后代是否也可能患此病？应如何避免？

病案 4

姓名：赵某　　性别：男　　出生日期：1991 年 4 月 30 日
民族：汉族　　地址：江苏省

主诉：现年 28 岁，妻子 24 岁，两人非近亲婚配，已婚 1 年，计划妊娠，但女方的弟弟 16 年前患 Duchenne 肌营养不良症而夭亡。询问 Duchenne 肌营养不良症病因是什么，是不是一种遗传病？她婚后所生子女是否有可能也会患该病？这种疾病有无有效治疗方法？有无措施预防该类患儿出生？

病案 5

姓名：余某　　性别：女　　出生日期：1993 年 6 月 22 日
民族：苗族　　地址：云南省

主诉：现年 26 岁，有一弟弟，出生时正常，后逐渐出现头发黄、皮肤颜色浅，尿液有鼠尿味等症状；随着年龄增加，发现其智商低于同龄正常婴儿，经医院检查后诊断为苯丙酮尿症。现其与表兄恋爱，咨询他们能否结婚？婚后他们的孩子会不会患该病？风险如何？

病案 6

姓名：高某　　性别：女　　出生日期：1988 年 4 月 25 日
民族：汉族　　地址：湖南省

主诉：现年 31 岁，丈夫 34 岁，两人非近亲婚配。两年前曾早产生育一名男婴，出生后 3d 死亡，临床诊断为无脑畸形。现计划再次生育，前来咨询无脑畸形的原因是什么？他们是否会再次生育先天畸形患儿？应采取何种措施避免先天畸形患儿的出生？

病案 7

姓名：钱某　　性别：男　　出生日期：1980 年 8 月 5 日
民族：汉　　地址：上海市

主诉：现年 39 岁，妻子 35 岁。婚后生育一男，现年 8 岁。小孩出生时正常，但其皮肤经太阳照射后，出现红斑，转呈黑褐色，皮肤干燥，角质增生，毛细血管扩张，继而出现丘疹和疣状增生，医院诊断为着色性干皮病。询问着色性干皮病是一种遗传病吗？他们再次生育这类患儿的风险有多大？有无有效措施预防该病患儿的出生？

病案 8

姓名：田某　　性别：男　　出生日期：1997年3月21日
民族：汉族　　地址：广东省

主诉：现年22岁，患有严重的佝偻病并伴有骨骼畸形、骨痛而行走困难。前来咨询，这种病是否为遗传病？能否治疗？他是否可以结婚，子女将来也可能患此病吗？

病案 9

姓名：周某　　性别：男　　出生日期：1988年7月11日
民族：汉族　　地址：贵州省

主诉：现年31岁，妻子28岁，婚后5年，生育一女，现年3岁，表现为单纯聋哑而无其他异常表现。夫妇两人及其家族中均无聋哑患者，怀孕时无感冒、接触药物等异常情况发生。孩子足月顺产。他们咨询如果再生育是否还会生出聋哑患儿？其女儿长大后能否结婚生子，她的孩子是否也是聋哑患儿？

病案 10

姓名：吴某　　性别：男　　出生日期：1981年3月12日
民族：汉族　　地址：四川省

主诉：现年38岁。第1妻妊娠6次，均于妊娠2个月左右流产，故离婚。与第2妻婚后，女方受孕3次亦均在3个月内流产，询问流产原因是什么？主要问题在男方还是女方？他们能否正常妊娠？

【作业与思考题】
1. 什么是遗传咨询？怎样进行遗传咨询？
2. 单基因遗传病、多基因遗传病、染色体病的再发风险怎样进行估算？
3. 将各病例的讨论结果写成实验报告。

【附】遗传咨询案例举例

姓名：赵某　　性别：女　　出生日期：1981年3月12日
民族：汉族　　地址：四川省泸州市

主诉：现年37岁，2012年3月生育一名女婴，顺产，出生时身长40cm，体重2.7kg。患儿面容特殊，生长发育迟缓，运动能力较差，具有语言和沟通交流障碍，认知能力和表达能力差，智力低下，身体抵抗力差，经常患呼吸道感染性疾病，患有先天性心脏病。目前赵某已妊娠17周，担心所孕胎儿罹患同种疾病，前来进行遗传咨询。

咨询要点：

1. 临床诊断

（1）病史及家族史采集：赵某女儿，2012年3月出生，病史详见主诉；家族中无相同疾病患者。

（2）症状与体征：患儿有特殊面容（头颅小而圆，枕部平，脸圆，鼻扁平，眼距宽，内眦赘皮明显，嘴小唇厚，舌大外伸，耳小，低耳位）；双手为通贯掌，指短，第五指缺少指中节；四肢肌张力偏低，反应迟钝。经进一步检查，患儿动脉导管未闭。智商检测：

IQ 值为 39。

根据以上病史和体征，初步诊断为唐氏综合征。建议患儿做染色体核型分析进一步确诊。

2. 病因诊断

（1）实验室检查：患儿外周血淋巴细胞染色体 G 显带核型分析结果为 46，XX，-13，+t（13；21）（p10；q10），确诊为 13/21 易位型唐氏综合征。

（2）病因分析：易位型唐氏综合征的遗传机制可能为新突变，也可能从父母遗传而来，故建议患儿父母做染色体核型分析。患儿父亲外周血核型分析结果为 46，XY，正常核型；患儿母亲外周血核型分析结果为 45，XX，-13，-21，+t（13；21）（p10；q10），为唐氏综合征 13/21 平衡易位携带者，故该患儿的异常染色体可能为携带者母亲遗传而来。

3. 估计再发风险

核型为 45，XX，-13，-21，+t（13；21）（p10；q10）的个体，可产生 6 种配子，与正常配子受精后，其中一种正常，一种是 13/21 易位型携带者，其余 4 种形成三体型、单体型或易位型（其中 13-三体、13-单体和 21-单体均会流产，13/21 易位型可能流产或存活，但存活个体出生为易位型唐氏综合征患者）。

4. 决定与选择风险、干预措施

（1）将患儿、夫妇双方诊断结果向咨询者解释，告知唐氏综合征的症状、原理及预后等情况，使之对唐氏综合征充分了解。与咨询者反复商讨后，建议孕妇可采取产前诊断措施（胎儿羊水细胞染色体核型分析）。B 超监视下，经孕妇腹壁、子宫到羊膜腔抽取胎儿羊水 20～30ml，将悬液均匀分装到无菌培养瓶内，CO_2 培养箱中培养 15～20d，收获细胞进行染色体核型分析。

胎儿核型分析结果：46，XY，-13，+t（13；21）（p10；q10）。

诊断：13/21 易位型唐氏综合征患者。

（2）建议和措施

1）因胎儿确诊为 13/21 易位型唐氏综合征患者，告之患儿的情况，由家属作出决定：如果不想保留患儿可选择人工终止妊娠；如果想保留患儿可选择继续妊娠，但应在医生指导下进行孕期监护。

2）因患儿母亲为 13/21 易位型唐氏综合征携带者，该类携带者理论上每次生育均有 1/6 概率生育出易位型唐氏综合征患儿，属于高风险，建议再次妊娠后应进行产前诊断。

3）对已生育患儿的指导措施：进行生活技能和社会适应能力的训练。此外，对于患儿具有的其他基础疾病（如动脉导管未闭等）进行相关对症治疗。

5. 患儿母亲家系应进行扩大遗传咨询。

（刘　岚）